beck'sche reihe



bsr

Jesus und die als «Hunde» bezeichneten griechischen Kyniker haben vieles gemeinsam: Sie verzichten auf Besitz, Ehe und Lebensvorsorge; sie verstehen Gott als Vater aller Menschen; sie empfehlen Nächstenliebe; sie wenden sich anderen seelsorgerlich zu; sie bemühen sich um Friedensstiftung; sie lehnen Vergeltung ab und sind bereit zum Leiden; mit traditionellen religiösen Geboten und Bräuchen gehen sie unbefangen um. Bernhard Lang zeigt, dass die Beziehung Jesu zu den Kynikern weit über die oft beobachteten Parallelen in der Lehre hinausgeht. Seit etwa 200 v. Chr. gab es einen jüdischen Kynismus. Er ersetzte Herakles, das Leitbild der griechischen Kyniker, durch den Propheten Elija. Viele Juden verfolgten im 1. Jahrhundert das kynische Lebensideal, mal asketisch wie Johannes der Täufer, mal genussfreudig wie Jesus, dessen Lehre sich verbreitete und auf den bis heute eine Kirche gründet. Wer dieses überzeugend argumentierende Buch gelesen hat, wird sich ein neues Bild von Jesus und dem frühen Christentum machen.

*Bernhard Lang*, geb. 1946, ist Professor für Religionswissenschaft und Altes Testament an der Universität Paderborn. Gastprofessuren führten ihn nach Philadelphia, Paris, St. Andrews und Aarhus. Bei C.H.Beck erschienen von ihm zuletzt *Himmel und Hölle* ([2]2009) sowie *Erhelle meine Nacht. Die 100 schönsten Gebete der Menschheit* ([3]2005).

Bernhard Lang

# Jesus der Hund

Leben und Lehre
eines jüdischen Kynikers

Verlag C.H.Beck

Mit 11 Abbildungen

Originalausgabe


Satz, Druck u. Bindung: Druckerei C.H.Beck, Nördlingen
Umschlaggestaltung: malsyteufel, Willich
Umschlagabbildung: Christus als Philosoph, Marmorrelief, ca. 300 n. Chr.,
Museo Nazionale delle Terme, Rom
Printed in Germany
ISBN 978 3 406 60629 8

*www.beck.de*

## Inhalt

Der große Durchbruch ist wie eine
Einweihung des Menschseins.
Jede spätere Berührung mit ihm
ist wie eine neue Einweihung.[1]

*Karl Jaspers*

Der Gott des alten Israel
hat das weiße Gewand des
griechischen Philosophen angelegt
und wurde «das Licht der Welt».[2]

*Morton Smith*

## Einleitung: Der große Durchbruch

Wenn wir aus der Geschichte lernen wollten, müssten wir wissen, welche Epochen, welche Kulturen, welche Denker, welche Bücher, welche Lebensgeschichten sich für ein unser Leben befruchtendes und bereicherndes Studium empfehlen. Oder kommt den Zeugen und Zeugnissen jeder Zeit und Kultur gleicher Wert und gleiche Würde zu? Jeder Kulturhistoriker weiß um das Auf und Ab der menschlichen Geschichte, den Wechsel von aufblühenden, frühlingshaften Jahren, deren Schöpferkraft eines Tages erlahmt, um ruhigeren, epigonenhaften Zeitaltern Platz zu machen. Aus der Vielfalt der Kulturen und Epochen hebt sich nach Karl Jaspers eine Zeit heraus, die er als diejenige bezeichnet, in der die Menschheit ihre erste und größte und in vieler Hinsicht unübertroffene geistige Blüte erlebte: die bewegte Zeit zwischen etwa 800 und 200 v. Chr. Damals entstand in mehreren Teilen der Welt – in China, Indien, Persien und im östlichen Mittelmeerraum – eine neue geistige Elite, die aus der Rückschau als umfassende, wenn auch unorganisierte internationale Bewegung erscheint. Mit ihrem neuen traditionskritischen und kreativen, auf Korrektur und Verbesserung des Daseins gerichteten Denken gelang ihr ein geistiger Durchbruch.

Nach Jaspers ist das in jener «Achsenzeit» erreichte Denken auch heute noch wirksam und lebendig. Die geistigen Leistungen der Griechen, Israeliten, Perser, Inder und Chinesen in Dichtung, Kunst, Philosophie, Religion und Politik bleiben orientierendes Vorbild und Maßstab. Sie bilden noch heute schulischen Unterrichtsstoff, sind Gegenstand gelehrter Forschungsarbeit, werden im Hochschulstudium thematisiert und als Erbe gepflegt. In Israel gehören zur sendungsbewussten Elite dieser Völker die Propheten (Jaspers nennt Elija, Jesaja, Jeremia und Deuterojesaja), in Griechenland die Philosophen, als deren herausragende Vertreter Sokrates und Diogenes zu nennen sind.

## *Sokrates und Diogenes*

Sokrates (469–399 v. Chr.), der attische Bildhauer, vernachlässigte sein Gewerbe ebenso wie seine Familie, um sich dem philosophischen Gespräch zu widmen. Nur ein «Aussteiger», der sich vom konventionellen Leben und seinen Bindungen verabschiedet, ist wirklich frei. Nur er hat Zeit, sich dem Denken zu widmen. Diesen Ansatz radikalisierten einige Freunde und Anhänger der sokratischen Philosophie, indem sie die freiwillige Armut – oder genauer: die Einschränkung der Ansprüche und Bedürfnisse – als Voraussetzung der philosophischen Existenz bestimmten. Sie zügelten den theoretischen Erkenntnisdrang oder beurteilten ihn skeptisch. Aus dieser Haltung erwuchs der Kynismus, eine neue philosophische Richtung, als deren emblematische Gründungsgestalt Diogenes (ca. 400–323 v. Chr.) gilt, jener von seiner Heimatstadt Sinope am Schwarzen Meer nach Griechenland ausgewanderte Philosoph, der als Bettler in Athen in einem großen, Unterschlupf bietenden Vorratsfass aus Keramik gelebt haben soll.[3] «Bei den Athenern war er beliebt», heißt es in der Schrift *Leben und Lehre der Philosophen*, der wichtigsten antiken Quelle über Diogenes. «Als ein Jugendlicher sein Fass zerstörte, verprügelten sie diesen und beschafften Diogenes ein anderes.»[4] Nach dieser Anekdote ist Diogenes aus Athen nicht wegzudenken; er gehörte zu den Attraktionen der Stadt.

Aus Sinope am Schwarzen Meer stammend, war Diogenes jedoch kein Bürger von Athen. Er wollte es auch nicht sein, denn er fühlte sich als Weltbürger. Tatsächlich gehört das Weltbürgertum zu den grundlegenden und neuen Gedanken der Achsenzeit. Diogenes hat sich als erster als «Kosmopolit» bezeichnet.[5] Das uns heute vertraut klingende Wort hat für den Griechen einen harten, paradoxen Klang: Man ist Bürger (*polítês*) einer Polis, aber nicht der Welt. Der Ausdruck bezieht sich zunächst auf die Heimatlosigkeit des aus seiner Vaterstadt verbannten Philosophen:

> Ganz ohne Polis, Haus und liebes Vaterland,
> ein Bettler, Flüchtling, bittend um sein täglich Brot.[6]

Seine Heimatlosigkeit verstand Diogenes nicht als Mangel, sondern als Wert und Vorteil – als Weltbürgertum. Er wollte zu keinem Volk, keinem Land, keiner Stadt gehören: Seine Heimat war vielmehr die ganze Welt. In einer Gesellschaft, in der familiäre und lokale Bindungen Verhalten und Mentalität der Menschen nachhaltig bestimmen, ist das ein neuer und revolutionärer Gedanke, der in der alten Welt Schule machte. Der Historiker Plutarch beschreibt das Weltbürgertum wie folgt:

> Nicht in Städte und Völker gesondert und nicht nach nur örtlich geltendem Recht sollen wir leben. Wir sollen vielmehr alle Menschen als Mitbürger und Landsleute betrachten, *eine* Lebensweise und *eine* Ordnung soll gelten – wie bei einer Herde, die auf gemeinsamer Trift weidet.[7]

### *Alexander der Große*

Plutarch fügt hinzu, das von den Kynikern entwickelte philosophische Gedankengebilde vom Weltbürgertum sei zunächst ein Traumbild geblieben; erst durch Alexander den Großen habe es konkrete politische Gestalt angenommen. Alexander habe die Menschen der verschiedensten Völker miteinander vermischt, ihnen eine einheitliche Sitte empfohlen und sie dazu angehalten, die gesamte bewohnte Erde als ihr Vaterland zu betrachten. Tatsächlich konnte der aus Makedonien stammende Alexander in den Jahren 334–323 v. Chr. in einem ehrgeizigen Feldzug ganz Vorderasien und Ägypten erobern. Alexanders Weltreich fand zwar nicht zu einer politischen Einheit, brachte jedoch eine einheitliche, wenngleich auf die Elite beschränkte Kultur hervor – die Kultur des Hellenismus. Diogenes selbst nahm an Alexanders Eroberungspolitik keinen Anteil, doch im

Gefolge Alexanders finden wir den Diogenes-Schüler Onesikritos.[8] Der von Alexander begründete Export der griechischen Kultur in die Länder des Orients begünstigte auch die Verbreitung der kynischen Philosophie. Der bärtige, in Lumpen gekleidete und seine ganze Habe in einem Schulterbeutel tragende Kyniker ist aus der erweiterten griechisch sprechenden Welt nicht wegzudenken.

Als Zeit des «Hellenismus» werden seit Johann Gustav Droysen (1808–1884) jene dreieinhalb Jahrhunderte vor Christi Geburt bezeichnet, in denen die Griechen und ihre Nachbarn, die Griechisch sprechenden Makedonen, in die Welt des Orients eingedrungen sind. Hellenistische Kultur wurde in den Osten zu den «lernenden Völkern Asiens» exportiert.[9] Das Instrument, mit dessen Hilfe sich die geistige Kultur der Griechen in den eroberten Gebieten verbreitete, war die Stadtgründung. Die hellenistische Stadt diente als Stützpunkt für Militär und Handel. Nach griechischem Vorbild von einer Bürgerschaft («Rat und Volk») demokratisch geleitet, bildete sie auch das politische und kulturelle Zentrum. Die hellenistische Stadt, deren größtes Beispiel Alexandria in Ägypten ist, war etwas Neues in den eroberten Gebieten. Droysen unterstreicht den Unterschied zwischen den traditionellen «Barbaren»-Städten des Ostens und der neu gegründeten hellenistischen Stadt (Polis):

> Das Charakteristische der Barbaren ist es, ohne städtische Gemeinwesen zu leben. Sie haben keine Städte, sondern Ortschaften; wie ungeheure Ausdehnung diese auch haben, wie mächtig ummauert sie auch sein, durch Gewerbe und Handel blühen mögen, sie haben kein politisches System; sie sind entweder stehend gewordene Hoflager oder um heilige Tempel zusammengehäufte Massen oder ungeheure Marktflecken, oder was sonst immer, nur Städte nicht, wie sie der Grieche meint.[10]

Die hellenistische Stadt, in der sich Griechen, Makedonen und Einheimische mischten, wurde zum Geburtsort einer neuen geistigen Kultur, die sich über die gesamte Mittelmeerwelt und darüber hinaus verbreitete. Droysen charakterisiert die Epoche des Hellenismus als «die moderne Zeit des Altertums»,[11] die es nach der archaischen Epoche Homers (um 750 v. Chr.) und der klassischen Epoche Athens (um 400 v. Chr.) in ihrer weltgeschichtlichen Kulturleistung zu würdigen gilt. Worin besteht diese Kulturleistung? In der Verwandlung der Welt über die eigentliche Epoche des Hellenismus hinaus. Nach dem Ende des politischen Hellenismus durch die zwischen 63 v. Chr. und 70 n. Chr. durchgesetzte Vorherrschaft der Römer im östlichen Mittelmeer wurde die hellenistische Kultur weitergetragen und weiterentwickelt.

Während die Griechen von einer kulturellen Mission beseelt waren, blieb ihr Interesse an fremden Kulturen begrenzt; sie waren weder bereit, fremde Sprachen zu lernen noch sich ernsthaft mit nichtgriechischer Literatur zu beschäftigen. Das war bei den Juden anders: Bei ihnen gab es viele, die Griechisch lernten und sich hellenisches Geistesgut aneigneten. Im Judentum verursachte der Hellenismus einen tiefgreifenden Wandel. Er schenkte zahlreichen Juden – namentlich der in der Stadt lebenden Elite – die Begeisterung für griechische Sprache und Bildung; so konnte griechisches Kulturgut in das Judentum eindringen und die hebräische Kultur von ihrer Isolation und Provinzialität befreien. Das weltoffene hellenistische Judentum gehört zu den bemerkenswertesten Erscheinungen innerhalb der hellenistischen Kultur. Es bildet den Mutterboden des Christentums.

## *Jesu jüdische und griechische Bildung*

Das hellenistische Judentum wurde von Kreisen getragen, die über eine doppelte Bildung verfügten: eine traditionell jüdische, an den Schriften des Alten Testaments geschulte und eine griechische, die sich am Bildungskanon der griechischen Elite orientierte, also mit Homer, Euripides und Platon, aber auch mit Sokrates und kynischem Gedankengut vertraut war. Mit der bemerkenswerten Ausnahme des Buches Kohelet (das in die hebräische Bibel Eingang findet) ist die gesamte Literatur des hellenistischen Judentums in griechischer Sprache gehalten. Das Zentrum der hellenisch-jüdischen Kultur lag in Alexandria in Ägypten, wo zwei der fünf Stadtbezirke mehrheitlich von Juden bewohnt waren. In Alexandria war bereits im 3. Jahrhundert v. Chr. eine vollständige griechische Übersetzung des Pentateuch entstanden, die in der Folgezeit zu einer vollständigen griechischen Bibel ergänzt wurde. Der in Alexandria lebende jüdische Philosoph Philon schrieb sein umfangreiches Werk in eleganter griechischer Prosa, ebenso in Rom der jüdische Historiker Flavius Josephus. Das hellenistische Judentum blühte, doch es wies einen – vielen Zeitgenossen verborgenen – Mangel auf: Ihm fehlte ein charismatischer Impuls, der die Verbindung von griechischem und jüdischem Kulturgut popularisierte und in breiten Kreisen heimisch machte. Nur ein solcher Impuls konnte dem hellenistischen Judentum Dauer verleihen und es in eine Kulturmacht von weltgeschichtlichem Rang verwandeln. Dieser Impuls kam von Jesus, einem jüdischen, in Palästina lebenden Kyniker.

Wie alle hellenistischen Juden verfügte auch Jesus über eine doppelte, jüdische und griechische Bildung. «Vielleicht hat Jesus als umherziehender Handwerker in den Synagogen und auf den Plätzen der größeren Städte Formen und Inhalte jüdischer und griechischer Bildung kennengelernt. Vielleicht hat schließlich Johannes der Täufer – als Priestersohn sicher sorgfältig ausgebildet – größeren Einfluss auf Jesu Bildung ausgeübt als oft angenommen», vermutet Gerd Theißen.[12] Zwar wissen wir über den Umfang von Jesu Bildungsgut und die Weise, wie er es sich angeeignet hat, nicht viel, doch lassen sich die hauptsächlichen Quellen benennen, aus denen er schöpfte. Es handelt sich in erster Linie um volkstümliche Überlieferungen. Dazu gehört – auf der jüdischen Seite – die mit dem Propheten Elija verbundene Tradition. Jesu Milieu schätzt den Propheten Elija als Lieblingsgestalt der Erzählung, aber auch als Vorbild für eine erstrebenswerte soziale Rolle. Jesus verstand sich als elijanischer Prophet: Dies ist das offensichtlichste in seiner Geschichte wirksame jüdische Erbe. Sonst ist dieses Erbe nicht stark ausgeprägt. Nur wenige Züge seines Gedankenguts und seines Auftretens haben einen klaren Hintergrund in Tempel, Synagoge und Heiliger Schrift. Dieselbe Rolle, die in Jesu jüdischem Bildungsgut der Gestalt Elijas zukommt, übernimmt in seinem griechischen Bildungsgut der kynische Philosoph. Jesus ist der kynischen Philosophie begegnet und hat manches aus ihr begeistert aufgegriffen. In seinem Denken fügen sich Elija und Diogenes bruchlos zusammen, verschreiben sich doch beider Schulen dem Armutsideal. So wollte Jesus beides zugleich sein: elijanischer Prophet und kynischer Philosoph. Aus einem vielfältigen kulturellen Repertoire schöpfend, verband Jesus jüdische und griechische Tradition und ließ sich von beiden beeinflussen. Der jüdischen Überlieferung verdankt er den archaischen, schamanistischem Erbe verpflichteten Beruf des Propheten, der griechischen Kultur die innerhalb der anti-

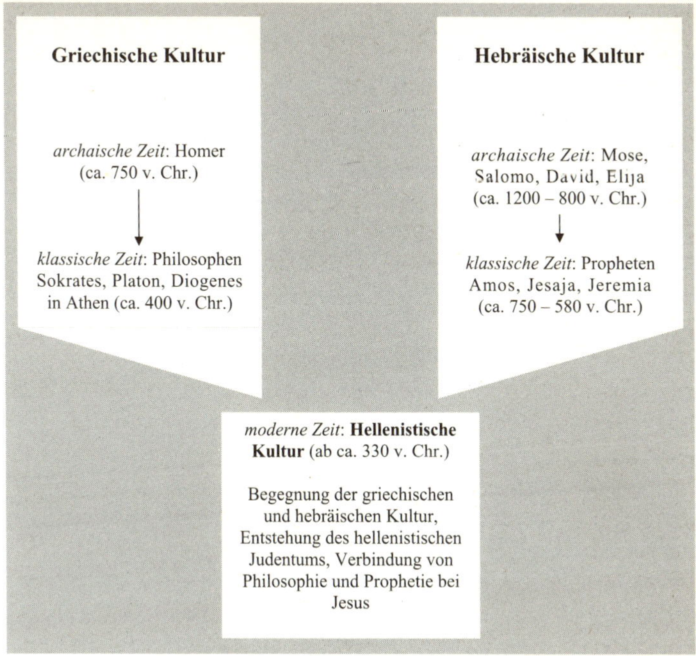


**1 Das hellenistische Judentum. Zwischen dem 3. Jahrhundert v. Chr. und dem 1. Jahrhundert n. Chr. begegnen sich die griechische und die hebräische Kultur und bringen ein hellenistisches Judentum hervor. Darin verbinden sich Elemente aus beiden Kulturen, z. B. hebräische Prophetie und griechische Philosophie. Jesu Lehre und Lebensweise sind von dieser Begegnung geprägt.**

ken Welt fortschrittliche Rolle des Philosophen. In seinem Denken und Leben begegnen sich zwei intellektuelle Kulturen – die archaische und die antike, die jüdische und die griechische *(siehe Abb. 1)*.

Wer Jesu geistige Grundlagen verstehen will, muss demnach stets die Zeugnisse zweier Kulturen studieren: das Alte Testament und das «kynische Testament», das vor nicht allzu langer Zeit der verdiente Altphilologe Georg Luck in der Textsammlung *Die Weisheit der Hunde* (1997) zusammengestellt hat.

Die Entdeckung des kynischen Judentums verdanken wir dem klassischen Philologen Isaak Heinemann (1876–1957). Als Honorarprofessor für Hellenismus an der Universität Breslau veröffentlichte er eine umfangreiche Studie über die jüdische Religion im griechischen Umfeld unter dem Titel *Philons griechische und jüdische Bildung* (1932). Philon, jüdischer Philosoph und Zeitgenosse Jesu, schuf ein literarisches Werk, in dem sich Griechisches und Biblisches miteinander vermischen. Von Philons Schreibtechnik hat Heinemanns Generation eine genaue Vorstellung entwickelt. Wie alle griechischen Autoren seiner Zeit schöpft Philon aus allerlei antiken Autoren, auch solchen, deren Werke uns nicht erhalten sind. Die moderne Forschung kann in seinem Werk manches Fragment bekannter und unbekannter Autoren aufspüren, nicht zuletzt einige sonst nicht überlieferte Aussprüche des Diogenes. Zur Lektüre Philons gehört jedoch nicht nur heidnische, sondern auch zeitgenössische jüdische Literatur. Philon, so glaubt man zu erkennen, reagiert in fast jeder seiner Schriften auf bestimmte uns nicht erhaltene Bücher anderer jüdischer Autoren, die, obgleich nicht wörtlich zitiert, doch zu Wort kommen. Diese anonymen Autoren stehen «in ihrer gesamten Haltung, ihrer weltoffenen Art und ihrer profanen Grundstimmung dem Geist hellenistischer Kultur näher als Philon selbst».[13] Heinemann stimmt dieser Auffassung zu und rekonstruiert sogar eine solche hellenistisch-jüdische Schrift, deren Thema die jüdischen Feste sind. Während die Forschung vor Heinemann sich damit begnügte, die Autoren der Vorlagen, auf die Philon reagiert, als jüdische Schriftsteller oder Lehrer zu bezeichnen, versucht Heinemann, ihr geistiges Profil genauer zu erfassen. Er sieht in ihnen jüdische Kyniker, denen die hellenistische Auffassung von Mensch, Leben und Gesellschaft wichtiger ist als das jüdische Erbe, das sie nahezu preisgeben. In Auseinandersetzung mit ihnen lege Philon konservativere Deutungen jüdischer Gesetze und Bräuche vor. Philon verteidige die jüdische Überlieferung, um jedoch gleichzeitig für eine gemäßigte Rezeption der hellenistischen Kultur einzutreten. Auf diese Weise sei auch er in manchem der kynischen Lehre verpflichtet geblieben.

Heinemann geht nicht auf die Frage ein, ob der Kynismus auch sonst im Judentum Spuren hinterlassen hat. Er begnügt sich mit einem knappen Hinweis: «Die starke innere Beziehung zwischen Urchristentum und Kynismus ist bekannt.»[14] Gemeint ist die von Ulrich von Wilamowitz-Moellendorff (1888) und Rudolf Bultmann (1910) beobachtete Verbindung zwischen dem popularphilosophischen Vortrag (Diatribe) der Kyniker und der Predigt des Paulus und der Kirchenväter.[15]

In der Zeit der Weimarer Republik (1918–1933) entstanden, gehört Heinemanns Buch zur Blütezeit der Wissenschaft des Judentums. Diese Bewegung jüdischer Gelehrter hatte zum Ziel, die Erforschung der Geschichte, Literatur und Religion der Juden zu fördern und dabei ein den deutschen Universitäten entsprechendes Niveau zu erreichen. Ihr führendes Organ, die *Monatsschrift für Geschichte und Wissenschaft des Judentums*, wurde von Heinemann herausgegeben. Die Zeit nach Weimar war der Wissenschaft des Judentums nicht mehr günstig, und so brach auch die Erforschung des jüdischen Kynismus ab. Im Gefolge der antisemitischen Politik des nationalsozialistischen Regimes musste der Gelehrte Deutschland verlassen. In seiner Zeit als Professor an der Hebräischen Universität (Jerusalem) hat Heinemann sich anderen Themen zugewandt. In Deutschland zeigte sich nur der Romanist Eduard Wechssler (1859–1949) am jüdischen Kynismus interessiert. Sein Buch *Hellas im Evangelium* wurde zweimal gedruckt: 1936 und 1947. Beachtung hat es fast keine gefunden – kein Wunder, denn nach dem Zweiten Weltkrieg galt es als politisch opportun, Jesus ausschließlich als Juden zu würdigen und seine hellenistischen Wurzeln zu vernachlässigen.[16] Lange Zeit schmückte der Ausdruck «Jesus der Jude» manches Jesusbuch als Titel oder Untertitel. Erst in den 1980er Jahren bahnte sich ein Wandel an. In einer zunehmend multikulturellen Welt entstand wieder Interesse am hellenistischen Judentum, nun stets mit einem Blick auf die Evangelien. Gerald Downing, Burton Mack, John Dominic Crossan und John Moles sind von jener «starken inneren Beziehung zwischen Urchristentum und Kynismus» überzeugt. Aus «Jesus der Jude» kann nun «Jesus der hellenistische Jude» und «Jesus der jüdische Kyniker» werden. Diesem neuen Ansatz ist das vorliegende Buch verpflichtet. Es kommt zu folgendem Ergebnis:

Der Kynismus, eine bedeutende philosophische Bewegung seit etwa 400 v. Chr., hat im Ideal von Besitz- und Bedürfnislosigkeit sein auffälligstes Merkmal und in Diogenes, dem in einer Tonne lebenden Philosophen, seine emblematische Gestalt. Der von den Kynikern gesäte Samen hat vielfältige Frucht hervorgebracht. Seit etwa 200 v. Chr. lässt sich eine jüdische Rezeption des Kynismus nachweisen, und im 1. Jahrhundert n. Chr. finden wir nicht nur Sympathisanten wie

Philon von Alexandrien, sondern auch Männer, die das kynische Lebensideal übernehmen und innerhalb des hellenistischen Judentums einen jüdischen Kynismus gestalten. Dazu gehört neben Johannes dem Täufer vor allem Jesus, in dessen früher Überlieferung sich zahlreiche Spuren unmittelbarer Nachahmung kynischer Lebens- und Lehrweise finden. Anders als die griechischen Kyniker, die im Halbgott Herakles ihr Ideal verkörpert sehen, wählen sich die jüdischen Kyniker den durch legendäre Überlieferung bekannten Propheten Elija als Vorbild. Jesus und die griechischen Kyniker der hellenistisch-römischen Zeit haben vieles gemeinsam: Sie verzichten auf Besitz, Ehe und Lebensvorsorge; sie verstehen Gott als Vater aller Menschen; sie empfehlen Nächstenliebe; sie wenden sich anderen seelsorgerlich zu; sie bemühen sich um Friedensstiftung; sie lehnen Vergeltung ab und sind bereit zum Leiden; mit traditionellen religiösen Geboten und Bräuchen gehen sie unbefangen um. Einige Züge wie die Praxis der Krankenheilung gehen dagegen auf Israels prophetische Überlieferung zurück, als deren Exponent Elija gilt. Aus der Verschmelzung der philosophischen Mentalität mit der prophetischen, von Diogenes mit Elija, entsteht ein einzigartiges Lebensmodell, das einen Platz in der Philosophiegeschichte verdient. Verdrängt und unkenntlich gemacht wurde das kynische Erbe in der frühchristlichen Überlieferung nicht nur aufgrund der Verbürgerlichung der Jesusbewegung, sondern vor allem aufgrund des Rufes kynischer Philosophen, die tyrannische Herrschaft der römischen Kaiser abzulehnen. Um sich nicht der Verfolgung auszusetzen, verzichteten die frühen Christen darauf, sich als Kyniker zu präsentieren. Gleichzeitig verblasste auch das mit dem Kynismus verbundene prophetische Erbe.

## Erster Teil

# Der Gottesmann

## Jesus als elijanischer Prophet

Jetzt weiß ich: Du bist ein Gottesmann.
Das Wort Jahwes ist wirklich in deinem Mund.

*Wort einer Frau, gerichtet an Elija,*
*nachdem er ihr Kind geheilt hatte.*
*1 Könige 17,24*

# 1 Die Schule des Propheten Elija

Im alten Israel gab es Tempel, an denen eine Priesterschaft Gott – und in vormonotheistischer Zeit auch den Göttern – einen regelmäßigen Opferkult widmete. Dort konnte auch der Laie seinem Gott durch Opfergaben seine Verehrung bekunden. Doch Tempel und Priesterschaft erschöpften das Religionswesen nicht. Eine zweite Kraft verfolgte ihre eigenen Ziele und baute ihr eigenes religiöses Universum auf – die Prophetie.

Religionsgeschichtlich gesehen wurzelt die Prophetie in der archaischen Rolle des Schamanen, des Einzelgängers, der mit den Göttern verkehrt, Jenseitsreisen unternimmt, die mythische Überlieferung kennt und Schüler in seinem seltsamen Beruf ausbildet. Der Gesellschaft dient er als Krankenheiler und Kontaktperson zur jenseitigen Welt. Auch werden ihm zauberische Fähigkeiten zugeschrieben. In der biblischen Überlieferung ist das archaische Erbe besonders deutlich in den Erzählungen über zwei prophetische Gestalten: Elija und dessen Schüler Elischa. «Elija ist der größte unter den prophetischen Heroen», schreibt Hermann Gunkel, einer der bedeutendsten Erklärer des Alten Testaments im 20. Jahrhundert.[1] Was berichtet die Bibel von Elija und Elischa, und worin besteht ihre Bedeutung? Das vorliegende Kapitel versucht eine Antwort.

## *Elija und Elischa*

Die biblische Erzählung über die beiden Gottesmänner Elija und Elischa ist als Folge locker verknüpfter Episoden gestaltet, denen teils der Charakter der Sage, teils der des Märchens eignet. Von Elija handeln neun knapp ausgeführte Episoden:

*Erste Episode: König Ahab errichtet einen Tempel für Baal, Elija kündigt eine Dürreperiode an. Elija bringt sich in Sicherheit und wird von Raben versorgt.* – Die Erzählung beginnt mit einem Hinweis auf die Sünde Ahabs, des Königs von Israel. Von Isebel, seiner aus Phönizien stammenden Gemahlin, zu diesem Schritt bewegt, lässt Ahab in Samaria einen Tempel für den Gott Baal errichten. Dadurch wird der Anspruch Jahwes, im Land allein verehrt zu werden, schmählich missachtet. Gekränkt sinnt er auf Strafe. Diese lässt er durch Elija ankündigen: Der Regen wird ausbleiben, und nur durch das lösende Wort des Gottesmannes kann der auf dem Land liegende Bann gebrochen werden. Um dem Zorn des Königs zu entgehen, verbirgt sich Elija am Bache Kerit, wo ihn Raben täglich mit Brot versorgen.

*Zweite Episode: Elija als Wohltäter der Witwe von Sarepta.* – Als der Bach Kerit versiegt, begibt sich Elija, göttlichem Geheiß folgend, in die phönizische Stadt Sarepta. Dort begegnet er einer mittellosen Witwe, die ihn versorgen soll; das wird möglich, nachdem er den Inhalt ihres Ölkrugs und ihrer Mehlschüssel sich selbst vermehren lässt. Als ihm der Tod des Sohnes der Witwe gemeldet wird, erweckt er das Kind wieder zum Leben.

*Dritte Episode: Elija begegnet Obadja, dem frommen Palastvorsteher des Königs.* – Im dritten Jahr der Dürre kehrt Elija nach Israel zurück. Der Palastvorsteher, der auf der Suche nach Futter für das Vieh durch das dürre Land streift, trifft auf Elija. Er berichtet ihm von seiner geheimen Fürsorge für Jahwes Propheten, die er vor dem Zorn des Königs gerettet hat, indem er sie in einem Versteck verborgen hielt. Elija kündigt an, vor König Ahab zu treten.

*Vierte Episode: Elija und die Baalspropheten führen auf dem Karmelberg kultische Riten durch, um Regen zu schaffen. Elijas Gott sendet Regen, die Baalspriester werden getötet.* – Vor Ahab tretend erklärt sich Elija bereit, Gott zur Beendigung der Dürre zu bewegen und für Regen zu sorgen. Es kommt zum Streit um das Regenzeremoniell: Soll sich die Bitte um Regen an den Gott Baal richten? So verlangt es Isebel, die mit dem König Israels verheiratete Tochter des phönizischen Königs Ittobaal. Oder soll sich die Bitte an Jahwe, den Gott Israels richten? So verlangt es der Gottesmann. Der Streit gipfelt in einem Wettkampf auf dem Berge Karmel. Dort hat Elija den zerstörten, für den Kult Jahwes bestimmten Altar wieder errichtet. Nun stehen sich an diesem Altar Baalspriester und Elija gegenüber. Jede Partei hat die Aufgabe, ein Brandopfer herzurichten, das ihr Gott annehmen soll, indem er vom Himmel ein Feuer herabfallen und das Opfer verzehren lässt. Den Baalspriestern gelingt es nicht, ihren göttlichen Herrn zu diesem Signal zu bewegen. Als Elija an die Reihe kommt, schickt Jahwe zuerst das Feuer, dann den erflehten Regen, der die Dürre beendet. Elija wird als Einzelgänger geschildert, der mit König Ahab und, mehr noch, mit dessen Frau Isebel einen Privatkrieg führt. Gegenstand des Streits ist Baal, Gott der phönizischen Stadt Tyrus, dessen Kult Ahabs ausländische Gemahlin ins Land gebracht zu haben scheint – zum Verdruss des Propheten, der sich der Alleinverehrung Jahwes verschrieben hat. Die Gunst seines Erfolgs auf dem Karmelberg nutzend, lässt Elija die Baalspriester ergreifen und töten, mehr als achthundert Personen. – Einzelne Züge sind dieser Episode zweifellos erst in später Zeit zugewachsen, so besonders das den Monotheismus der Spätzeit Israels verratende Gebet des Gottesmannes: «Jahwe, Gott Abrahams, Isaaks und Israels, heute soll man erkennen, dass du Gott bist in Israel, dass ich dein Knecht bin und all das in deinem Auftrag tue. Erhöre mich, Jahwe, erhöre mich! Dieses Volk soll erkennen, dass du, Jahwe, der Gott bist, und dass du ihr Herz zur Umkehr wendest.»[2]

*Fünfte Episode: Elija reist durch die Wüste zum Berg Horeb und begegnet dort Gott.* – Elija kann seinen Sieg auf dem Karmelberg nicht genießen. Vor der erzürnten Isebel muss er fliehen. Zuflucht findet er in der Wüste, doch von melancholischer Stimmung bedrückt, ist er des Lebens überdrüssig. Auf wunderbare Weise – ein Engel bringt ihm Speise – wird er am Leben erhalten. Gestärkt durchquert er vierzig Tage lang die Einöde, um den Gottesberg zu erreichen. Tatsächlich begegnet ihm dort Gott. Elija sieht Gottes Gestalt nicht, er hört nur Gottes Stimme, die ihn mit Aufträgen in seine Heimat zurücksendet. Einer der Aufträge lautet: «Salbe Elischa, den Sohn Schafats aus Abel-Mehola, zum Propheten an deiner Stelle.»

*Sechste Episode: Elija beruft den jungen Elischa in seinen Dienst.* – Der Meister sieht einen jungen Mann und beansprucht ihn ohne weitere Verhandlung für seinen Dienst. Er wirft Elischa seinen Mantel über, um ihn auf magische Weise in seine Gewalt zu bringen. Ohne Zögern folgt Elischa dem Ruf des Meisters, der sein ferneres Leben bestimmen wird. Der junge Mann schlachtet das Rinderpaar, mit dem er gepflügt hatte, und richtet es als Speise zu; als Brennmaterial zum Kochen dient ihm das nunmehr wertlos gewordene Rindergeschirr. Das Schlachten der Rinder und Verbrennen des Geschirrs ist als symbolische Handlung zu betrachten, die den Verzicht auf den bisherigen

Besitz vor Augen führt. Dieselbe Bedeutung hat das Abschiednehmen von den Eltern. Die Speise wird «den Leuten» vorgesetzt – gemeint ist wohl: den Verwandten, von denen sich Elischa verabschiedet. Dann tritt Elischa in den Dienst des Meisters, den er fortan begleiten wird. (Von der Ausführung des göttlichen Auftrags an Elija, Elischa zum Propheten zu salben, erfahren wir nichts.)

*Siebente Episode: König Ahab lässt den Bauern Nabot töten, Elischa droht dem König Gottes Strafe an.* – Ahab lässt einen seiner Untertanen, einen unbescholtenen Mann namens Nabot, ermorden, nachdem sich dieser geweigert hatte, dem König seinen ererbten Weinberg zu verkaufen. Elija sucht den König auf und sagt ihm Gottes Strafe an. Als Ahab, vom Wort des Propheten betroffen, Reue zeigt, das Bußgewand anlegt, auf hartem Boden schläft und fastet, entschärft der Prophet die von ihm angekündigte Strafe: Nicht Ahab selbst werde Unheil ereilen, sondern erst seinen Sohn.

*Achte Episode: König Ahasja ist krank und lässt den Gott Beelzebul befragen; Elija ist erzürnt und lässt die Boten des Königs durch Feuer vom Himmel vernichten.* – Auch mit König Ahasja, Ahabs Nachfolger auf dem Thron von Samaria, gerät Elija in Streit. Als der König, von einem Sturz verletzt, das Orakel des Gottes Beelzebul von Ekron befragt, zürnt ihm der Gottesmann und kündigt ihm den nahen Tod an. Davon unterrichtet, schickt der kranke König Abordnungen, die Elija zu ihm führen sollen. Da er dem König und seinen Boten nicht traut, ruft Elija Feuer vom Himmel, das die Gesandtschaft auf der Stelle verzehrt. Das geschieht zwei Mal. Beim dritten Mal gibt der Prophet nach und lässt sich zum König führen, um freilich bei seiner Ankündigung zu bleiben. Tatsächlich stirbt Ahasja alsbald.

*Neunte Episode: Elija wird von einem feurigen Wagen in den Himmel entrückt, Elischa wird sein Nachfolger.* – Auf seiner letzten Reise im einsamen Bergland wird Elija von Elischa begleitet. Der Gottesmann gibt seinem Begleiter einen Wunsch frei, und Elischa wünscht sich – gleichsam als Erbe – einen Teil des Geistes seines Meisters. Der Wunsch wird ihm gewährt. Dann erlebt er, wie sein Meister von einem feurigen Wagen in den Himmel entrückt wird, um nicht wieder zurückzukommen. Nur Elijas wunderwirkender Mantel bleibt ihm – und der Auftrag, das Werk des Meisters fortzuführen. Von Elijas Entrückung wird nur äußerst knapp – im Stil der «unausgeführten Erzählung» – berichtet; eine eigentliche Schilderung fehlt.

Wir dürfen uns die Szene vielleicht so vorstellen: Plötzlich erscheint ein zweirädriger bemannter Kriegswagen mit einer Plattform, auf der bis zu drei Personen stehen können; zwei Pferde ziehen den Wagen, der allerdings nicht auf dem Boden, sondern auf geheimnisvolle Weise durch die Luft fährt. Wagen und Pferde und wohl auch der nicht genannte Wagenlenker strahlen einen an Feuer erinnernden Glanz aus. Der Lenker zieht Elija zu sich auf die Plattform – und der Wagen verschwindet in der Luft, so plötzlich wie er aufgetaucht ist. Doch sicher ist diese Rekonstruktion nicht; vielleicht will der Bericht nur sagen: Da erschien jener Wagen, und gleichzeitig hob ein Wind den Gottesmann hinweg, und keiner weiß, wie das geschah. – Elija hinterlässt seinem Diener ein doppeltes Erbe: als sichtbares Erbe seinen Zaubermantel, als unsichtbares Erbe seinen wundermächtigen Geist. Beides zusammen sichert sein Wirken als Gottesmann.

Von den sich anschließenden zahlreichen Episoden aus dem Leben und Wirken Elischas kann hier nur weniges erwähnt werden. Auch Elischa ist in die Politik verstrickt, doch ist er, anders als Elija, dem König zumeist ergeben; er hilft ihm durch Rat und Tat, sich gegen die Feinde des Landes zu wehren – die östlich von Israel lebenden Aramäer. Während Elijas Wirken unter seinen Schülern ohne Schilderung bleibt, zeigt uns die Erzählung Elischa als von einer Schülerschar umgeben, die er unterrichtet und deren einfaches, auf den Fluren geführtes Leben er zumindest zeitweise teilt. Am feinsten ausgeführt ist die Episode von der Heilung des syrischen Hauptmanns Naaman. Zum Haushalt des von einer Hautkrankheit geplagten Mannes gehört eine israelitische Dienstmagd. Diese glaubt fest an die Fähigkeit des Propheten, ihren Herrn zu heilen, und so kommt es zu einem Besuch des Hauptmanns bei Elischa. Dieser fordert den Hauptmann auf, im Jordan ein Tauchbad zu nehmen. Tatsächlich befreit ihn das heilende Wasser von seiner Krankheit. Von dem Wunder überrascht und beglückt, wird Naaman, obwohl kein Hebräer, zum treuen Verehrer Jahwes.

Anders als in den Erzählungen von Elija ist in der Elischa-Überlieferung mehrfach von Haus und Hütte die Rede.[3] Für den Unterricht der Prophetenjünger wird in der Nähe des Jordans eine offenbar einfache, Schatten spendende Hütte aus Holz erbaut. In Schunem stellt eine vornehme Frau dem Propheten ein gemauertes Obergemach als Herberge zur Verfügung. Elischas Haus – vermutlich in der Stadt

Samaria – ist Treffpunkt der Angesehenen; dort empfängt der Prophet den Aramäer Naaman sowie König Joasch, als dieser den sterbenskranken Propheten besucht. Wenngleich äußerst knapp, verrät die Beschreibung der Häuser etwas von der anspruchsvollen Baukultur jener Zeit – das Haus in Schunem hat ein gemauertes Obergemach, das Haus Elischas ein schließbares Fenster.[4] Elischa ist stärker ortsgebunden als Elija.

Elischas Ende gleicht nicht dem seines Meisters, denn war jener in den Himmel entrückt worden, so ereilt diesen der Tod nach einer Krankheit. Von seinem König beweint, wird er begraben. An seinem Grab ereignet sich ein letztes Wunder: Ein Toter, in das Grab Elischas gebracht und dessen Gebeine berührend, wird wieder lebendig und richtet sich auf. Wie Elijas magisches Gewand nach dem Tod des Meisters noch Wirkung zeitigt, so hier das Gebein des fortan verehrten Heiligen.

### *Entstehung und Bedeutung der Erzählungen*

Die Erzählungen über Elija und Elischa führen in jene biblische Zeit, in der es Könige gab – Könige von Jerusalem im Süden Palästinas, Könige von Samaria im Norden. Das Erzählte spielt im Nordreich, von Jerusalem ist nirgendwo die Rede. Elijas Heimat Tischbe wird im mittleren Ostjordanland gesucht, im Gebiet der späteren Städte Pella und Gerasa;[5] für Elischa wird Abel-Mehola als Heimatort angegeben, offenbar ein Ort westlich des Jordans, ebenfalls zum Nordreich gehörend. Einen historischen und chronologischen Anhaltspunkt gibt eine antike Notiz über Ittobaal, König von Tyrus um 860 v. Chr. Von ihm berichtet der hellenistische Historiker Menander: «Während seiner Regierung herrschte eine Dürre vom Monat Hyperberetaios bis zum Monat Hyperberetaios im darauf folgenden Jahr. Er hielt ein (öffentliches) Flehen zu den Göttern ab, worauf ein heftiges Gewitter losbrach.»[6] Ein ganzes Jahr leidet Tyrus unter lebensbedrohender Dürre, und diese sucht auch das benachbarte Israel heim. Auch dort kommt es zu einem öffentlichen Bittzeremoniell, und auch dort führt es zum Erfolg – zum ersehnten Regen.

Was von den beiden Gottesmännern des 9. Jahrhunderts v. Chr. berichtet wird, geht wohl auf mündliche Überlieferung zurück. Im

7. Jahrhundert mag diese aufgezeichnet worden sein, um später einen festen Platz in den beiden Königsbüchern zu finden.[7] Den Vorgang legt sich Robert Pfeiffer, Verfasser eines Handbuchs zur hebräischen Literaturgeschichte, wie folgt zurecht:[8] Im Nordreich Israel gestaltete ein begabter Autor die Überlieferungen, die sich um Elija ranken, zu einer kleinen, halb fiktiven Elija-Biographie, die zu den Perlen der althebräischen Literatur gehört und auch den heutigen Leser noch begeistern kann. Lebendige Dialoge, dramatisch zugespitzte Szenen sowie die ergreifende Darstellung der Verzweiflung des verfolgten Propheten zeichnen sie aus. Eine ähnliche Schrift, auf einen etwas weniger begabten Autor zurückgehend, flocht auch die Geschichten über Elischa zu einer kleinen Biographie zusammen. Beide Biographien dürfen als Werke von Lehrern gelten, die im Nordreich in der Ausbildung der Schreiber tätig gewesen sind. Als um 600 v. Chr. die Königsbücher redigiert wurden, fanden Teile dieser zwei Schriften Aufnahme in das neue, umfangreichere Werk.

Da das Alte Testament von Elija und Elischa nur Legenden überliefert, wäre es zu kühn, sie zu scharf erfassbaren historischen Persönlichkeiten zu erklären. Aber es greift wohl auch zu kurz, ihre Existenz allein der überbordenden Phantasie und Fabulierkunst biblischer Erzähler zuzuschreiben. Der Phantasie gehören zweifellos manche Einzelzüge an, weiß doch die Legende stets mehr als die Geschichte. Freier Erfindung verdanken sich die in der Legende nicht überraschenden Wunderberichte und vielleicht auch die Verknüpfung der beiden Helden, die wohl nicht als Lehrer und Schüler, Meister und Nachfolger, sondern als unabhängige Gestalten zu werten sind. Möglicherweise haben Elija und Elischa als historische Personen nichts miteinander zu tun gehabt. Die Erzählungen scheinen zwar historische Personen, Gruppen und Vorgänge zu spiegeln, doch diese im Einzelnen und verlässlich zu rekonstruieren, ist fast unmöglich. Immerhin verweisen die Geschichten von Elija und Elischa, von deren Politik, Wundertaten, Wanderungen und Prophetenschülern, auf eine bestimmte Lebenswelt, auf ein Milieu, von dem sich wenigstens versuchsweise ein Bild entwerfen lässt. Es drängt sich nämlich der Eindruck auf, als hätten wir es bei Elija und Elischa nicht mit isolierten Einzelgestalten zu tun, sondern mit Männern, die an der Spitze einer organisierten Berufsgruppe stehen. Darauf verweist auch eine alte jüdische Legende, die von einem Prophetenkreis handelt. Mitglieder sind neben Jesaja «der Prophet Micha, der alte Ananja, Joel, Habakuk, sein eigener Sohn Josab und viele Getreue, die an die Himmelfahrt glaubten». Gemeinsam zogen sie sich in die Berge Judas zurück. «Sie waren alle mit einer Felltracht bekleidet und sie waren alle Propheten. Sie hatten nichts bei sich, sondern waren nackt und in tiefer Trauer über Israels Verirrung. Sie hatten nichts zu essen außer Wüstenpflanzen, die sie auf den Bergen sammelten.»[9] In der Wildnis vegetarisch lebende Prophetengruppen bilden einen festen Bestandteil legendärer Überlieferung.

Einen eigenen Namen scheinen solche Gruppe nicht zu führen, doch werden ihre Mitglieder als «Prophetensöhne» bezeichnet,[10] ein hebräischer Ausdruck, der ungefähr so viel bedeutet wie «Mitglied der Gruppe der Propheten» oder aber «Prophetenschüler». Man mag sich die Gruppe als eine Art Zweckverband oder Orden denken. Gegliedert ist der Orden in Gruppen von jeweils fünfzig Mann, offenbar nach dem Vorbild von Staatsverwaltung und Militär.[11] Zwei solcher Fünfzigschaften werden erwähnt.[12] Geleitet wird jede von einem Prophetenmeister, dem ein Lieblingsjünger zur Seite steht. Im Todesfall des Meisters tritt dieser die Nachfolge an. An ärmlicher Tracht sind die Mitglieder zu erkennen, insbesondere der Meister. Der Orden widmet sich der ausschließlichen Verehrung Jahwes, die er als Staatsreligion etablieren will. Notfalls mit Gewalt von Waffen, das heißt: durch Tötung jener Kräfte, die sich der Alleinverehrung entgegenstellen.[13]

Wovon lebt der Orden? In diesem Punkt sind die Angaben besonders spärlich, doch steht die Armut des Ordens außer Frage. Die Mitglieder verlassen den Ackerbau ihrer Eltern, um fortan ein karges Leben am Rande der Gesellschaft zu führen. Grundbesitz steht nicht zur Verfügung, Herdenbesitz und Beschäftigung einer Dienerschaft werden abgelehnt.[14] Solche Ablehnung scheint jedoch nicht konsequent gewesen zu sein – Elija hat einen Diener zum Begleiter, Elischa ebenso.[15] Zeitweilige Unterbringung des Meisters im Haus einer Sympathisantin wird erwähnt.[16] Herdenbesitz in geringem Umfang ist wahrscheinlich; so denkt sich Martin Buber Elija als einen in einer Höhle in der Steppe hausenden, von bescheidener Ziegenzucht lebenden Sonderling.[17] Da anspruchsloser als Schafe, sind Ziegen die Haustiere der ärmsten Bevölkerungsschicht. Gerne nehmen die Mitglieder des Prophetenordens Spenden von Sympathisanten entgegen, besonders Nahrungsmittel.[18] Größere Spenden und Luxusgüter allerdings werden zurückgewiesen, denn diese würden das Ethos der Gruppe untergraben, den Lebensstil verändern und so den Orden auflösen. Zur Mahnung und Warnung wird die entsprechende Anweisung in eine Geschichte gekleidet: Der vom Propheten geheilte Feldherr Naaman bot Elischas Diener Gehasi Geschenke an – zwei Talente Silber und zwei Festkleider; dankend nahm sie der Diener an – und empfing dafür von seinem Meister eine harte Rüge; zudem wurde er mit der Hautkrankheit des Geheilten geschlagen.[19] Ein anderes Mal wurde Elischa «allerlei Gutes von Damaskus, so viel wie vierzig Kamele tragen können» angeboten.[20] Worin bestand das Geschenk, und nahm es der Gottesmann an? Auf beide Fragen gibt die Erzählung keine Antwort. Handelte es sich bei dem Geschenk um Erzeugnisse des Landbaus, wie ein neuerer Kommentator mutmaßt?[21] In diesem Falle wäre eine Annahme durch den Propheten vorstellbar.

Sieht man von Beteiligung der Meister an Militär- und Religionspolitik ab, so bleiben zwar nur wenige, aber bedeutende Aufgaben: beim König für Gerechtigkeit gegenüber den Untertanen einzutreten, tote – oder todkranke – Kinder ins Leben zurückzurufen, das Wasser einer Zisterne trinkbar zu machen, knappe Lebensmittel auf wunderbare Weise zu vermehren. Streicht man aus solcher Überlieferung die legendären und märchenhaften Züge, erkennen wir eine verschworene Gruppe, die sich bewusst an den Rand der Gesellschaft stellt, um dieser unter Berufung auf göttlichen Auftrag als Berater, Heiler und Anwalt zu dienen. Wir erfahren sogar ganz beiläufig, wie der Meister in den Besitz eines göttlichen Wortes oder Auftrags kommt: Ein Saitenspieler wird gerufen, dieser lässt sein Instrument erklingen; dann ergreift «die Hand Jahwes» den Propheten, der alsbald sein Gotteswort verkündet.[22] Vermutlich bedarf der Gottesmann eines Musikanten, um in Trance zu geraten und dann zu den Saitenklängen seinen poetisch geformten Gottesspruch in rhythmischem Singsang vorzutragen.

Es gab noch eine weitere Gruppe im biblischen Israel, die offenbar ähnlich organisiert war und ähnliche Ziele wie der um Elija und Elischa bestehende Kreis verfolgte: die Leviten. Armut, fehlender Landbesitz, bescheidene Viehwirtschaft und, als selbstgewählter gesellschaftlicher Auftrag, Pflege von Opferkult und Alleinverehrung

Jahwes sind ihre Kennzeichen. Die Frage liegt nahe, ob es konkrete Beziehungen zwischen den Leviten und der Gruppe um Elija und Elischa gab, ob es gar Leviten waren, die sich um Elija und Elischa scharten. Über eindeutige Antworten verfügen wir nicht. In Elija eine levitische Gestalt zu sehen, ergibt immerhin Sinn: Die Legende schreibt Elija das Errichten eines Altars und die Darbringung eines Opfers zu, Tätigkeiten, die den Leviten oblagen. Auch schildert die Legende Elijas Ende als Apotheose: Von einem pferdebespannten Wagen aus Feuer von Elischas Seite gerissen, wird Elija in den Himmel geleitet. Das ist bemerkenswert, denn der gewöhnliche Israelit erwartet, nach dem Tod in der Unterwelt (der Scheol) mit seinen Vorfahren vereinigt zu werden. Die Leviten dagegen haben eine besondere, nur sie selbst betreffende Jenseitserwartung, die sie mit Elija teilen – den Himmel.

Mit der Erwähnung der levitischen Jenseitslehre erreichen wir einen Bereich, über den die biblische Überlieferung nur in Andeutungen redet – die esoterische Lehre. Diese ist nur für «Insider» bestimmt, also für die Mitglieder einer bestimmten Gruppe. Außenstehenden wird sie nie oder selten geoffenbart, und wenn, dann nur in Andeutungen und nicht vollständig. Eine solche Lehre betrifft das Weiterleben nach dem Tod. Soweit sich die Jenseitslehre der Leviten rekonstruieren lässt, beruht sie auf der Unterscheidung zwischen dem Schicksal der gewöhnlichen, landbesitzenden Bevölkerung und dem Geschick der Mitglieder der levitischen Genossenschaft. Während die Landbesitzer sich nach dem Tod zu ihren Ahnen in die Unterwelt begeben, steigen die Seelen der Leviten in den Himmel auf, um in der Nähe Gottes zu bleiben. Der Himmel, nicht die Unterwelt, ist der Ort, den sich die biblischen Leviten als Jenseitsort erhoffen.[23] Auch die Mitglieder des prophetischen Zirkels mögen diese Hoffnung gehegt haben.

### *«Prophet», ein griechisches Wort*

Die sich um Elija und Elischa rankenden Erzählungen nennen ihren Helden bald «Gottesmann», bald «Nabi» (*nâbî'*). Das letztgenannte hebräische Wort scheint so etwas wie «Magier, Zauberer» zu bedeuten. In unseren Bibelübersetzungen wird es durch ein griechisches

Wort wiedergegeben: «Prophet» (*prophêtês*). Die gut eingebürgerte Bezeichnung fällt uns nicht weiter auf, doch sie ist ungewöhnlich und verdient Aufmerksamkeit. Die Gleichung Nabi = Prophet ist im 3. Jahrhundert v. Chr. im hellenistischen Judentum entstanden, also sehr lange nach der ursprünglichen Aufzeichnung der Erzählungen. Daraus ergeben sich zwei Fragen: Was bedeutet eigentlich das Wort Prophet, und wie sind die Übersetzer zur Gleichung Nabi = Prophet gekommen?

Das griechische Wort *prophêtês* hat zwei prominente Bedeutungen: (1) «Gottessprecher». Als Fachwort der Inspirationsmantik steht es für den Sprecher oder, in der femininen Form *prophêtis*, für die Sprecherin eines von einem Gott eingegebenen und an den Befrager weitergegebenen Orakelworts. (2) In einem erweiterten Wortgebrauch wird *prophêtês* als anerkennende Bezeichnung und ehrenvoller Titel für jene verwendet, die sich auf Weissagung, magische Künste und Zauberei verstehen. «Prophet» ist der positiv konnotierte Gegenbegriff zum in der antiken Welt populären, wenngleich von den Gebildeten zumeist verachteten Adepten der billigen Traumdeuterei, der Handlesekunst, der schwarzen Magie und des Schadenzaubers. Im Deutschen lassen sich Ausdrücke wie «Herr des Zaubers» oder «Meister der Zauberkunst» verwenden.

Betrachten wir die erste Bedeutung, «Gottessprecher». Wörtlich bedeutet *prophêtês* nichts anderes als «Sprecher», doch wird das Wort in älterer Zeit vornehmlich für die orakelgebende Priesterin im Apollonheiligtum von Delphi gebraucht.[24] Solange sie Dienst tut, wird ihr Eigenname durch den Titel Pythia ersetzt. Das Orakel von Delphi empfängt Reisende, die Auskunft suchen. Während die Pythia auf einem Dreifuß – einer Art Barhocker ohne Lehne – sitzt, wird sie befragt, um nach kurzer Besinnung eine Antwort zu erteilen. Eine antike Darstellung zeigt uns die Szene *(Abb. 2, S. 30)*:

Eine Schale heiligen Quellwassers in der Linken, einen Lorbeerzweig in der Rechten, sitzt die Priesterin auf dem Dreifuß. Die auf dem Dreifuß aufgesetzte Schale diente vermutlich in alter Zeit als Gefäß, dem ein Orakelpriester weiße und schwarze Steinchen entnahm, um dadurch die Antwort «ja» oder «nein» von einer Gottheit zu erhalten.[25] Doch nun ist das Los durch einen Menschen ersetzt: Apollon spricht nicht durch das Losorakel, sondern durch eine Frau. Das Wort der Pythia, so wird geglaubt, kommt nicht von der Priesterin,

**2 Befragung des delphischen Orakels. In Konzentration versunken sitzt die Pythia auf dem Dreifuß, eine Schale und einen Lorbeerzweig haltend. Sie empfängt die Inspiration des Gottes Apollon, dessen Spruch sie dem Befrager kundtun wird. Vor ihr der Befrager, bärtig, bekränzt und die Prophetin erwartungsvoll anblickend. – Rotfigurige Trinkschale des Kodrosmalers, ca. 440/30 v. Chr.**

sondern von dem sie inspirierenden Gott Apollon. Der offizielle Titel der Pythia ist *prómantis*, aber auch «die Prophetin (*prophêtis*) zu Delphi» wird sie genannt, so von Platon.[26] *Prómantis* bedeutet «Wahrsagerin», *prophêtis* «Sprecherin». Die gemeinsame Vorsilbe *pro* bedeutet «in Stellvertretung»: die Pythia ist Stellvertreterin des Gottes Apollon. Sie spricht in seinem Namen.

Als die jüdischen Übersetzer der hebräischen Bibel um 250 v. Chr. ihre Arbeit begannen, schufen sie die Gleichung Nabi = Prophet, die an die delphische Orakelpriesterin denken lässt. Eine die Übersetzer herausfordernde Schlüsselstelle ist der folgende, hier wörtlich wiedergegebene Satz aus dem Buch Deuteronomium. Israels Gott wendet sich an Mose und kündigt an, er werde nach dessen Tod sein Volk nicht ohne Anführer lassen: «Einen *Nabi* werde ich [Gott] für sie erwecken aus der Mitte ihrer Brüder, so wie dich [Mose]. Und ich werde ihm meine Worte in den Mund legen, und er soll ihnen alles sagen, was ich ihm gebieten werde.»[27] Es fällt nicht schwer, die Entscheidung der Übersetzer zu verstehen, die an dieser Stelle für Nabi das Wort *pophêtês* einsetzten, also an die Orakelpriesterin dachten. Die Gleichung Nabi = Prophet weist auf eine grundlegende Gemeinsamkeit von Nabi und Pythia: In Delphi legt der Gott Apollon sein Wort in den Mund der Orakelpriesterin, die, als Prophetin bezeichnet, den göttlichen Spruch an den Befrager weitergibt. «Prophet» bedeutet nichts anderes als «stellvertretender Sprecher». Der hebräische Nabi ist zwar nicht wie die Pythia mit einer Orakelstätte oder einem Tempel fest verbunden (obgleich es in Israel auch Tempelpropheten gab), doch obliegt ihm dieselbe Aufgabe wie der griechischen Prophetin: die Weitergabe des in seinen Mund gelegten Wortes. Auch die rituelle Inszenierung der göttlichen Inspiration ist vergleichbar: Die Pythia mag unter dem Einfluss von Gasen stehen, die einer Erdspalte im Tempel entströmen; der Nabi oder Gottesmann bedarf eines Saitenspielers, dessen Spiel ihn in Trance versetzt und so auf den Empfang einer göttlichen Botschaft vorbereitet.[28] Das dem Gottesmann eingegebene Wort wird dann kundgegeben: «So spricht Jahwe: [Tut dies oder jenes!]» Die Wiedergabe von Nabi mit Prophet ist also sinnvoll.

Die zweite, erweiterte Bedeutung des Wortes Prophet – «Herr des Zaubers, Meister der Magie» – lässt sich am Alexanderroman verdeutlichen. Dieser griechische Roman beruht auf einer Erzählung, die offenbar bald nach dem Tod Alexanders des Großen im Jahr 323 v. Chr. entstanden ist. Sie schildert das Leben Alexanders als eine Folge von legendären Episoden, deren erste mit dem Namen Nektanebos verknüpft ist. Der letzte der ägyptischen Könige (Nektanebos, 360–342 v. Chr.) floh vor nach Ägypten eindringenden Feinden nach Makedonien, wo er als angesehener Seher und Zauberer wirken konnte. «Nach langen Irrfahrten kam er nach Pella in Makedonien. In weißes Linnen gekleidet wie ein ägyptischer Prophet und Astrologe ließ er sich dort nieder, um jedem, der zu ihm kam, wahrzusagen.»[29] Von der Gemahlin des makedonischen Königs nach seinem Beruf befragt, gibt er zur Antwort: «Gar vielfältig ist die Kunst der Wahrsagung. Da gibt es Traumdeuter, Zeichendeuter, Vogelschauer, Propheten, Sandwahrsager, Nativitätssteller, Zauberer, Astrologen. Ich selbst beherrsche alle diese Künste und bin schlechthin der ägyptische Prophet, bin Zauberer (*mágos*, Magier) und Astrologe.»[30] Worauf die Königin ihn stets als Propheten anredet. Nektanebos verliebte sich in die makedonische Königin, der er die nächtlichen Besuche eines Gottes versprach; dieser Gott aber war er selbst. Aus der Verbindung ging ein Kind hervor – Alexander, fortan der Held der Erzählung. Die den Alexanderroman eröffnende Episode liest sich wie eine abenteuerliche Betrugsgeschichte, die Alexander als den Sohn des letzten ägyptischen Königs zu legitimieren sucht. Gleichzeitig lässt sie sich als Echo der altägyptischen Königsideologie verstehen.[31] Dieser Ideologie gemäß wird jeder ägyptische Herrscher nicht nur von seinem irdischen Vater, sondern von einem Gott gezeugt. Dementsprechend zeigt ein bemerkenswerter Zyklus altägyptischer Reliefs, wie die Mutter des ägyptischen Thronfolgers sich mit einem Gott verbindet.[32] Der Pharao ist Gottessohn und Menschensohn zugleich.

Die älteste erhaltene Fassung des Alexanderromans stammt zwar aus dem 3. Jahrhundert n. Chr., doch scheint sie im Kern auf die der Legendenbildung günstige Zeit unmittelbar nach dem Tod Alexanders zurückzugehen. Das aber ist auch jene Zeit, in der in Alexandria in Ägypten mit der Übersetzung der hebräischen Bibel ins Griechische begonnen wurde. Wie Nektanebos ist auch Elija Meister der magischen Künste, werden ihm doch neben Regenmachen auch eine Totenerweckung und mancherlei andere Wunderhandlungen zugeschrieben. Nicht anders als Nektanebos ist auch Elija ein Prophet, d. h. ein «Meister der Magie». Dies gilt entsprechend für Elischa, von dem ähnliche Wunder berichtet werden. In dieser Bedeutung wird der Prophetenbegriff auch für Männer verwendet, die der Pythia nicht mehr vergleichbar sind, da sie keine Gottessprüche verkünden. Für sie kommt nur die zweite Bedeutung des Prophetenbegriffs in Betracht – die Bedeutung «Meister der Magie».

Die Überlieferung weiß von einigen Meistern der Magie des 1. Jahrhunderts n. Chr., die ein elijanisches Judentum praktizierten, indem sie Wundertaten vollbrachten, wie sie von Elija und Elischa überliefert sind. Sie orientierten sich in ihrem ganzen Wirken bewusst an diesen Propheten und traten in deren Nachfolge ein. Zu solchen Meistern gehört vor allem Jesus, dem sich das folgende Kapitel widmet.

## 2 Leben in der Nachfolge Elijas und Elischas

Die Erinnerung an die Propheten Elija und Elischa ist nie erloschen. Sie beflügelten die Phantasie, sodass ihnen in Israels mündlichem wie schriftlichem Erzählschatz noch mancher märchenhafte Zug beigelegt wurde, der ihr Ansehen erhöhte. Auch im 1. Jahrhundert, der Zeit des Neuen Testaments, hörte man nicht auf, von ihnen zu berichten. Es entwickelte sich geradezu eine elijanische Religion, deren Vorstellungskreis vielen Zeitgenossen vertraut war: Elija ist eine Art «göttlicher Mensch», von Gott für würdig befunden, mit jenseitigen Mächten in Kontakt zu stehen und Wundertaten zu vollbringen; als von Gott in den Himmel aufgenommener Heiliger steht er den Menschen als Helfer nahe; seine Wundertaten werden von seinen Nachfolgern in der Gegenwart fortgeführt. Zu diesen Nachfolgern gehören auch Johannes der Täufer und Jesus von Nazaret.

### *Ein elijanisches Judentum*

Im Zentrum der elijanischen Religion steht Elija, über den mancherlei Seltsames erzählt wird, auch solches, das in den biblischen Schriften nicht aufgezeichnet ist. Der biblische Bericht über Elija setzt abrupt ein, ohne den Propheten einzuführen und vorzustellen. Dieser eigenartige Befund wird gewöhnlich aus der Textgeschichte erklärt: Es gab einmal eine unabhängige, schriftlich fixierte Elijaerzählung. Als sie in einen größeren literarischen Zusammenhang eingebaut wurde und dadurch ihre Selbstständigkeit verlor, entfiel der Anfang.[1] Der verlorene Anfang könnte von der wunderbaren, von einem Engel verheißenen Geburt erzählt haben, oder von einer spektakulären Berufung Elijas zum Propheten mittels einer Vision oder Himmelfahrt. Auf alle Fälle muss die Erzählung mitgeteilt haben, wie Elija in den Besitz seiner Wunderkräfte kam.

Im 1. Jahrhundert n. Chr. (oder schon früher) wurde Elija folgende Legende angedichtet: Vor der Geburt Elijas sieht sein Vater (in einer Vision oder im Traum), wie das Kind von weißgekleideten Männern – also Engeln – begrüßt wird; sie wickeln das Kleinkind in Feuer und nähren es mit einer Feuerflamme. Der erschrockene Vater meldet das Erlebnis in Jerusalem, wo er von den Priestern folgenden Orakelspruch erhält: «Fürchte dich nicht, denn seine Wohnung wird Licht sein, und sein Wort Urteil, und Israel wird er richten.»[2] Vorzeichen und Orakel sind in der hellenistischen Welt verbreitet; vielleicht dürfen wir hier dennoch eine Spur oder ein fernes Echo des verlorenen Anfangs der biblischen Erzählung sehen. Das muss freilich Spekulation bleiben. Vielleicht enthielt die schriftliche Fassung auch keinen ausführlichen Anfang, um esoterische Lehren nicht preiszugeben. Vielleicht wurde von Elijas Berufung nur im Kreis seiner Schüler gesprochen. Tatsächlich enthält die Elijageschichte Hinweise auf esoterisches Überlieferungsgut. Die ausführlich berichtete Reise Elijas zu einem heiligen Berg, wo er sich in einer Höhle versteckte, um eine seltsame Begegnung mit Gott zu erleben, lässt uns erkennen, wie eine Berufungserzählung ausgesehen haben mag. Auch die Szene vom Verschwinden Elijas auf einem pferdebespannten Wagen aus Feuer ist verräterisch: Elija scheint vom Anblick dieses Wagens nicht überrascht. Ob er ihn von anderen Erlebnissen her bereits kennt?

Solche Überlegungen laden ein, den Blick auf weitere, mit Elija verwandte Gestalten zu richten: auf Simon den Magier; die anonym bleibenden Prediger, die der Christenfeind Celsus (Kelsos) erwähnt; schließlich den christlichen Mönch Anatolius. Sie scheinen zur selben prophetischen Bewegung wie Elija zu gehören, obwohl von ihm durch Jahrhunderte getrennt. Was von ihnen überliefert wird, stammt von gegnerischer Seite, nämlich von Autoren, die bestrebt sind, Simon, Anatolius und den anonymen Prediger in einem möglichst schlechten Licht erscheinen zu lassen. Von dieser negativen Bewertung dürfen wir uns nicht verunsichern lassen; bei genauem Hinsehen erschließen uns die einschlägigen Berichte etwas von der esoterischen Seite des prophetischen Selbstbewusstseins.

Von Simon dem Magier, einem Propheten aus Samaria (also aus Palästina), sagen seine Anhänger: «Das ist die Kraft Gottes, die ‹Gewaltige› genannt.»[3] Was das genau besagen soll, bleibt undeutlich. Offenbar verfügt Simon über übermenschliche Kräfte, die ihn befähigen, Wundertaten zu vollbringen und dadurch Aufsehen zu erregen. Das ist das Einzige, was wir zuverlässig über Simon wissen. Alles Übrige dürfte Legende sein: Er sei Christ geworden, habe Kontakt zum Apostelkreis Jesu gesucht, den Aposteln habe er Geld geboten, um von ihnen wunderwirkende Macht zu erhalten – was ihm die Apostel verweigert hätten. Wollte hier ein Prophet seine Macht durch Anschluss an den Apostelkreis erhöhen? Oder haben Christen diese Geschichte nur erzählt, um die Überlegenheit ihrer eigenen Wundermänner über fremde Propheten hervorzuheben? Die Überlieferung ist zu karg, um eine Antwort zu erlauben.

Der griechische Philosoph Celsus verspottet nichtchristliche Wundermänner, die sich als «Gott», «Sohn Gottes» oder «göttlicher Geist» ausgeben. Ihre Predigt fasst der heidnische Berichterstatter wie folgt zusammen:

> Ich bin Gott – oder Gottes Sohn oder göttlicher Geist. Gekommen bin ich, denn der Weltuntergang steht vor der Tür. Mit euch Menschen geht es wegen eurer Untaten zu Ende. Ich will euch aber retten. Schon bald werdet ihr mich mit himmlischer Kraft auffahren sehen. Selig, wer mich jetzt anbetet.[4]

Diese in einem polemischen Zusammenhang überlieferte Predigt ist nur mit Vorsicht als religionsgeschichtliche Quelle auszuwerten. Immerhin enthält sie zwei Elemente, die auf einen Zusammenhang mit der elijanischen Tradition verweisen könnten: die Erfüllung des Predigers (oder Propheten) mit göttlicher Kraft und die anstehende Himmelfahrt.

Anatolius, die dritte Gestalt unserer Reihe, ist die aufschlussreichste. Dieser Wundermann lebte im 4. Jahrhundert n. Chr. als Mitglied einer christlichen Mönchsgemeinschaft in Gallien. Er ist wahrscheinlich kein gebürtiger Gallier, sondern kommt aus dem Osten, vermutlich aus Beirut;[5] heute Hauptstadt des Libanon, liegt dieser Ort im unmittelbaren Umfeld Palästinas. Der einzige Bericht über Anatolius findet sich in der *Lebensgeschichte des heiligen Martin von Tours* (ca. 396), einem Werk des christlichen Autors Sulpicius Severus.

Der Bericht hat folgenden Inhalt:[6] Anatolius, Mitglied einer sich um einen Adligen namens Clarus scharenden Mönchsgemeinschaft in Tours, gab an, als «einer der Propheten» (*unus ex prophetis*) mit Engeln Zwiesprache zu pflegen und über Engel mit Gott zu verkehren. Als ihm Clarus keinen Glauben schenkte, drohte ihm Anatolius mit augenblicklicher Strafe Gottes. Eines Tages rief er aus: «Heute Nacht wird mir Gott ein weißes Gewand vom Himmel geben. In diesem Gewand werde ich in eurer Mitte weilen. Das Gewand, das ich aus der Hand Gottes empfange, soll euch zum Zeichen sein, dass in mir die Kraft Gottes ist.» Gegen Mitternacht ist ein schrecklicher Lärm zu hören. In der Zelle des Anatolius sieht man Lichtblitze, vernimmt lärmende Schritte und ein Gewirr von Stimmen. Dann wird es still. Anatolius tritt aus seiner Zelle, ruft seinen Mitmönch Sabatius und zeigt ihm das Gewand, das er trägt. Voll Staunen ruft dieser die anderen herbei, und auch Clarus tritt herzu. Man bringt Licht, besieht und betastet das seltsame Gewand: Es ist weich, blendend weiß und purpurrot. Stoff und Webart sind nicht zu bestimmen. Schließlich mahnt Clarus die Brüder zum Gebet. Die restliche Nacht verbringen sie mit der Rezitation von Psalmen, in der Hoffnung, Gott werde ihnen das Geheimnis enthüllen. Im Morgengrauen wird Anatolius gegen seinen Willen zu Bischof Martin gebracht – und da verschwindet das Gewand. Die Mönche halten das Gesehene für ein Blendwerk des Teufels. Was nun mit Anatolius geschah, wird nicht mehr berichtet.

Anatolius hätte wohl kaum Aufsehen erregt, wenn er nur behauptet hätte, mit Engeln und anderen Himmelswesen zu verkehren, sagte doch Bischof Martin von Tours[7] am selben Ort und zur gleichen Zeit dasselbe von sich. Zweifellos beziehen sich solche Behauptungen auf reale Erlebnisse, die nach heutiger Auffassung keine übernatürliche, sondern eine psychologische Erklärung erfordern. Die zweite Behauptung des Anatolius – «in mir wohnt die Kraft Gottes» (*in me Dei esse virtutem*) – war seltener, aber keineswegs einzigartig. Ähnliches wird, wie erwähnt, von Simon dem Magier berichtet. Lassen wir uns von dem polemischen Ton des Sulpicius Severus nicht beeindrucken, dann erscheint Anatolius als eine echte prophetische Gestalt aus der Reihe jener Wundermänner, an deren Anfang Elija steht. An Anatolius lassen sich alle Elemente ausmachen, die für die Elijagestalt prägend sind: die Herkunft aus dem Umkreis von Palästina; der Verzicht auf materiellen Besitz; die besondere Nähe zur jenseitigen Welt, der Welt Gottes und der Engel; die Fähigkeit, Wundertaten zu vollbringen; der Wunsch, eine Gruppe von Schülern und Gleichgesinnten um sich zu scharen; ein Gewand von magischer

**3 Elija auf dem Flügelrad. Wer die sitzende, nach rechts gewandte, bärtige, eine Mütze tragende Gestalt ist, gilt der Forschung als Rätsel. Die in althebräischen Buchstaben ausgeführte Inschrift verrät nur das Land: Jehud = Judäa. Um den Gott Israels kann es sich nicht handeln, dagegen spricht das Bilderverbot. Am ehesten wird man an Elija als Nothelfer denken. Flügelrad und Reisehut unterstreichen die Mobilität des Nothelfers. Der auf der ausgestreckten Hand sitzende Vogel erinnert an den Raben, der Elija in der Wüste mit Nahrung versorgte. Der rechts beigefügte Bes, ein Schaden abwehrender ägyptischer Dämon, ist wohl als Helfer Elijas zu verstehen. – Jüdische Silbermünze, 4. Jahrhundert v. Chr.**

Qualität; das Herabrufen von Gottes Strafe[8] auf die persönlichen Gegner. Zur Bezeichnung einer solchen Gestalt hat die Religionswissenschaft «göttlicher Mensch» – oder griechisch *theîos anêr* – vorgeschlagen.[9] Als «göttliche Menschen» bezeichnet sie religiöse Führergestalten, denen göttlicher oder halbgöttlicher Charakter eignet und die wohltätige Wunder wirken. Als göttlicher Mensch zeichnet sich Elija nicht zuletzt dadurch aus, dass sein Wirken mit seiner Entrückung nicht aufhört.

In den Himmel entrückt, lebt Elija dort, um eines Tages von Gott auf die Erde gesandt zu werden, «um Jakobs Stämme wieder aufzurichten».[10] In jenem Feuerwagen, der ihn einst entrückte, fährt er nun über den Himmel, der Stunde harrend, in der er zugunsten seines Volkes eingreifen darf. Oder auch nur dienstbereit auf die Gelegenheit wartend, einem Einzelnen in seiner Not beizuspringen.

Eine Anschauung von dieser Vorstellung scheint eine frühe jüdische Münze zu vermitteln – offenbar die älteste, die erhalten ist *(Abb. 3)*:[11]

Die nach rechts gewandte, auf einem Flügelrad sitzende bärtige Gestalt lässt sich als Elija identifizieren. Zwei Attribute verweisen auf Elijas Geschichte: der auf seiner ausgestreckten Linken stehende Vogel auf jenen Raben, der ihm in der Wüste Nahrung brachte; das Flügelrad auf seine Entrückung mittels eines in die Luft entschwindenden Wagens. Elija wird als Nothelfer dargestellt.[12] Das Flügelrad, auf dem er sitzt, unterstreicht seine Mobilität und Dienstbereitschaft: Stets ist er zur Stelle, wenn seine Hilfe gebraucht wird. Auch die flache Filzmütze, unter der sein hinteres Haupthaar hervorquillt, ist als Requisit des stets zur Reise bereiten Propheten zu deuten. Die am rechten Bildrand beigefügte Maske des ägyptischen Zwergengottes Bes stammt aus dem Repertoire der Abwehr dämonischer Mächte; als apotropäische Beigabe ist sie in einer jüdischen Kultur verständlich, die jede bildliche Wiedergabe des monotheistischen Gottes vermeidet, doch dem Menschen allerlei schützende Geister beigesellt. Bes unterstützt Elijas helfendes Wirken.

Der in den Himmel entschwundene Elija gilt auch als Prophet, der andere in seine Nachfolge ruft. Wie jeder Reisebericht in uns Fernweh hervorzurufen vermag, so mochte, wenn die Rede auf Elija kam, in jungen Leuten die Sehnsucht entstehen, es ihm gleichzutun: sich nach seinem Vorbild zu kleiden, wie er ein magisches Machtwort zu sprechen und Wunder zu wirken, ihm nachfolgend durch das Land zu ziehen, wie er den Armen beizustehen, und nicht zuletzt: sich wie er in die faszinierende, aber auch erschreckende Nähe Gottes zu begeben. Warum, so mochte man fragen, sollte Gott seinem Volk keine Propheten, keine elijanischen Gestalten mehr erwecken? Unruhige Zeiten sind solchem Fragen günstig und lassen Antwort erwarten. Tatsächlich begegnen lange nach dem Untergang des alten elijanischen Ordens Männer, die den Geist Elijas wieder zum Leben zu erwecken suchten: Honi, Hanina ben Dosa, Johannes der Täufer und nicht zuletzt Jesus. In unterschiedlichem Maße tritt in diesen Männern das elijanische Charisma wieder zutage, das in zauberischer Handlung, einfacher Kleidung, unerschrockenem Auftreten und vielerlei anderem Gestalt gewinnt.

Honi und Hanina ben Dosa werden in außerbiblischer Tradition erwähnt.[13] Beiden wird Regenmachen nachgesagt, bei Hanina kommen noch Krankenheilungen dazu. Honi, den die Überlieferung mit den Beinamen «der Kreiszieher» und «der Gerechte» versieht, lebte vor 63 v. Chr., vermutlich wie Elija und Elischa in Nordpalästina. Hanina ben Dosa wirkte im 1. Jahrhundert n. Chr. unweit von Nazaret in Galiläa als mit Honi vergleichbare charismatische Gestalt. Die Überlieferung über beide Männer ist fragmentarisch und legendär. Josephus erwähnt Honi in den *Jüdischen Altertümern* nur beiläufig: «Ein gewisser Onias (Honi), ein gerechter und Gott wohlgefälliger Mann, der, als er einst bei Dürre Gott um Regen gebeten hatte, augenblicklich erhört worden war ...».[14] Beim Regenmachen bediente sich Honi eines magischen Kreises, was ihm den Beinamen «der Kreiszieher» eintrug. Wer die Überlieferung kennt, fühlt sich sofort an Elija erinnert, dessen Opfer auf dem Berg Karmel mit einem erfolgreichen Gebet um Regen verbunden gewesen ist. Den magischen Kreis mag Honi der Karmel-Erzählung entnommen haben, berichtet diese doch von Elijas Markierung einer den Altar umgebenden heiligen Fläche.[15]

Wenn Hanina für einen Kranken betete, soll er gewusst haben, ob Heilung eintreten würde oder nicht: Kam ihm das Gebet leicht über die Lippen, dann bedeutete das Heilung, stockte er, war das Gebet umsonst.[16] Eine im Talmud überlieferte Wundergeschichte erinnert besonders deutlich an die Speisungswunder der Elijatradition: Haninas Frau pflegte am Vorabend des Sabbats das Feuer im Backofen anzuzünden, obwohl sie aus Armut kein Brot zu backen hatte. Der aufsteigende Rauch sollte die Nachbarn täuschen und die Armut vor ihnen verbergen. Doch eines Tages war ihr Ofen tatsächlich voll Brot, und in ihrem Trog fand sie Teig.[17]

Ist die Vergleichbarkeit mit Elija bei Honi und Hanina augenfällig, so bleibt sie aufgrund der Kargheit der Überlieferung doch undeutlich. Das ist bei Johannes dem Täufer und Jesus anders, denn hier lassen die Quellen keinen Zweifel: Elija dient bewusst als Referenzgestalt. Kein Prophet wird im Neuen Testament häufiger erwähnt als Elija, dessen Name 29-mal belegt ist.[18] Einmal, im Lukasevangelium, wird aus der Elija-Erzählung wörtlich zitiert.[19] Hinzu kommen zahlreiche Anspielungen, die zum Teil nur von besonders geschulten Lesern erkannt werden können.[20] In der Forschung gelten zwei der vier

Evangelien als besonders auffällig von der Elija-Überlieferung geprägt: das Markusevangelium und das Lukasevangelium.[21] Bereits in der von Matthäus und Lukas ausgewerteten Logienquelle, der frühen Sammlung der Worte Jesu, finden sich zahlreiche Anklänge an diese Tradition.[22]

Aus den Bezugnahmen auf Elija (und gelegentlich auch auf Elischa) in den Evangelien lässt sich, wie nachstehend versucht, nahezu das gesamte Leben und Wirken Johannes des Täufers und Jesu nachvollziehen.

## *Lebensform*

Die häuslichen und wirtschaftlichen Lebensbedingungen sind bei der elijanischen Schule gekennzeichnet durch das Verlassen von Familie und Besitz, das Tragen besonderer Kleidung, die Bevorzugung bestimmter Aufenthaltsorte, die Schaffung eines Schülerkreises sowie die Versorgung durch Frauen, die nicht selbst dem Kreis angehören, doch diesen unterstützend begleiten.

*Verlassen der Eltern, Aufgabe von Besitz.* – Wie das Leben eines Propheten beginnt, lehrt uns die Erzählung von Elischa:[23] Der angehende Prophet trennt sich von seinen Eltern und seinem Besitz und gibt seine bäuerliche Tätigkeit auf. Auf diese Weise haben sich zweifellos auch Johannes der Täufer und Jesus von ihren Familien und ihrem in jungen Jahren erlernten Beruf verabschiedet, wenn wir auch nichts von einem Meister erfahren, der sie aus ihrem bisherigen Lebenszusammenhang herausgerissen, oder von einem Vater, der sich gegen den neuen, eigenwilligen Weg des Sohnes gestellt hätte.[24] Gemeinsam ist jedoch die Distanz zu Erwerbsberuf und Familie. Seinen Jüngern ruft Jesus zu, niemand könne sein Jünger sein, der nicht seine Eltern und Geschwister «hasse».[25]

*Kleidung.* – Johannes kleidet sich ähnlich wie Elija, indem er «ein Gewand aus Kamelhaar und einen ledernen Gürtel um die Hüfte» trägt.[26] Nach dem biblischen Bericht war Elija an seinem Fellmantel zu erkennen;[27] eine andere Überlieferung spricht von Ziegen- und Schaffellen.[28] Solche bescheidene Kleidung der Wohnsitzlosen – jener, die umherirren «in Wüsten und Gebirgen, in Höhlen und Klüften»[29] – signalisiert bewussten Verzicht auf Besitz und höhere materielle Kultur. Das geht aus der Elischa-Überlieferung hervor: Der Diener des Propheten wird vom Meister gerügt und durch schwere Krankheit bestraft, weil er von einem Geheilten Kleider und Silber als Geschenk angenommen hat; solcher Luxus führe ihn auf den für Propheten verbotenen Weg zum Erwerb von «Ölbäumen, Weinbergen, Schafen, Rindern, Sklaven und Sklavinnen».[30] Wer das einfache Prophetengewand ablegt und solchen Besitz erstrebt, bindet sich an dessen Verwaltung und Bewahrung; damit entfremdet er sich seiner prophetischen Berufung.

Das einfache Gewand bildet den gesamten Besitz des Propheten; mehr braucht er nicht. Doch so einfach die Kleidung des Propheten ist, ihr eignet magische Kraft – oder vielmehr dieselbe Kraft, über die der Prophet als Person verfügt. Gewand und Prophet bilden eine Einheit. Wird Elijas Mantel einem anderen übergeworfen, wird der vom Gewand Berührte zum Prophetenjünger.[31] Elija schlägt mit dem Prophetenmantel auf den Jordan, und die Wasser treten auseinander, sodass er trockenen Fußes den Fluss überqueren kann.[32] Auch die Heilkraft Elischas ist in einem Gegenstand präsent: in seinem Stab, dessen geheimnisvolle Kraft allerdings nicht immer wirksam wird.[33] Jesus steht in dieser Reihe: Wer sein Gewand berührt, wird von Krankheit geheilt.[34]

*Aufenthaltsort.* – Johannes wirkt in jener Gegend, an die sich die Erinnerung an Elija heftet: im östlichen Teil des unteren Jordantals. Er tauft bewusst in der Nähe jener Stelle, an der Elija in den Himmel aufgenommen worden sein soll.[35]

Auch die Erzählung von Jesu vierzigtägigem Aufenthalt in der Wüste erinnert an die Elijaüberlieferung, nicht zuletzt durch den Satz «Er war mit den Tieren, und die Engel dienten ihm», indem sie ihn mit Speise versorgten.[36] Die Elija-Legende kennt ebenfalls die Versorgung des Propheten in der Wüste durch einen Engel.[37] Auch Elija war vierzig Tage und vierzig Nächte in der Wüste unterwegs.[38]

*Schülerkreis.* – Wie Elija[39] scharen Johannes[40] und Jesus[41] Schüler um sich. Schüler werden unmittelbar von Alltagsarbeit weg berufen, verlassen die Eltern und folgen dem Meister sogleich und ohne Zögern – so in der Elija-Legende[42] und bei Jesus.[43] Jesus ist sogar strenger als Elija – der neu Berufene erhält keine Möglichkeit mehr, sich von seinen Eltern zu verabschieden; er hat dem Ruf des Meisters unverzüglich zu folgen.[44] Der aus der Überlieferung um Elija und

Elischa bekannte Brauch, die Schülerschaft zu einer Art Orden zusammenzuschließen, lebt wieder auf. Auch die Zwölfzahl von Jesu engerem Schülerkreis[45] und der Beiname Petrus oder Kefa («Stein»), den einer von ihnen – Simon – erhält,[46] mag als Spiegelung von Motiven aus der Elija-Legende zu verstehen sein: Elija hat einen Altar aus zwölf Steinen aufgeschichtet, um die wahre Gottesverehrung zu erneuern.[47] Bei der Aussendung seiner Jünger empfiehlt Jesus, nach dem Vorbild des Elijaschülers Elischa, unterwegs niemanden zu grüßen.[48] Dieses Grußverbot hat den Auslegern viel Kopfzerbrechen verursacht. Es wird aus den Reisesitten des Orients verständlich: Wer als Reisender auf einen anderen zugeht, um ihn zu begrüßen, bewirbt sich um gastliche Aufnahme. In diesem Sinne begrüßt werden vor allem Verwandte. Demnach hat das Grußverbot folgenden Sinn: Auf ihren Wanderungen sollen sich die Jünger nicht bei Verwandten einquartieren, haben sie sich doch von verwandtschaftlichen Bindungen losgesagt.[49]

Der Schülerkreis wird stets von einem Meister geleitet: So ist es bei Elijas und Elischas prophetischem Orden in alter Zeit gewesen, und so ist es auch im Kreis um Jesus. Elija regelte seine Nachfolge durch Berufung des Elischa, entsprechend verfährt auch Jesus. Nach seinem Wort soll Petrus als sein Nachfolger an die Spitze der Gruppe treten.[50] In beiden Fällen gibt es keinen natürlichen Anspruch auf Nachfolge, etwa durch einen leiblichen Sohn oder nahen Verwandten. Vielmehr herrscht das Prinzip freier Berufung: Nur wem der Meister das Vertrauen schenkt, kann die Nachfolge antreten. Weder natürliche Erbfolge noch Durchsetzungsvermögen im Rangstreit der Jünger, sondern allein der Wille des Meisters bestimmt das künftige Oberhaupt.

*Wanderexistenz und Versorgung durch Wohlhabende.* – Elija wie Jesus werden als Reisende geschildert: Elija befindet sich auf der Flucht vor der ihn verfolgenden Königin Isebel; Jesus, seiner Heimat entfremdet, sagt über sich: «Die Füchse haben Höhlen und die Vögel des Himmels Nester, der Menschensohn aber hat nichts, wo er das Haupt hinbetten könnte.»[51] Entwurzelte Existenz und Leben auf der Flucht sind nur möglich, wenn dem Wohnsitzlosen Hilfe und Unterkunft gewährt werden. Elija ist zumindest zeitweise von einer ausländischen Witwe versorgt worden;[52] auch Elischa hat die Gastfreundschaft einer Frau genossen, die ihm ein eigens gebautes und eingerichtetes Zimmer in ihrem Haus zur Verfügung stellte, galt doch die Anwesenheit eines Gottesmannes als Segen für das gastliche Haus.[53] Ähnlich wird Jesus von wohlhabenden Frauen mäzenatisch unterstützt.[54] Mehrfach erfahren wir von der Gastfreundschaft, die ihm in den Häusern der Reichen gewährt wird; von mehreren Gastgebern ist der Name überliefert: Levi der Zöllner, Simon der Pharisäer, eine Frau namens Marta.[55]

### *Selbstdeutung*

Auch die Selbstdeutung der elijanischen Schule ist geprägt durch den Bezug zu Elija: Er gilt als Vorbild, und es kommt sogar zu einer seltsamen und geheimnisvollen Begegnung mit diesem Propheten.

*Gleichsetzung mit Elija.* – Grundsätzlich gilt Johannes als Gottesmann, der «mit dem Geist und der Kraft des Elija» ausgestattet ist.[56] Er wird von Jesus selbst mit Elija gleichgesetzt.[57] Als Jesus öffentlich aufzutreten beginnt, sagen die Leute auch von ihm: «Er ist Elija.»[58] Diese Identifizierung wird von Jesus selbst geteilt: In seiner Antrittspredigt in Nazaret stellt sich Jesus als *gesalbter* Prophet vor, d. h. er reiht sich in die Nachfolge des Elija ein, der die Kette seiner Nachfolger mit der Einsetzung Elischas durch Salbung eröffnet hat (sonst erfahren wir in der Bibel nicht mehr von einer Salbung zum Propheten).[59] Als es zum Widerspruch gegen sein Auftreten kommt, erwähnt Jesus den Propheten Elija – schon Elija, wie Jesus selbst, sei ein Mann gewesen, der in seiner Heimat nichts gegolten habe.[60]

*Visionäre Begegnung mit Elija.* – Jesus, so wird berichtet, habe seinen engsten Schülerkreis – Petrus, Jakobus und Johannes – beiseite geführt, um sich in der Einsamkeit eines Berges in seltsamer Lichtgestalt zu offenbaren. Während seiner Verklärung habe Jesus mit Elija gesprochen (und mit Mose, dessen Name die Überlieferung vielleicht hinzugefügt hat).[61] Das Geschehen dient zweifellos der Legitimierung des Meisters und der Hervorhebung der besonderen Privilegien des Kreises der Teilnehmer. Unklar bleibt, ob sich der Sinn der Szene darin erschöpft. Denkbar ist folgende Interpretation: Der Name Elija bezeichnet hier nicht den alttestamentlichen Propheten, sondern Johannes den Täufer; die Erscheinung dient im Text des Markusevangeliums dazu, Jesus als von Johannes designierten Nachfolger zu präsentieren.[62] Jesu visionärer Kontakt mit Elija auf einem Berg ist in der Überlieferung von Elija und Elischa vorgebildet: Elischa hat vor dem Verschwinden seines Meisters das feurige Gespann gesehen, das Elija in den Himmel entführte.[63] Da er die jenseitigen Mächte zu sehen vermochte, konnte er, zum Prophetenmeister geworden, Elijas Amt als Haupt des Prophetenordens antreten. Über das «Zweite Gesicht» verfügend, sah Elischa fortan die ihn umgebenden himmlischen Mächte. Während eines Krieges ließ er einmal seinen Diener auf einem Berg die sonst unsichtbaren Kriegswagen der Engel sehen – feurige pferdebespannte Wagen.[64] Alle diese Begegnungen mit der transzendenten Welt finden auf einem Berg oder in den Bergen statt, an Orten also, die man dem Himmel nahe wähnt.

### *Gesellschaftliches Wirken*

Die elijanische Schule stellt sich konkrete Aufgaben. Sie ruft die jüdische Gesellschaft zur Hinwendung zu Gott auf, pflegt den Ritus der Taufe, wirkt allerlei Wunder, insbesondere Heilungen, und verzichtet auf Lohn für solches Tun.

*Umkehr* und *Friedensstiftung*. – In der Elija-Legende bittet der Prophet Jahwe, das Herz des Volkes «zurück zu wenden zu dir»; Gott möge das Volk zur Umkehr bewegen – zur Abkehr von sündhaftem Verhalten und zur Hinwendung zu Gott.[65] Entsprechend ruft Johannes zur Umkehr;[66] auch von Jesus wird berichtet, er habe zur Umkehr aufgerufen.[67] Sittliche Umkehr beinhaltet nicht zuletzt die Wiederherstellung von Frieden. Elischa ist mit einer Ermahnung zum politischen Frieden zwischen Israeliten und Aramäern hervorgetreten.[68] Elija scheint als Friedensstifter zwischen den Generationen gegolten zu haben (in einer verlorengegangenen Legende); wohl darauf beruht die Erwartung, der am Ende der Tage wiederkommende Elija werde als Friedensstifter wirken, der «das Herz der Väter wieder den Söhnen zuwendet, und das Herz der Söhne ihren Vätern»,[69] und ganz allgemein «das Herz eines Mannes zu seinem Nächsten».[70] Von Jesus ist der Satz überliefert: «Selig die Friedenstifter, denn sie werden Söhne Gottes heißen.»[71]

*Taufe*. – Nicht nur die Umkehrbotschaft, sondern auch die Taufe lässt sich aus der prophetischen Überlieferung herleiten. Hier kommt

Elijas Nachfolger Elischa ins Spiel. Elischa hat den an einer Hautkrankheit leidenden Feldherrn Naaman durch Untertauchen im Jordan geheilt.[72] Das in der griechischen Bibel für das Untertauchen im Wasser verwendete Wort (*ebaptísato*, «er tauchte unter») ist dasselbe, welches das Neue Testament für die Taufe (*baptísma*, «Untertauchen») verwendet. Nicht nur ein kranker, nämlich durch Hautkrankheit unreiner Ausländer, sondern jedermann bedarf der Heilung durch das Wasserbad. Heilung ist hier als Herstellung von «Reinheit» zu verstehen – eine in der biblischen Kultur tief verwurzelte Vorstellung.[73] Möglicherweise ist die Taufe des Johannes ein für «Laien» bestimmter Ritus: Wer nicht die prophetische Existenz (mit Verzicht auf Besitz, gute Kleidung usw.) annehmen will, soll sich zur Bekräftigung seines Willens, ein «reines», moralisches und gottergebenes Leben zu führen, einer Waschung unterziehen. Von besonderem Interesse ist die Szene, in der Jesus von Johannes getauft wird: Im Augenblick der Taufe erklingt eine Himmelsstimme – in Wirklichkeit zweifellos die Stimme des Täufers: «Du bist mein Sohn, der geliebte. An dir habe ich Gefallen.»[74] Damit ist Jesus in den unmittelbaren Schülerkreis des Johannes aufgenommen, in die Gemeinschaft jener, die sein Leben in Armut und Enthaltsamkeit teilen.

*Wunderbare Vermehrung von Lebensmitteln.* – Zauberhandeln gehört zum Alltag des Gottesmannes. Von Elija wird eine wunderbare Vermehrung von Mehl und Öl zur Versorgung einer mittellosen Witwe überliefert.[75] Das Wunder einer Brotvermehrung, in den Evangelien von Jesus berichtet,[76] hat eine Entsprechung in der Legende von Elijas Schüler Elischa, vermochte doch letzterer hundert Männer mit zwanzig Gerstenbroten zu verköstigen.[77]

*Heilungen.* – Auch die Heilung Kranker gehört zum fast alltäglichen Tun des Gottesmannes. Heilungen schwer kranker Kinder werden von Elija,[78] Elischa[79] und Jesus[80] berichtet. Nach dem Vorbild Elijas gibt Jesus ein geheiltes Kind «seiner Mutter zurück».[81] Elischa hat den aussätzigen Syrer Naaman geheilt; auch Jesus heilt einen Aussätzigen.[82] Im Alten Testament ist Elischa der Einzige, von dem eine Aussätzigenheilung berichtet wird. Die Heilungstätigkeit kommt nicht nur Hebräern zugute, sondern auch Ausländern; so hat Elija das Kind der Witwe von Sarepta (einem Ort in Phönizien) ins Leben zurückgerufen, und Elischa den bereits mehrfach erwähnten syrischen Beamten Naaman geheilt.[83] Entsprechend heilt Jesus auch

Nichtjuden wie den Diener eines römischen Hauptmanns und eine Syrophönizierin.[84]

*Verzicht auf Entgelt.* – Für seine Lehre und sein Wirken verzichtet Jesus grundsätzlich auf Entgelt; so sollen es auch seine Jünger halten. Die entsprechende Anweisung lautet: «Umsonst habt ihr empfangen, umsonst sollt ihr geben.»[85] Dieser Grundsatz gilt speziell für die Heilungen, die sich der auf wunderbare Weise Heilende nicht bezahlen lassen darf. Bereits Elischa hatte diesen Grundsatz eingeschärft.[86] Propheten sind keine Ärzte, die für Honorar arbeiten.

### Reaktion der Gesellschaft – Gegenreaktion der elijanischen Schule

Wie Elija stoßen auch Johannes der Täufer und Jesus auf Ablehnung, wie er werden sie verleumdet und angefeindet. Anders als Johannes und Jesus wird Elija nicht als Märtyrer geschildert. Dennoch gibt es mehrere auffällige Gemeinsamkeiten in ihrem Schicksal, das von Anfeindung gekennzeichnet ist und mit der Aufnahme in den Himmel endet.

*Ablehnung.* – Seine Gegner konnte der erzürnte Elija dadurch einschüchtern, dass er Abordnungen, die ihn aufsuchten, durch vom Himmel fallendes Feuer vernichten ließ.[87] Jesus findet auf seiner Reise keine Aufnahme bei den Samaritanern; da wollen zwei seiner Jünger, von Unmut bewegt, Feuer vom Himmel herabfallen lassen, um das ungastliche Dorf zu vernichten[88] – doch Jesus verbietet solches Tun. Zeigt sich hier schon ein Unterschied im Umgang mit Anfeindung, so tritt dieser in anderen Begebnissen noch deutlicher hervor. Anders als Elija können (oder wollen) sich Johannes und Jesus vor ihren Feinden nicht in Sicherheit begeben – einer der Gründe für den gewaltsamen Tod, den sie erleiden müssen.

*Das Ende des Propheten.* – Der Bericht über das Ende Jesu weist mehrere Spuren der Elija-Überlieferung auf. So glauben einige der Zeugen von Jesu Todeskampf am Kreuz, der Gekreuzigte habe nach Elija gerufen, um dessen Hilfe zu erbitten;[89] zugrunde liegen mag eine volkstümliche Vorstellung von Elija als Nothelfer, wie sie bereits auf jener ältesten jüdischen Münze zum Ausdruck kommt *(siehe oben, Abb. 3)*. Nach dieser Vorstellung eilt Elija dem frommen Juden besonders in Todesnot zu Hilfe und rettet den Armen.[90] Oder müssen wir die Anrufung Elijas in der Todesstunde als Anrufung eines Helfers sehen, der den Geist Jesu in den Himmel geleiten soll? In diesem Falle wäre Elija dem Hermes ähnlich, jenem griechischen Gott, der schon bei Homer als Geleiter (*psychópompos*) der Toten in den Hades gilt.

Wenn auch ganz anders erzählt, erinnert die Entrückung Jesu an das Verschwinden von Elija, kommt es doch in beiden Fällen zur Apotheose, der «Vergöttlichung». Verschwindet ein Mensch, ohne dass ein Leichnam zurückbleibt, gilt dieser in der antiken Welt als unter die Götter aufgenommen: Apophanismos («Verschwinden») ist Zeichen für Apotheose. Dieses religionsgeschichtliche Muster ist mehrfach belegt. Das prominente biblische Beispiel ist Elija, der, statt zu sterben, von einem aus Feuer bestehenden Wagen in den Himmel entführt worden ist.[91] Als sich Herakles verbrannte, fanden sich in der Asche keine Knochenreste, was als Zeichen für seine Entrückung zu den Göttern angesehen wurde.[92] Die Entrückung Jesu wird im Neuen Testament in zwei Legenden erzählt: Die eine weiß von seiner Entrückung aus dem Grab, das dann leer aufgefunden wird;[93] die andere berichtet von einer Himmelfahrt vor den Augen seiner Jünger. Schon allein die Legende vom leeren Grab rückt Jesus an die Seite Elijas – von Elija gibt es ja weder Leichnam noch Grab. Die Analogie wird in der Himmelfahrts-Überlieferung noch deutlicher: Die unter Anwesenheit der Apostel sich vollziehende Himmelfahrt Jesu[94] entspricht der Himmelfahrt des Elija, bei der Elischa anwesend ist.[95] Der Ort der Entrückung Jesu – in der Nähe von Betanien – entspricht dem Ort der Himmelfahrt des Elija.

Mit Elijas Entrückung verknüpft ist die Übertragung seines Geistes an seinen Nachfolger Elischa, zu verstehen als Weitergabe seines Amtes und seiner übernatürlichen Fähigkeiten.[96] Auch Jesus lässt den Jüngern nach seiner Himmelfahrt göttlichen Geist zukommen.[97] Die Pfingstlegende lässt eine weitgehende Übereinstimmung mit der Elija-Erzählung erkennen: Elischa konnte den Geist nur erhalten, weil er Elijas Entrückung in den Himmel sah;[98] so ist es auch bei den Jüngern Jesu: Sie sind Zeugen seiner Himmelfahrt und können deshalb den Geist empfangen. Elijas Geist ruhte auf Elischa; in der Gestalt von «Zungen wie von Feuer» lässt sich der Geist Jesu auf den Jüngern nieder. Das dabei erlebte heftige Brausen des Windes und der feurige Charakter des Geistes erinnern an die Beschreibung der Entrückung des Elija. Allerdings ist die Entsprechung nicht konsequent durchgeführt. So bleibt undeutlich, ob die Jünger den Geist Jesu erhalten oder einfach den göttlichen Geist, der nicht an Jesu Person gebunden ist; beide Auffassungen werden vertreten und scheinen möglich.[99] Auch in der unterschiedlichen Wirkung des Geistes zeigen sich tiefgreifende Veränderungen, die von einer hebräischen Auffassung zu einer frühchristlichen Konzeption führen: von der Stärkung der geistigen Vitalität eines Menschen im Falle von Elischa zu einer inspirierenden göttlichen Präsenz im Apostel Jesu, die ihn in einen Ekstatiker verwandelt. Während in der Überlieferung von Elija und Elischa der Geistempfänger die erhaltene Gabe gleichsam schultert, wird der Gläubige im Christentum als ein leeres Gefäß gesehen, das der Füllung mit göttlichem Geist bedarf.[100] Doch schmälern diese feinen Unterschiede nicht den Gesamtbefund – die zu erwartende Entsprechung von Elijas Geistsendung und Jesu Geistsendung.

Mit der Himmelfahrt Elijas verbunden ist die im Volksglauben erwartete Wiederkehr Elijas.[101] In gleicher Weise erwarten Jesu Anhänger die Wiederkunft ihres Meisters.[102] Damit endet die Geschichte des elijanischen Propheten Jesus.

### Bewertung

Viele der angeführten Entsprechungen zwischen Johannes dem Täufer und Elija sowie Jesus und Elija sind ohne weiteres zu erkennen. Andere erschließen sich nur dem, der mit der Überlieferung gut vertraut ist. Mögen auch nicht alle genannten Ähnlichkeiten im selben Maße eine echte Beziehung belegen, so ist doch der Schluss unabweisbar: Es kann sich nicht um rein zufällige Übereinstimmungen handeln; es muss bewusste Gestaltung vorliegen.

Zwei Möglichkeiten der Erklärung bieten sich an. Bei der ersten wird gefragt: Was haben der Autoren gelesen, bevor sie anfingen, über Jesus zu schreiben? Die Antwort lautet: Sie haben die Elija-Erzählung gelesen und zum Vorbild genommen. Für ihre Darstellung greifen sie auf den bekannten, in der Überlieferung ihres Volkes verwurzelten Typus «Elija» zurück, um Johannes den Täufer und Jesus als Fortsetzer dieses Propheten erscheinen zu lassen. Sie legen

Johannes und Jesus gleichsam das Gewand des Elija an, obwohl diese in Wirklichkeit ein solches Gewand nie getragen haben. Wir hätten es also mit einer auf Modelle zurückgreifenden literarischen Darstellungstechnik zu tun. Die andere Möglichkeit geht von der Frage aus: Was haben Jesus und Johannes gelesen, bevor sie ihr Wirken begannen? Die Antwort lautet: Sie haben sich mit den Erzählungen von Elija beschäftigt. Johannes und Jesus selbst wollten den Typus «Elija» verkörpern, indem sie dessen Wirken bewusst kopierten, fortführten und erneuerten. Das Modell «Elija» steht in diesem Fall nicht erst den biblischen Autoren vor Augen, sondern den Personen, über die sie schreiben. In Anlehnung an eine von Thomas Mann[103] vorgeschlagene Redeweise können wir sagen: Im ersten Falle liegt zitathafte Darstellungsweise vor, im zweiten zitathaftes Leben.

Tatsächlich sind viele Historiker bereit, bei Johannes von einem bewussten elijanischen Wirken zu sprechen; Johannes selbst, erklären sie, habe sich als neuer Elija verstanden.[104] Wir hätten es also bei ihm mit zitathafter Lebensform zu tun – zweifellos eine plausible Annahme. Wenn es jedoch um Jesus geht, scheint die Mehrzahl heutiger Autoren der Bezugnahme auf Elija keine besondere Bedeutung beizumessen; ihrer Meinung nach handelt es sich, wenn von Jesus als Elija die Rede ist, lediglich um eine von den Berichterstattern gewählte zitathafte Darstellungsform. Eine Ausnahme bildet John P. Meier, Autor einer mehrbändigen Studie über die historische Jesusgestalt. Beobachtungen, die den unseren entsprechen – der ausführliche Evangelienbericht über Jesu Wunderwirken, sein Auftreten als Wanderer, seine prophetischen Gleichniserzählungen –, führen ihn zu dem Schluss, «dass der Elija-ähnliche endzeitliche Prophet das vielleicht beste einheitliche Modell für den historischen Jesus bildet, wie immer wir es auch durch Elemente der Gesetzes- und Weisheits-Überlieferungen Israels ergänzen müssen. Der Elija-ähnliche Prophet mag die historische Gestalt Jesu zwar nicht vollständig zu erklären, doch haben wir es hier ... mit der dominanten Rolle zu tun.»[105]

Meier lässt auch erkennen, wem er die elijanische Prägung zuschreibt: Er versteht sie keineswegs nur als darstellerischen Kunstgriff der Evangelisten, die das von ihnen berichtete Geschehen durch Bezugnahme auf alte Tradition aufzuwerten und zu verklären gesucht hätten. Die dominante elijanische Rolle hat Jesus selbst gewählt – der historische, nicht nur der erzählte Jesus. Das elijanische

Vorbild hat sein Wirken und sein Selbstverständnis geprägt. Es macht das Christentum, zumindest an seinem Ursprung, zu einer jüdischen Religion nicht mosaischer, sondern prophetischer – genauer: elijanischer – Prägung. Gewiss mag die erzählerische Phantasie den Jesusstoff an einigen Stellen munter «elijanisiert» haben (so bei der Erzählung der wunderbaren Brotvermehrung), doch die Annahme kreativer Phantasie allein kann nicht alle Übereinstimmungen schlüssig erklären. In diesem Fall müsste sich ein Elija-freier Kern des Täufer- und Jesusstoffes eruieren lassen, was nicht gelingen will. Unabweisbar – oder zumindest plausibel – scheint daher die Folgerung: Bereits Johannes der Täufer und Jesus selbst haben aus der Elija-Tradition geschöpft. Sie haben sich selbst in der Nachfolge Elijas gesehen. Sie selbst wollten ihm gleichen.

Doch so sehr die Elija-Überlieferung als für Johannes und Jesus prägend anzusehen ist, so wenig reicht sie aus, um Leben und Wirken dieser Männer vollständig zu erklären. Gemäß der Hypothese des vorliegenden Buches ist die elijanische durch eine philosophische Tradition zu ergänzen – die der Kyniker.

## Zweiter Teil

# Der Hund des Himmels
## Jesus als kynischer Philosoph

Er war wirklich ein Sohn des Zeus
und ein Hund des Himmels.[1]

*Kerkidas über Diogenes*

## 3 Die kynische Schule und ihr jüdischer Zweig

Die Kultur des alten Griechenland hat ein reiches Erbe hinterlassen, von dem die Menschheit bis heute dankbaren Gebrauch macht. Noch heute schätzen wir die klassischen Maße der hellenischen Baukunst, bewundern aus Marmor gefertigte Büsten und Statuen und vertiefen uns in die Erzählkunst der Odyssee. Unsere Geschichtsbücher leiten viele Züge der geistigen und politischen Kultur Europas aus dem kulturellen Leben einer einzigen griechischen Stadt her: Athen. Dort entstand – der Sache und dem Wort nach – die Demokratie. Athen ist auch der Geburtsort des Sokrates, der die in seiner Heimatstadt gepflegte Kunst des Denkens – die Philosophie – erneuerte und ihr zu einer bis in unsere Zeit bestehenden geistigen Macht verhalf. Auf Sokrates berufen sich auch die Kyniker, deren Denken die gesamte hellenistische Welt bewegte und auch die jüdische Kultur berührte.

### *Sokrates*

Sokrates wurde um das Jahr 469 v. Chr. geboren. Seine Heimatstadt verließ er nur zur Teilnahme an Feldzügen, bei denen er in den Ruf außergewöhnlicher Tapferkeit kam. Seine äußere Erscheinung entsprach nicht dem herkömmlichen Idealbild eines Griechen, sondern dem Bild eines Handwerkers: kräftige, gedrungene Gestalt, breiter Kopf, rundes Gesicht mit platter Nase. Mit struppigem Bart, Knollennase, spindeldürren O-Beinen und Kugelbauch galt er als hässlich. Bei seinem Vater, Steinmetz von Beruf, erlernte er das Handwerk, doch um berufliche Arbeit kümmerte er sich bald nicht mehr. Auch seine Familie – er war verheiratet und hatte drei Söhne – vernachlässigte er. Sprichwörtlich sind die Vorwürfe seiner Frau Xanthippe geworden. Statt sich um Handwerk und Familie zu kümmern, widmete er sich ganz der freien Lehrtätigkeit, zu der er sich berufen fühlte. Eine solche Lehrtätigkeit hatte bisher niemand in Athen ausgeübt; sie ist Sokrates' eigene Erfindung. Sokrates wurde zum Stadtgespräch.

Tag für Tag bewegt er sich, einfach, fast ärmlich gekleidet, auf den Straßen und Plätzen Athens. Eine bunte Schar von Schülern umgibt ihn, unter ihnen Jünglinge aus den führenden Familien der Stadt. Unentgeltlich lehrend, ernährt er sich durch die Gastfreundschaft seiner wohlhabenden Schüler und Freunde. Die Lehrtätigkeit besteht ganz aus Gespräch, einem Frage-und-Antwort-Spiel. Sokrates wendet sich dabei nicht nur an seine Schüler, sondern redet mit Vorliebe beliebige Vorübergehende an, Angehörige aller Volksschichten, sogar Sklaven. Regelmäßig mit harmlosen Fragen beginnend, dann immer weiter fragend und nicht locker lassend, führt er das Gespräch allmählich auf allgemeine philosophische Themen: Was ist Tugend? Wie gewinnen wir Wahrheit? Welches ist die beste Staatsverfassung? Dabei treibt er seinen Gesprächspartner immer weiter in die Enge, bis dieser erschöpft sein Nichtwissen eingesteht – das aber ist das Ergebnis, das Sokrates erzielen will. Ihm wird der Ausspruch zugeschrieben: «Ich weiß, dass ich nichts weiß.»

Im hohen Alter von siebzig Jahren wird Sokrates wegen Gottlosigkeit vor Gericht gebracht. Größere Berechtigung hat die Anklage, er verderbe die Jugend, mache sie dem herkömmlichen Denken abspenstig. Sokrates wird zum Tod durch Gift verurteilt. Um Gnade zu bitten, lehnt er ab. Auch von der sich bietenden Möglichkeit zur Flucht macht er keinen Gebrauch. So trinkt er im Gefängnis den Giftbecher. Das Jahr 399 v. Chr. ist sein Todesjahr.

Mit Sokrates tritt erstmals in der europäischen Geschichte die Gestalt eines Intellektuellen auf. Wir erkennen diesen geistigen Typus an einer Reihe von Merkmalen, die für viele Menschen als vorbildlich gelten werden:

*Erstens*: Sokrates ist nicht an Handwerk, Gelderwerb, Familie und ordentlicher Kleidung interessiert; das alles vernachlässigt er zugunsten des philosophischen Gesprächs, also einer intellektuellen Tätigkeit. Das Intellektuelle hat in seinem Leben klaren Vorrang.

*Zweitens*: Sokrates entreißt den Reichen das Privileg des Denkens. Die Philosophen Griechenlands, die es vor Sokrates gab, gehörten alle zu den Aristokraten, zur begüterten Oberschicht.[1] Philosophie konnte nur in der freien Zeit begüterter Männer entstehen. Dem Zeitvertreib dienend, war sie Frucht jener freien Stunden, die nicht das

Amt in der Stadt, der Krieg oder der Kult von ihnen beanspruchte. Andere konnten sich den Luxus des Denkens nicht leisten. Sokrates nimmt sich Zeit zum Denken, indem er sich erlaubt, auf Einkünfte aus seinem Handwerk zu verzichten. Er erkauft sich die Freiheit zur Philosophie durch Selbstbeschränkung und Verzicht. Das ist möglich, weil er sich von anderen – Freunden und Schülern – versorgen lässt. Diese Art der Versorgung wird «mäzenatisch» genannt, nach Maecenas, der – vorbildhaft – die römischen Dichter Vergil und Horaz als Freund und Gönner unterstützte. Intellektuelle Leistung ist auf ein Zusammenspiel von Armut und Mäzenatentum angewiesen. Denken hat Armut geradezu zur Voraussetzung – diese Einsicht verdanken wir Sokrates. Solange Unterstützung nicht ausbleibt, wird zum Denken nur Zeit, aber kein Geld benötigt.

*Drittens*: Sokrates wird uns als Persönlichkeit geschildert, die auf andere eine große Wirkung ausübt. In Platons Dialog *Das Gastmahl* (Symposion) schildert Alkibiades diese Eigenschaft seines Meisters:

> Wenn wir einem anderen, auch noch so trefflichen Redner zuhören, so macht sich, offen gestanden, keiner von uns etwas daraus. Hört aber einer dich selbst [Sokrates] oder von einem andern deine Reden vorgetragen, sei er auch noch so unbedeutend, so sind wir alle davon ganz hingerissen und wie außer uns – jeder von uns, Frau oder Mann oder Knabe. […] Wenn ich ihn höre, klopft mir das Herz noch mehr als beim wilden Korybantentanz, und zu Tränen werde ich gerührt. Vielen andern geht es ebenso. […] [Von Sokrates] bin ich so bewegt worden, dass ich glaube, es lohnt nicht zu leben, wenn ich so bleibe, wie ich jetzt bin.[2]

Sokrates hat zumindest einige seiner Hörer, darunter den Sprecher Alkibiades, aber auch Platon, existenziell betroffen. Er war, was Max Weber einen Charismatiker nennt: ein Mensch, der andere in seinen Bann schlägt. Ohne Charisma gibt es keinen öffentlich wirkenden Intellektuellen.

*Viertens*: Obwohl dies kein beherrschendes Thema der Philosophie des Sokrates gewesen ist, erkennen wir seinen Willen zur Kritik an aktuellen politischen Vorgängen. Mehrfach widersetzt er sich politischem Druck, der auf ihn ausgeübt wird.[3] Als zehn Feldherren in Athen zum Tode verurteilt wurden, legte Sokrates, damals Ratsherr, Widerspruch ein; seiner Meinung nach war die Verurteilung rechtswidrig. Sokrates konnte sich nicht durchsetzen, doch er hat seine Stimme erhoben. Er konnte die Verurteilten zwar nicht retten, aber er protestierte deutlich, ohne Rücksicht auf den Zorn, den er sich dadurch zuzog. Ähnlich in einem anderen Fall: Sokrates wurde vor die Stadtregierung zitiert und zusammen mit anderen beauftragt, Leon von Salamis in seiner Heimat aufzuspüren, gefangenzunehmen und zur Verurteilung nach Athen zu überstellen. Auch hier hat sich Sokrates geweigert und es abgelehnt, sich an einem Mord mitschuldig zu machen. Solche Erfahrungen brachten den Philosophen zu der Meinung, für ihn sei die Position des Privatmannes vorzuziehen. Er wolle jemand bleiben, der weder in der Volksversammlung das Wort ergreift noch ein Amt anstrebt; vielmehr sehe er es als seine Pflicht an, außerhalb der athenischen Institutionen als Oppositioneller zu wirken. Er gehe persönlich vom einen zum andern, um mit ihm zu reden. Als Privatmann wolle er den Staat ärgern und reizen und so zur Besinnung bringen. Die Polis, lässt Platon Sokrates sagen, gleiche einem edlen Ross, das zur Trägheit neigt; um sich zu bewegen, bedürfe es der Anreizung durch einen stechenden Sporn. Der Sporn aber, das bin ich, Sokrates.[4] Das ist bereits eine vollständige Beschreibung der gesellschaftlichen und politischen Position auch des heutigen Intellektuellen: Er hält sich von öffentlichen Ämtern fern; er wirkt außerhalb regierender, verwaltender oder parlamentarischer Institutionen. Er ist die «außerparlamentarische Opposition». Philosophen und Intellektuelle des 20. Jahrhunderts wie Jean-Paul Sartre, Bertrand Russell, Albert Schweitzer und Martin Luther King haben ihr politisches Engagement in diesem Sinn verstanden.

*Fünftens*: Sokrates glaubte an die unbedingte Geltung der sittlichen Überzeugung des Einzelnen. Dies drückt der attische Philosoph durch den Verweis auf eine innere Stimme aus. Letztlich beruhe das, was er sagt, auf der Stimme des *daimónion*. Im einzelnen Menschen spreche sich etwas Göttliches aus; heute würden wir vom Gewissen reden, dem eine transzendente oder heilige Qualität eignet. Das Daimonion des Sokrates wird von dem Philosophiehistoriker Ernst Hofmann wie folgt erklärt: «Dies ist kein Dämon in ihm, kein *alter ego*, sondern die aus dem Unbewussten kommende Stimme des Göttlichen, welche immer nur warnt, niemals ermahnt. Sie warnt, wenn das Denken des Mannes in Gefahr ist, abzuirren und Falschem, also Ungutem, die Zustimmung zu geben. Aber Gott hilft, wenn Sokrates in Gefahr kommt, sich durch Irrtum ins Falsche zu verlieren.»[5]

Schon zu seinen Lebzeiten war Sokrates eine ebenso umstrittene wie legendäre Gestalt. Die sich auf ihn berufende Tradition machte ihn zum Philosophen schlechthin, zur Leitfigur der philosophischen Existenz überhaupt. Unter jenen, die sich auf ihn berufen, bildeten sich mehrere Schulen, die sich jeweils als seine authentischen Nachfolger verstanden. Dazu gehört neben der bekannten Schule Platons auch die Schule der Kyniker, die uns nun näher beschäftigen soll.

## *Die kynische Schule*

Unter den Schülern des Sokrates kam der Gedanke auf, die wahre philosophische Existenz sei die des «Aussteigers» aus der bestehenden gesellschaftlichen Ordnung. Alles, was die gewöhnliche Gesellschaft auszeichnet – regelmäßige Arbeit, Verwaltung eines Haushalts und Einkommens, Leitung einer Familie, Zeugung und Erziehung eigener Kinder, Beteiligung an der kommunalen Politik –, solle für den Philosophen keine Gültigkeit haben. Die neue Philosophie kehrt den gewöhnlichen Lebensgrundsatz um. Der übliche Grundsatz lautet: Je größer dein Besitz, desto glücklicher bist du. Die neuen Philosophen sagen: Je weniger du hast, um so größer sind helles Lebensglück und heitere, unbeschwerte Stimmung. Für jene, die sich dieser Weisheit verschrieben, ist die Bezeichnung «Hunde» (griechisch: *kyones*) aufgekommen, zweifellos eine polemische Bezeichnung, ist doch «Hund» ein geläufiges griechisches Schimpfwort. Doch die Philosophen griffen das Wort auf und verwendeten es als Eigenbezeichnung; daraus leiteten sich die für die neue Richtung entstehenden Bezeichnungen her: Kynismus, kynische Philosophie und kynische Schule.

Wenn wir von der kynischen «Schule» sprechen, so ist dieses Wort von einem Missverständnis freizuhalten. Tatsächlich sind die antiken Philosophenschulen, etwa die Akademie Platons und die stoische Schule, zu mehr oder weniger streng organisierten Genossenschaften geworden – Institutionen mit Schuloberhaupt, Eigentum an Grund und Boden, Verwaltung von Geld, Anlage einer Bibliothek zur Aufbewahrung der Schriften des Schulgründers, Beschäftigung von leitenden Gelehrten und Mitforschern und Zustrom von lernbegierigen Schülern.[6] Geregelt war nicht zuletzt die Nachfolge in der Leitung, sodass eine Schule über Jahrhunderte hinweg bestehen und ihre Identität wahren konnte. Philosophie wurde hier zum Bildungsgut, das durch professionelle Lehrer an zahlende Studenten weitergegeben wird. Dieser Entwicklung hin zur Professionalisierung des Philosophenberufs und zur Institutionalisierung der Schule hat sich die kynische Bewegung verweigert. Sie besaß keine Organisation, kein Vermögen und kein Schulhaupt. Kyniker sind zu sehr Einzelgänger, als dass sie sich zum Aufbau einer förmlichen Organisation hätten entschließen können. Die charismatischen und anarchischen – wir können sagen: sokratischen – Anfänge der attischen Philosophie sind im griechischen Kynismus erhalten geblieben.

Die Anfänge des kynischen Denkens liegen, wie die meisten Anfänge historischer Bewegungen, im Dunkeln, doch bietet der griechische Historiker und Literat Xenophon einen Anhaltspunkt, indem er Antisthenes auf einem in Athen stattfindenden Symposion des Jahres 422 v. Chr. auftreten lässt. Damals habe Antisthenes (ca. 445–366 v. Chr.) in einer Rede die Armut als seinen Reichtum und wahren Schatz bezeichnet.[7] Das Jahr 422 mag man mangels anderer Anhaltspunkte als das symbolische Gründungsjahr der kynischen Schule ansehen. Das erste Jahrhundert der kynischen Philosophie ist mit den Namen Antisthenes, Diogenes und Krates verknüpft. In die Überlieferung sind sie als Denker von ganz unterschiedlichem Temperament und Interesse eingegangen. Antisthenes gilt als eine ausgesprochen intellektuelle Gestalt, als vielseitig interessierter Philosoph und talentierter Verfasser zahlreicher (nicht erhaltener) Schriften. Krates wird als sanfter, liebeswürdiger, in Athen beliebter Philosoph geschildert, der sich als eine Art Seelsorger um seine Mitmenschen kümmert. Freundliche, konziliante Haltung und Begabung zur Philanthropie zeichnen ihn aus. Antisthenes und Krates werden überragt von Diogenes (403–323 v. Chr.), der als populärste Gestalt für die Folgezeit das kynische Lebensideal schlechthin verkörpert. Von Diogenes werden Anekdoten erzählt, die ihn als Genügsamkeitsapostel, Weiberfeind und Bürgerschreck erscheinen lassen:[8] die Zivilisation ablehnend, führte er ein einfaches, von spartanischer Strenge und Bedürfnislosigkeit bestimmtes Leben; er verzichtete auf eheliche Bindung; er provozierte seine Zeitgenossen, indem er beispielsweise in der Öffentlichkeit urinierte.[9] Als Bettler, der statt in einem Haus in einer schlichten Tonne lebte, steht er auch dem heutigen Menschen noch vor Augen. Verkörpert Antisthenes die intellektuelle und Krates die praktische Seite der kynischen Philosophie, so steht Diogenes für das komische und derbe, auch spartanisch-raue Element. Damit ist der Kreis jener Eigenschaften geschlossen, die in der Folgezeit den Spielraum kynischer Lebenshaltungen ausmachen.

Die in den Diogenes-Legenden oft zum Ausdruck kommende, von Diogenes vorgelebte und unnachgiebig geforderte harte Entbehrung und Selbstbeschränkung bietet der Forschung Stoff für ihre Debatten. Hat Diogenes seinen Mitmenschen das harte, entbehrungsreiche Ideal spartanischer Männlichkeit empfohlen? Oder übertreibt die Legende? Nach Jan Fredrik Kindstrand dürfen wir uns die frühen Kyniker nicht allesamt als Männer vorstellen, die buchstäblich nichts besaßen als einen schäbigen Mantel, einen Vorratssack und einen Wanderstab. Auch die strenge Askese, die ihnen nachgesagt wird, dürfe nicht wörtlich genommen werden. Kindstrand gesteht ihnen ein gewisses Maß an Lebensgenuss zu, jedenfalls kein geringeres Maß als jenes, das Sokrates für vernünftig gehalten habe.[10]

In der Zeit zwischen etwa 300 und 250 v. Chr., der Frühzeit des Hellenismus, wirkten Kyniker wie Bion, Menippos und Teles. Sie verhalfen der kynischen Philosophie zu weiter Verbreitung in der hellenistischen Welt, sicherten ihren Aufstieg zur Popularität und schufen eine kynische Literatur mit eigenen charakteristischen Formen. Tatsächlich wurde die kynische Philosophie zur einzigen philosophischen Richtung, die nicht auf kleine gebildete Kreise beschränkt blieb, sondern wirklich die Massen ansprach und überall, wohin die hellenistische Kultur vordrang, Volkstümlichkeit erlangte. Die in der Frühzeit des Kynismus zu beobachtenden Spielarten dieser Philosophie wurden neu und zeitgemäß durchdacht.

Die intellektuelle Seite wurde gepflegt, jedoch gleichzeitig der breiten Bevölkerung zugänglich gemacht. Das geschah mit Hilfe eines neu geschaffenen, sich an den Nichtphilosophen richtenden Mediums: des offenbar von Bion erfundenen witzigen und unterhaltsamen Vortrags, der «Diatribe», die ihre Zuhörerschaft auf den Straßen und Märkten sucht. War die Philosophie bisher der Besitz eines kleinen Zirkels eingeweihter Schüler geblieben, so wird sie nun breit unter das Volk gestreut; jedem soll sie zugänglich sein und Anregung bieten. Die Diatribe liebt das Zitat, die Anekdote und den Hinweis auf markante Persönlichkeiten. Als Beispiele dienen regelmäßig die kynischen Denker der Anfangszeit, besonders Diogenes und Krates; sie werden heroisiert und als Autoritäten angerufen – und das wird sich fortan nicht mehr ändern.[11]

Auch die derbe, komische und polemische, mit dem Namen Diogenes verknüpfte Seite erhielt neue Aktualität durch die Entstehung der kynischen Satire, einer Gattung, die Menippos mit großem Erfolg pflegte. Menippos, ein einfallsreicher Spaßvogel, soll ein tüchtiger, am Gelderwerb interessierter Geschäftsmann gewesen sein. Als satirischer Schriftsteller genoss er hohes Ansehen; die von ihm begründete menippeische Satire mit ihrer Mischung aus Poesie und Prosa, aus Scherz und Ernst wurde für manchen späteren Autor auch noch der römischen Kaiserzeit zum Vorbild. Ein Beispiel dafür bietet Petronius: Im *Gastmahl des Trimalchio* schildert er einen neureichen Emporkömmling. Besessen von Besitz, Ruhm, Schwelgerei und einträglichem Geschäft, stellt er seinen Reichtum auf einem aufwändigen, vom Autor in satirischer Übertreibung geschilderten Gastmahl zur Schau. Trimalchio ist das Gegenteil eines Kynikers; daher steht auf seinem Grabmal das Wort: «Mit wenig fing er an, hinterließ dreißig Millionen, und hat nie einen Philosophen gehört (*nec unquam philosophum audivit*).»[12] Der Vortrag eines Philosophen hätte ihn veranlasst, dem Streben nach Luxus zu entsagen.

Besondere Aufmerksamkeit verdient die Weiterentwicklung, welche die durch Krates vertretene Philanthropie in der Zeit des frühen Hellenismus erfuhr. Während der Kynismus der vorhellenistischen Zeit offenbar einem mehr oder weniger strengen spartanischen Ideal der Bedürfnislosigkeit zuneigte, bildete sich nun eine Gegenbewegung, die von solchem Rigorismus nichts wissen wollte. Der Kyniker sei nicht zu strenger Enthaltsamkeit und Armut verpflichtet; wenn sich ihm die Gelegenheit dazu biete, dürfe er das Leben genießen – so argumentierten nun viele. «Dies ist eine Art opportunistischer Haltung zum Leben: mit beiden Händen nehmen, wenn es etwas zu nehmen gibt; sich nicht beklagen, wenn die Zeiten mager ausfallen; das Leben genießen, wenn es genossen werden kann; aber die Launen des Schicksals mit Gleichmut annehmen.»[13] Mit diesen Worten kennzeichnet Bertrand Russel die neue Richtung innerhalb der kynischen Philosophie. In zahlreichen Zeugnissen ist sie uns greifbar. Beispielsweise in den Diatriben des Teles: «Man soll nicht versuchen, die Umstände zu ändern, sondern sich persönlich auf sie einstellen, wie sie eben sind, wie die Seeleute es tun: Sie versuchen nicht, den Wind und das Meer zu ändern, sondern sie stellen sich selber darauf ein.» Daher gilt: «So verhalte dich auch gegenüber dem Besitz: Hast du viel, breite dich aus; hast du nichts, schränke dich ein.»[14] «Vernunft und Einsicht helfen, uns in behaglichem Gleichmut jeder Lebenslage anzupassen», nämlich dem Glück wie dem Unglück, heißt es bei Plutarch; und diese Lehre verdeutlichend, nennt er Krates als Beispiel: «Krates hatte nur einen Ranzen und ein Gewand, und doch verbrachte er sein ganzes Leben scherzend und lachend, als wäre es ein Fest.»[15] Schon der menschenfreundliche Krates, berichtet man, habe es mit der kynischen Kleiderordnung nicht so genau genommen und einmal ein sidonisches Gewand getragen;[16] mit einem Purpurstreifen versehen, galten Gewänder aus Sidon als besonders fein. Neben Krates wurde noch ein anderer Philosoph zum Zeugen für diesen liberalen Umgang mit Besitz und Genuss angerufen: der Sokratesschüler Aristippos (ca. 435–355). Von ihm wird gesagt, er sei der einzige gewesen, dem es gegeben war, einmal im Prachtgewand und einmal in Lumpen aufzutreten. Aristippos wurde tatsächlich zum Lieblingsphilosophen jener Kyniker, die wie dieser dem Lebensgenuss nicht abgeneigt sind und die kluge Anpassung an die Lebensumstände fordern. Ihre Vertreter können wir als Aristippianer bezeichnen, denn mancher Kyniker zählte Aristippos zu seinen Lieblingsphilosophen und gab ihn (mit zweifelhaften Gründen) als echten Kyniker aus.[17] Fortan gab es zwei Richtungen unter den kynischen Philosophen: die zur Lebenslust neigenden Aristippianer und die strengen Spartaner, die, jedem Lebensgenuss abschwörend, körperliche Abhärtung und Enthaltsamkeit zu Markenzeichen ihrer Lebensweise erklären.

Während der im 1. Jahrhundert n. Chr. beginnenden römischen Kaiserzeit hielt die Popularität der kynischen Philosophie an. Obwohl Epiktet und Dion von Prusa nur bedingt als Kyniker anzusprechen sind, zollten sie dem kynischen Ideal hohe Anerkennung und widmeten ihm ausführliche empfehlende Beschreibungen. Für Epiktet ist der wahre Kyniker ein in fremdes Land geschickter Kundschafter, ein von Zeus zu den Menschen gesandter Bote, der die Menschen um ihrer Verirrung willen tadelt, ihnen aber auch durch Wort und Beispiel Freiheit und Frieden kündet. Im Reich der Sittlichkeit kommt dem Kyniker eine Königsstellung zu. Er verachtet nicht das Leben in Ehe und Staat; in einem Idealstaat würde er sogar selbst in den Ehestand treten. In der wirklichen Welt jedoch, wo es zugehe wie in einer Schlacht, müsse er auf Ehe, Familie und Bürgerrecht verzichten, um ungebunden seinem göttlichen Beruf zu leben. Nur so könne er jener König bleiben, der über das seiner Sorge anvertraute Volk wie ein Aufseher wacht. Epiktets Schilderung des wahren Kynikers ist durchzogen von scharfer Kritik an jenen, die sich das hohe Amt ohne inneren Beruf anmaßen und sich so den Zorn der Götter zuziehen. Epiktet war zweifellos ein Intellektueller, doch fehlte es ihm nicht an menschlichem Gefühl. Bei Epiktet, urteilt Paul Wendland, «vernehmen wir in fast jedem Satze den Schlag eines lebendig fühlenden Herzens».[18]

Epiktet war kein Aristippianer; er ist eher der strengen, spartanischen Richtung zuzuordnen. Dennoch begegnete er der Welt mit heiterer Gelassenheit. Für jene, die «Pöbel», «Radau» und «widerlich» rufen, wenn sie einer ausgelassenen Menschenmenge begegnen, hatte er kein Verständnis. Warum soll man solches Treiben nicht als festlichen Aufzug gelten lassen und sich daran vergnügen? Der Philosoph, der sich entsetzt vom Pöbel abwendet, erfährt eine Strafe – sie besteht darin, dass er so ist, wie er ist, nämlich ein Misanthrop.[19] Kein asketischer, kopfhängerischer Weltverächter, zeigte sich Epiktet für alles Schöne und Edle aufgeschlossen.[20]

Das Amt des kynischen Aufsehers über die Gesellschaft gewann in der römischen Kaiserzeit zunehmend an Profil. Nach Dion von Prusa soll sich der kynische Philosoph den politischen Machthabern als uneigennütziger Berater zur Verfügung stellen. Tatsächlich ist es Dion gelungen, in Kaiser Trajan (Regierungszeit 98–117 n. Chr.) einen Gönner zu finden. Ihm dankte er mit vier an ihn adressierten Reden über das ideale Königtum. Wiederholt beruft er sich auf Diogenes, der Alexander den Großen vor Ruhmsucht, Habsucht und Genusssucht gewarnt habe. Wer solchen Lastern verfalle, sei des gottgegebenen Königtums nicht würdig. «Den tapferen und menschlichen König aber, der seinen Untertanen wohlwill, die Tüchtigkeit in Ehren hält und seinen Ehrgeiz dareinsetzt, nicht schlechter als die Guten dazustehen, die Ungerechten zur Besinnung zwingt, den Schwachen beisteht – solch einen König bewundert Zeus.»[21] Mit Kaiser Julian sollte der Gedanke des von kynischer Philosophie geleiteten Herrschers im 4. Jahrhundert n. Chr. seinen Höhepunkt erreichen: Julian benötigte keinen Philosophen als Berater, sondern reklamierte für sich selbst philosophische Kompetenz. Er sah sich als neuer Diogenes, den er als von Derbheit befreiten Intellektuellen schilderte.

### *Kynische Philosophie im Judentum*

Schon früh nahm die hebräische Kultur Anteil am Geistesleben der Griechen. Tatsächlich erlernten viele Juden die griechische Sprache, interessierten sich für griechisches Denken und suchten Kontakt zu Philosophen. Bereits in den Jahren 348–345 v. Chr., als Aristoteles in Kleinasien weilte, traf er einen gebildeten Juden; nach dem Bericht eines Aristoteles-Schülers soll der Meister von der Weisheit des Juden beeindruckt gewesen sein.[22] In der Zeit des Hellenismus entstand ein hellenisiertes, Griechisch sprechendes Judentum, in Palästina ebenso wie in allen Ländern des Mittelmeers – besonders in Ägypten, Kleinasien, Griechenland und Italien. Mit der griechischen Kultur gelangte auch die jahrhundertelang propagierte und gelebte kynische Philosophie in das Blickfeld des Judentums. Jüdische Intellektuelle hatten Grund, dem kynischen Denken mit Sympathie zu begegnen, teilten sie doch zwei grundlegende unter Kynikern verbreitete Auffassungen: Es gibt nicht viele Götter, sondern nur ein einziges göttliches Wesen; die Verehrung von Götterbildern (Idolatrie) ist unsinnig und abzulehnen.[23] Wir haben Kunde von der Freundschaft zwischen dem palästinischen Rabbi Meïr und dem kynischen Philosophen Oinomaos von Gadara (frühes 2. Jahrhundert n. Chr.).[24] Oinomaos, in der rabbinischen Überlieferung hoch gepriesen, war bekannt für seine – dem jüdischen Denken entgegenkommende – scharfe Kritik am heidnischen Orakelwesen.[25] In dem östlich des Jordans gelegenen Gadara lässt sich die Existenz einer über Jahrhunderte lebendigen kynischen Philosophenschule vermuten.[26]

Die gegenseitige Wahrnehmung und der Gedankenaustausch zwischen Kynismus und Judentum führten zu einer eigenartigen Erscheinung, die bis heute zu Unrecht nur wenig Aufmerksamkeit gefunden hat: dem jüdischen Kynismus. Dieser konnte sich bilden, da die kynische Philosophie kein festes dogmatisches System besaß. Ihr war nur die Leidenschaft für eine Ethik der Tugend und der

Selbstbeschränkung wichtig; im übrigen verträgt sich der Kynismus, wie einer ihrer modernen Kenner betont, ohne Umstände mit allerlei anderen Überzeugungen, sogar solchen, denen manche Kyniker heftig widersprechen mochten.[27] Als offene Lebensphilosophie empfahl sich der Kynismus auch den Juden. Der kynischen Philosophie entgegen kam die Erinnerung an eine jüdische, in der Bibel erwähnte Kaste, die der Leviten, deren Lebensweise in manchem der kynischen entspricht: Die Leviten haben keinen Grundbesitz; Verwandtschaftsbeziehungen, auch solche zwischen Eltern und Kindern, gelten ihnen als unbedeutend; sie leben von Almosen und niederem Dienst am Tempel; die spärlichen Berichte über sie heben ihre Armut hervor.[28]

Eine erste Spur des jüdischen Kynismus finden wir im biblischen Buch Kohelet (ca. 200 v. Chr.).[29] Beide Richtungen der kynischen Schule – die spartanische wie die aristippische – haben Kohelet gleichermaßen beeindruckt, und von beiden lernt er bereitwillig. Das «spartanische» Thema der Abwendung vom Reichtum beherrscht den ersten Teil seiner Schrift. Kohelet wendet sich vom Reichtum ab, denn dieser vermag keine Befriedigung zu bieten – ein geläufiges kynisches Thema. Das Buch beginnt mit einer Erzählung, deren Ausgang allerdings nur suggeriert, nicht jedoch ausgeführt wird: Ein König bedenkt die Freuden, die ihm sein unerschöpflicher Besitz vermittelt, um deren Leere und Ungenügen zu entdecken; so entledigt er sich seines Besitzes, um fortan als Weiser, als armer Philosoph zu leben – vielleicht die als Märchen verkleidete Autobiographie des einst wohlhabenden ersten jüdischen Kynikers. Die Summe seiner Erkenntnisse fasst er in das Wort: «Wer zu den Lebenden gehört, hat Hoffnung; denn ein lebender Hund ist besser als ein toter Löwe.»[30] Die königliche Existenz wird durch den Löwen vertreten, doch ist dieser als Kadaver alles andere als ein Sinnbild für Macht. Der Selbstvergleich des Philosophen mit einem Hund lässt sich als Hinweis auf den Kynismus verstehen.

Im Mittelpunkt des zweiten Teils des Buches Kohelet steht das aristippische Thema des Lebensgenusses. Der Leser wird ermahnt, Tafelfreuden und eheliches Leben zu genießen, wenn und solange das Schicksal es erlaubt. «Auf, iss dein Brot mit Freude und trink deinen Wein mit frohem Herzen, denn schon längst hat Gott dieses Tun gebilligt. Jederzeit seien deine Kleider weiß, und an Öl auf deinem Haupt soll es nicht fehlen. Genieße das Leben mit einer Frau, die du liebst.»[31] Das Leben geht rasch vorbei – und die Gelegenheit zum Genuss ebenfalls.

Besonders beeindruckt ist Kohelet von einem Lieblingswort der Kyniker: «Dunst» (griechisch *typhos*). Von Krates wird der Spruch überliefert: «Das, was ich weiß und erdacht und mit Hilfe der Musen ergründet, ist mein Besitz. Bloßer Dunst dagegen der übrige Reichtum.»[32] Ein ähnliches Wort des Monimos ist in zwei Varianten erhalten. Die eine davon lautet: «Was immer ist, ist Dunst und Wahngebilde nur», ein Spruch, den der Dichter Menander als Hexameter überliefert.[33] Die andere Fassung lautet, in Prosa: «Alles ist Dunst.»[34] Es ist nicht schwierig, darin das Leitmotiv des Koheletbuches zu erkennen: «Alles ist Windhauch», oder wörtlicher: «Alles ist Dunst». Ein weiterer Spruch des Monimos könnte auch im Buch Kohelet stehen: «Besser blind sein als unwissend. Der Blinde fällt nur in ein Loch, der Unwissende aber in den Schlund.»[35] Zu wenig wissen wir vom Werk des Monimos, um Kohelets Verhältnis zu diesem Kyniker genauer untersuchen zu können, doch liegt der Gedanke nicht fern, in Monimos eine unmittelbare Quelle Kohelets zu sehen.

Das Buch Kohelet, der älteste philosophische Text in hebräischer Sprache, ist nicht das einzige Zeugnis eines jüdischen Kynismus geblieben, denn etwa zwei Jahrhunderte nach Kohelet, in der römischen Kaiserzeit, kam es in Ägypten und Palästina zu einer weiteren Begegnung zwischen Judentum und Kynismus. Exponent der jüdischen Gemeinde von Alexandria ist der Philosoph Philon (ca. 20 v. Chr. – 50 n. Chr.). Wie sein umfangreiches, in griechischer Sprache geschriebenes Werk zeigt, schöpfte er aus mehreren philosophischen Traditionen seiner Zeit: aus Platonismus, Stoa und Kynismus. Der Kyniker dient ihm als Beispiel für den Menschen, der die wahre Freiheit errungen hat; indem er sich keiner äußeren Autorität unterwirft, kommt ihm die Stellung eines Königs zu.[36] Mit Vergnügen erzählt Philon Anekdoten über Diogenes und Chaireas, letzterer ein in seiner Heimatstadt Alexandria offenbar bekannter Kyniker.[37] Die von Philon angeführten Geschichten handeln von Menschen, die in schwierigen Lebenslagen Mut, Geistesgegenwart, unbekümmerten Frohsinn und Respektlosigkeit gegenüber dem Herrscher beweisen. Dem kynischen Ideal entsprechend, verachtet Philon den Reichtum und preist die Armut.[38]

Allerdings dürfen wir uns Philon nicht als einen Mann vorstellen, der ein kynisches Leben in strenger Selbstbeschränkung führt. Philon kommt aus einer begüterten Schicht, die er nicht verlässt. Die Armut des Philosophen ist ein Ideal, zu dem er sich bekennt, aber keine Lebensweise, zu der er sich selbst verpflichtet und die er anderen empfiehlt. Das ist für Philon wie für alle Anhänger des aristippischen Kynismus keine Inkonsequenz, darf sich der Philosoph doch ohne schlechtes Gewissen dem Genuss hingeben, solange es die Lebensumstände ermöglichen. Philon stellt Aristippos neben Diogenes und bezeichnet diese Philosophen als die Vorbilder für unzählige Menschen, die deren Lebensstil folgen.[39] Mit den Vielen können nur jene gemeint sein, die wie Philon selbst zur wohlhabenden Schicht gehören und sich dennoch der kynischen Denk- und Lebensweise verpflichtet fühlen. Philon hält nichts von den enthaltsamen Philosophen, die an strenger, finsterer Miene und schlechter Laune zu erkennen sind; sein Ideal ist der Weise, der sich ehrenhafte Vergnügungen gönnt, dem Wein nicht entsagt und seinen Mitmenschen frohgemut und in guter Laune begegnet.[40]

Unwillkürlich stellt sich die Frage, ob Philon in seiner Rezeption kynischen Gedankenguts an Kohelet anknüpft. Die Antwort fällt überraschend aus: Philon kennt das Buch Kohelet überhaupt nicht! Philon las hebräische Literatur nur in griechischer Übersetzung, und in seiner Zeit gab es noch keine griechische Fassung des Kohelet-Buches. Eine solche wurde erst später, vielleicht um 100 n. Chr., erstellt, um Teil der griechischen Bibel zu werden.

Philons Abhandlung über die jüdischen Feste[41] verdient es, eigens angeführt zu werden. Sie ist eigentlich nichts anderes als ein Lob des Ackerbaus und des bäuerlichen Lebens. Der Bauer ist der wahre Kyniker, der sich, im Freien arbeitend und keine Mühe scheuend, nur des Schutzes der Bäume erfreut, die vor Frost und Hitze Zuflucht bieten. Am Sabbat kann er sich erholen, ebenso am Laubhüttenfest nach dem Einbringen der Ernte. Bietet der Festkalender Gelegenheit zum Fasten, ist ihm dies Anlass, Speise und Trank zu verachten; durch Enthaltsamkeit gestärkt, kann er jenen überflüssigen Kulturgütern Widerstand leisten, die unser wahres Glück gefährden. Wichtig ist ihm, sich – wie die Weisen aller Länder – vom geschäftigen Treiben der Stadt fernzuhalten; Gerichtsgebäude, Märkte und Versammlungen sind ihm zuwider.

Eingebettet wird das kynische Arbeitsethos in einen mythischen Zusammenhang: Ursprünglich sollte jeder Tag des Jahres ein Fest sein. So haben die Menschen des Goldenen Zeitalters gelebt. Doch dann ergriffen die Laster die Herrschaft und vertrieben den Sinn für das Gute aus den Seelen der Menschen. Ach, wäre es doch wie früher geblieben! Dann «wäre die ganze Frist von der Geburt bis zum Tode ein ununterbrochenes Fest, Hauswesen und Staaten (*poleis*) befänden sich in Sicherheit und Frieden, reich an allen Gütern und vor allen Stürmen des Schicksals geschützt».[42] Aber so ist es nun einmal nicht. Nur wenige Menschen – die Weisen aller Völker, nämlich die Kyniker – sind nicht der Herrschaft der Laster verfallen. Sie sondern sich von den anderen Menschen ab. Durch ihre Tugend froh gestimmt, verbringen sie ihr gesamtes Leben als Fest (ein Diogenes zugeschriebener Gedanke[43]).

Den kynischen Charakter der philonischen Abhandlung erklärt Isaak Heinemann durch die Annahme, der Verfasser habe sich der Schrift eines jüdischen, dem Kynismus verpflichteten Autors bedient.[44] Diese Vorlage, ein «Buch der zehn Feste», habe er mehr oder weniger wörtlich zitiert, um nur ab und zu eigene Gedanken einzustreuen. Offenbar war Philon von dieser Schrift so beeindruckt, dass er sie sich zu Eigen machte. Da die von Philon benutzte Schrift nur durch ihn zugänglich ist, darf Philon als Kronzeuge für einen jüdischen Kynismus in Alexandria gelten.

Die besondere Eigenart des von Philon verwendeten «Buches der zehn Feste» wird uns deutlich, wenn wir ihren Abstand vom alten Kynismus etwa eines Diogenes ermessen. Das Buch empfiehlt weder den Rückzug aus dem Arbeits- und Familienleben noch den Verzicht auf allem Besitz. Nirgendwo steht in dieser Schrift das Ideal eines Diogenes in der Tonne vor Augen. Vielmehr haben wir es mit einer von der kynischen Philosophie inspirierten Lebenshaltung zu tun, die für ein ganzes Volk – und sogar für die ganze Menschheit – infrage kommt. Dem «Buch der zehn Feste» liegt die Utopie einer von philosophischem Gedankengut bestimmten Gesellschaft zugrunde. Indem sie nach dem geschriebenen Gesetz des Mose lebt, orientiert sie sich, wie Philon hervorhebt, gleichzeitig an dem der Vernunft zugänglichen ungeschriebenen Gesetz der Natur.[45]

Nach Philon ist eine weitere, in den Quellen nur einmal genannte jüdische Philosophengestalt zu nennen: ein Mann namens Bannus. In seiner Jugend in den 50er Jahren des 1. Jahrhunderts n. Chr. hat sich der spätere Historiker Flavius Josephus für einen Zeitraum von ganzen drei Jahren in die Schule dieses jüdischen Kynikers begeben. In seiner Autobiographie berichtet Josephus darüber wie folgt: «Da erhielt ich Kunde von einem Manne namens Bannus, der sein Leben in der Einöde verbrachte. Er trug ein Gewand von Baumrinde, und als Nahrung diente ihm nur, was von alleine wuchs. Mit kaltem Wasser wusch er sich oftmals bei Tag und bei Nacht um der Reinheit willen. Dieses Mannes Anhänger wurde ich. Drei Jahre verbrachte ich bei ihm.»[46] Diese drei Jahre markierten den Abschluss von Josephus' höherer Bildung; danach, im Alter von neunzehn Jahren, ging er nach Jerusalem, um dort politisch tätig zu werden.

Die Frage, ob Josephus seinen Aufenthalt bei Bannus frei erfunden hat, die dreijährige Ausbildung das Echo einer biblischen Erzählung oder eher das Programm einer typischen Bildungskarriere seiner Zeit ist, braucht uns hier nicht zu beschäftigen; die Gestalt des Bannus jedenfalls macht einen authentischen Eindruck.[47] Die erwähnte Abhärtung, von Josephus mit kultischer Reinheit in Verbindung gebracht, ist kynisches Gemeingut; schon von Diogenes wird sie berichtet: «Im Sommer wälzte er sich im heißen Sand, im Winter umarmte er die schneebedeckten Statuen, um sich auf jede Weise abzuhärten.»[48] «Barfuß lief er im Schnee.»[49] Josephus hat als junger Mann auch die Bekanntschaft mit Vertretern anderer Richtungen des Judentums gesucht: mit Pharisäern, Sadduzäern und Essenern, doch offenbar hat ihn allein Bannus als Persönlichkeit beeindruckt. Wie sein griechisches Vorbild brachte der jüdische Kynismus einprägsame und unvergessliche Gestalten hervor.[50]

Wahrscheinlich sind Kohelet, Philon und Bannus nicht die einzigen Juden der Antike, die von kynischem Geist berührt worden sind. Wenn Rabbi Hillel der Ältere im 1. Jahrhundert v. Chr. – also noch vor Philon – Ausdauer, Armut, niedere Arbeit, sittliche Anstrengung und völlige Sorglosigkeit empfiehlt, könnte das auf eine Verwandtschaft mit der spartanischen Spielart des Kynismus hindeuten.[51] Ist vielleicht allgemein mit einem Einfluss kynischen Geistes auf die frühen Rabbinen zu rechnen? Mancherlei scheint in diese Richtung zu weisen: die rabbinische Vorliebe für anekdotische Überlieferung, die Vermischung von Lächerlichem und Ernstem in den Debatten der Gelehrten sowie die Vorrangstellung der Gestaltung des Alltags bei weitgehendem Verzicht auf theologische Spekulation.[52] Auch wenn sich hier keine Sicherheit erzielen lässt, bleibt doch der generelle Eindruck bestehen: Das schriftgelehrte Judentum der Antike ist von hellenistischem, nicht zuletzt kynischem Geist berührt worden.

Die deutlichste und überraschendste Ausprägung eines jüdischen Kynismus finden wir bei Johannes dem Täufer und Jesus von Nazaret. Der gegen Jesus erhobene Vorwurf, er schlemme und trinke in den Häusern der Reichen,[53] weist ihn der liberalen, unter dem Einfluss von Aristippos stehenden Schule zu. Darauf verweist auch die Überlieferung von Jesu Teilnahme an einem Gastmahl, während dessen er sich von einer Frau mit wohlriechendem Öl zärtlich verwöhnen lässt.[54] Johannes und der bereits erwähnte Bannus dagegen werden in der Überlieferung als strenge Asketen geschildert, so dass sie als der spartanischen Richtung zugehörig erscheinen. Über ihr Aussehen und ihre Persönlichkeit können wir nur spekulieren. Johannes mögen wir uns als zähen, bedürfnislos lebenden, von Gerechtigkeitssinn beseelten Menschen vorstellen. Die christliche Ikonographie hat ihm nicht ohne Grund ein hageres Aussehen verliehen. Jesus erscheint anders – als konziliante, liebenswürdige Gestalt vom Typ des Krates. Jesus wird gewöhnlich als beeindruckend stattlicher, fast athletischer Mann mit hoher Stirn dargestellt, dessen edle, ebenmäßige Züge von langem, gepflegtem Haar umrahmt sind. Von diesem Klischee müssen wir uns wohl verabschieden. Die einzige antike Überlieferung beschreibt ihn als «klein, missgestaltet und unedel».[55] Solange sich Jesus im Umkreis des Täufers aufhielt, muss er ebenso hager gewesen sein wie sein Meister. Das aber änderte sich, als Jesus selbstständig auftrat. Nun scheint für ihn die Zeit der Entbehrung vorüber, und er handelt sich jenen Vorwurf ein, er sei Schlemmer und Säufer. Sein Aussehen veränderte sich. «Kleiner als der Durchschnitt, von Übergewicht, zur Glatze neigend»: so schildert ihn Bruce Chilton, der einzige moderne Forscher, der es wagt, sich über Jesu Erscheinungsbild zu äußern.[56] Als Pykniker weist Jesus die für diesen Typus üblichen Charakterzüge auf: «durch und durch großzügig, resolut, von gesundem Menschenverstand und frei von Fanatismus und Doktrin».[57]

Wie der Kyniker – der griechische und der jüdische – zu seinem Beruf kommt, wie er sein Leben gestaltet, über welche Selbsteinschätzung er verfügt, mit welcher Botschaft er sich an die Bevölkerung wendet, wie diese darauf reagiert – über all das vermitteln uns antike und biblische Zeugnisse ein anschauliches Bild. Sie bezeugen ein lebhaftes Interesse an der kynischen Lebenshaltung in der hellenistisch-römischen Zeit, die dieser Philosophie eine neue Blüte schenkt.

# 4 Die kynische Lebensform

Das Auffälligste am Kynismus ist die besondere Lebensform ihrer Anhänger, hat doch keine andere antike Philosophie von ihren Vertretern die Befolgung von Regeln verlangt, die das Leben so drastisch verändern und den Philosophen zu einem gesellschaftlichen Außenseiter machen. Verzicht auf Ehe und regelmäßige Arbeit machen den Philosophen zu einem Sonderling. Schon an seinem Äußeren – Bart, Bettelsack und zerschlissener Philosophenmantel – ist er zu erkennen. Wie kommt ein junger Mann aus guten, bürgerlich geordneten Verhältnissen dazu, sich solchen Menschen anzuschließen und deren Lebensweise zu übernehmen? Durch Bekehrung. Verfolgen wir, wie sich die Bekehrung eines jungen Mannes im Zusammenspiel von eigener Begeisterung und der Anleitung durch einen Lehrmeister vollzieht.

## *Die Bekehrung zur Philosophie*

Während uns Heutigen die Philosophie als geistige Beschäftigung und Gedankengebäude erscheint, war sie für den antiken Menschen in erster Linie eine Lebensform. Philosophen dachten nicht nur anders als die anderen, die Masse; sie lebten auch anders. Aus der Sicht der philosophischen Denker ist die vorphilosophische Existenz eines Menschen, vor allem eines Jünglings, mit Defekten behaftet und eigentlich nicht lebenswert. Philosophisches und nichtphilosophisches Leben verhalten sich wie Licht und Schatten, Wahrheit und Lüge, Reichtum und Armut, Gesundheit und Krankheit. Im Grunde, behaupteten die Philosophen, ist der unphilosophische Mensch, krank wie er ist, noch gar kein richtiger Mensch. Diesen Gedanken veranschaulichte Diogenes in einer provokativen symbolischen Handlung: Er zündete am hellen Tag eine Lampe an und sagte: «Ich suche einen Menschen.»[1] Unter den Athenern gab es seiner Meinung nach nur wenige, die wirkliches Menschsein erlangt hatten. Die Mehrzahl sei dem Menschsein entfremdet. Wie aber wird man Mensch? Die Antwort lautet: Durch Bekehrung! Du musst dein Leben ändern! Du musst dich von der Menge der Menschen absondern, musst anders sein als sie!

Einer der Kynikerbriefe schildert die Bekehrung in anschaulicher, fast romanhafter Form: Ein junger Mann von der Küste des Schwarzen Meeres kommt nach Athen und gerät sogleich mit der Philosophie in Berührung. Er studiert bei Antisthenes. In einem Brief berichtet er seinen Eltern:

> Lieber Vater, ich bin nach Athen gekommen. Als ich hörte, der Schüler des Sokrates [nämlich der Kyniker Antisthenes] lehrte über das glückliche Leben, ging ich zu ihm ins Haus. Er hielt gerade einen Vortrag über die Wege zum Glück und er sagte, es gebe nur zwei und nicht mehr: Der eine sei kurz, der andere lang. Es sei einem jeden freigestellt, welchen er einschlagen wolle.[2]

Am folgenden Tag führt Antisthenes seine erwartungsvollen Lehrlinge an den Fuß der hoch über der Stadt gelegenen Akropolis. Zwei Wege führen hinauf: ein kurzer, steil und steinig, und ein langer, der, sanft ansteigend, einen bequemen Aufstieg zur Akropolis ermöglicht. Wer wirklich Kyniker werden will, hat den kurzen, steilen Weg zu wählen. Das Bild von den zwei Wegen wird auch mit einem weiteren Bild verbunden: dem von einer engen Toreinfahrt. Der nur selten begangene, unebene, steinige und auch gefährliche, weil an einem Abhang entlang führende Weg endet an einem engen Tor; nur wenige gelangen dorthin – zum Eingang der Philosophie.[3]

Das kynische Leben kostet also Selbstüberwindung und Verzicht auf Bequemlichkeit. Das Einschlagen des schmalen Weges ist nicht jedermanns Sache. Nur eine kleine Zahl kann sich zur philosophischen Existenz entschließen. Doch was ist konkret zu tun, um diesen Weg zu beschreiten? Die Antwort lautet: Du musst dein Leben ändern! Zu dieser Einsicht muss der Jüngling gelangen, und seine Einsicht kann zur Begeisterung werden und zum Entschluss der Bekehrung reifen. Ist ein junger Mensch auf den «steilen Weg» aufmerksam geworden und hat er zur Entscheidung gefunden, diesen Weg zu beschreiten, braucht er die Begleitung durch einen erfahrenen, des Weges kundigen Lehrer. Dieser stellt den Jüngling auf die Probe, um seine Ernsthaftigkeit zu prüfen. Eine Anekdote berichtet davon:

> Als jemand bei ihm [bei Diogenes] philosophieren lernen wollte, gab er ihm einen Salzfisch in die Hand und forderte ihn auf, ihm damit zu folgen. Der aber schämte sich, warf den Fisch weg und verschwand. Später traf ihn Diogenes und sagte lachend: Ein Salzfisch hat unsere Freundschaft zerstört.[4]

Nur ein Sklave, aber kein Freier trägt einen Salzfisch durch Athen. Wer sich schämt, als Sklave zu erscheinen, kann kein Philosoph werden.

Wird die Sache aber ernst, dann kommen größere Aufgaben. Diese gipfeln in der Forderung: Gib deinen Besitz auf; verkaufe, was du hast, um fortan in philosophischer Armut zu leben. Der Weg der Tugend führt nicht «*from rags to riches*», sondern umgekehrt «*from riches to rags*», vom unglücklichen Reichen zum glücklichen Bettler. Mancher Adept der Philosophie hat an dieser Stelle kehrtgemacht. Doch von manchen wird der Verkauf der Habe berichtet, so von Antisthenes, der den Erlös an seine attischen Mitbürger verteilt haben soll.[5] Ähnlich Krates, wie Apuleius berichtet:

> Bevor er wirklich Krates wurde, gehörte er zur Oberschicht von Theben: edle Geburt, große Dienerschar, ein mit imposanter Eingangshalle geschmücktes Haus, er selber elegant gekleidet, viel Grundbesitz. Doch er erkannte, dass sein Vermögen ihm keinen Schutz, keinen Halt im Leben bietet, dass alles dem Wandel unterworfen und somit unsicher ist. So kam er zur Erkenntnis, dass das alles für das Glücklichsein keine Bedeutung hat.[6]

Nachdem Krates die Aufführung einer Tragödie besucht hatte, die Telephos, den Sohn des Herakles, spärlich ausstaffiert, auftreten ließ, soll er sich diesen Helden zum Vorbild genommen, seine Habe verkauft und den Erlös verteilt haben.[7] Solch plötzlicher Sinneswandel, der mit dramatischer Änderung des Lebensstils einhergeht, ist typisch für die Aneignung der philosophischen Existenz. Seit Sokrates, meint Arthur Darby Nock, ist die griechische Philosophie zu einer Sache persönlicher Entscheidung und Bekehrung, zu einer Sache des Glaubens und Bekennens geworden.[8] In Anknüpfung an christlichen Sprachgebrauch dürfen wir deshalb bei Krates und anderen von «Bekehrung» und «Konversion» sprechen: der Abwendung von einem bestimmten Lebenskonzept, verbunden mit der entschiedenen Annahme eines neuen Glaubens und Lebens.

Die Berufung des jüdischen Kynikers ist der des griechischen eng verwandt. Auch der jüdische Meister beginnt seine Unterweisung mit dem Bild von den zwei Wegen oder Toren. «Geht durch das enge Tor hinein!», ruft er seinen Schülern zu. «Denn weit ist das Tor und breit der Weg, der ins Verderben führt, und viele sind es, die da hindurchgehen. Wie eng ist das Tor und schmal der Weg, der ins Leben führt. Nur wenige sind es, die ihn finden.»[9] Hat sich der Schüler zur kynischen Existenz entschlossen, muss er als erstes seinen Besitz aufgeben – eine Herausforderung, der nicht jeder gewachsen ist. Der jüdische Kyniker empfiehlt dem reichen Jüngling den Verkauf seines Besitzes und die Verteilung des Erlöses an die Armen: «Willst du vollkommen sein, so geh, verkaufe dein Hab und Gut und gib an Arme. So wirst du einen Schatz im Himmel haben. Dann auf, folge mir.»[10] Der Jüngling ist von dem Vorschlag überrascht; unfähig, sich zur philosophischen Lebensweise zu bekehren, geht er traurig von dannen. Nur wenigen gelingt es, sich der Herausforderung des Grundsatzes zu stellen: «Ihr könnt nicht Gottes und des Mammons Knechte sein.»[11] Doch einigen gelingt es, die Fesseln des Mammons abzulegen.

## *Bettelsack und Philosophenmantel*

Hat sich der Adept seines Besitzes entledigt, erfolgt seine Aufnahme unter die Kyniker. Er hat nun bestimmten Vorschriften über Haartracht und Kleidung zu genügen, die ihn sofort als Philosophen erkennen lassen. Kopf- und Barthaar bleiben ungestutzt und wuchern frei. Die Philosophenkleidung hat nicht nur einfach, sondern geradezu ärmlich zu sein, und dasselbe gilt für die übrige Ausstattung des Kynikers – Sandalen, Stock und Beutel, der als Proviantsack dient. Aus antiken Texten und Darstellungen der Kunst lässt sich von Kleidung und Ausstattung der Philosophen ein anschauliches Bild gewinnen. Dabei werden zwei verschiedene Kleiderordnungen sichtbar: eine, die in Griechenland selbst ihren Ursprung hat, und eine, die eher in den östlichen Ländern wie Palästina und Ägypten zu Hause ist.

Über Kleidung und Ausstattung des griechischen Kynikers belehrt uns wiederum einer der hellenistischen Kynikerbriefe. Auch hier kommt ein anschaulicher, romanhafter Zug ins Spiel. Der gerade unter die Kyniker aufgenommene junge Philosoph beschreibt den Vorgang der Aufnahme wie folgt:

> Nachdem ich mich endgültig für die Philosophie entschieden hatte, nahm er [der Meister] mir Oberkleid (*himátion*) und Hemd (*chitôn*), warf mir einen alten doppelten Mantel (*tríbôn díplous*) über, hing mir einen Beutel (*pêra*) über die Schulter, in den er Brot und Würztrank, Becher und Schüsselchen getan hatte, außen aber band er noch Ölfläschchen und Schabeisen an, und gab mir dazu einen Stab (*baktêría*).[12]

Der Vollständigkeit halber sind noch eng beschriebene Buchrollen dem genannten Inhalt des Beutels hinzuzufügen, sind die Kyniker doch gelehrte Männer, die Schriften mit sich führen und solche auch selbst verfassen, sofern sie, wie manche unter ihnen, die Berufung zur Schriftstellerei fühlen.[13] Der kynische Philosoph wird am struppigen Bart, doppelten Mantel, Stock und Vorratssack erkannt. Manchmal wird gesagt, er trage nicht einmal Sandalen, sondern gehe barfuß.[14] Diese Ausrüstung mag in Einzelheiten variieren, doch sie gehört zum festen Repertoire antiker Beschreibungen.

Es lohnt sich, die philosophische Kleiderordnung näher zu betrachten. Was der Philosoph trägt oder tragen soll, verstehen wir am besten, wenn wir die gewöhnliche Alltagskleidung zum Vergleich heranziehen.[15] Der in Athen lebende Grieche trägt gewöhnlich zwei Kleidungsstücke: als Unterkleid ein ärmelloses Hemd aus Wolle (*chitôn*), darüber als Übergewand ein als Mantel drapiertes rechteckiges Stoffstück (*himátion*). Beim Drapieren mag man die Schultern einhüllen, um den ganzen Körper zu bedecken, doch oft wird lediglich die untere Körperpartie verhüllt, sodass der Oberkörper nur durch das Unterkleid geschützt ist. Dagegen begnügt sich der Spartaner mit einem einzigen Kleidungsstück, dem Übergewand (*himátion*). Nach dem vorstehenden Bericht hat der Kyniker Übergewand und Unterkleid abzulegen, um fortan nur ein einziges Kleidungsstück zu tragen: den *tríbôn* – ein grobes Wolltuch, das, etwas einfacher als das Übergewand, in derselben Weise getragen wird. Auf die Grobheit des nicht angenehm auf der Haut liegenden Stoffes weist der Name hin – Tribon bedeutet «Reiber». Wird das Tuch doppelt genommen, bietet es besseren Schutz vor der Kühle der Nacht und der Kälte des Winters. Der Philosoph kleidet sich also ähnlich wie der Spartaner, indem er nur ein einziges, bescheidenes Tuch zum Schutz umlegt. Der Tribon ist der klassische Philosophenmantel der Alten Welt. Auch die römischen Philosophen tragen ihn; ihr Name dafür ist *pallium*.

**4 Kynischer Philosoph. Der bärtige, barfüßige Philosoph blickt den Betrachter kritisch an zum Beweis für seine Unabhängigkeit und seinen Abstand von der Gesellschaft. Sein einziges Kleidungsstück, das grobe, um den Leib gewickelte Wolltuch (Tribon), lässt Schultern und Brust frei. Die dem Kyniker vom Restaurator in die Hand gesteckte Schriftrolle soll den Philosophen als einen Intellektuellen ausweisen. – Lebensgroße römische Statue, 1. Jahrhundert n. Chr.**

Eine Anschauung des Philosophenmantels bietet die Kunst der römischen Kaiserzeit. Der in lebensgroßer Statue dargestellte Philosoph hat den Tribon um den Brustkorb gelegt und hält ihn mit der Linken; Brust und Schultern bleiben frei *(Abb. 4)*.

Der struppige und bärtige Philosoph eines Freskos aus dem Garten der Villa Farnesina in Rom hat seinen Tribon über die Schultern gelegt, so dass der Saum bis zum Knie reicht *(Abb. 5)*.

Knorriger Stock, Beutel mit Tragriemen, ein über die linke Schulter gelegtes Stück Fell (vielleicht auf den Tribon aufgenäht[16]) und Sandalen statten ihn wie für eine Reise aus, die er fröhlich ausschreitend

5 Kynischer Philosoph, voll ausgerüstet. Dem freundlich blickenden Kyniker steht die Lebenslust im Gesicht. Er trägt seinen Tribon als Umhang über den Schultern. Sandalen, knorriger Stock, ein auf die rechte Schulter gelegtes Fell und die geschulterte Reisetasche vervollständigen die Ausrüstung. Mehr besitzt der Philosoph nicht. Man pflegt den Dargestellten als Krates zu identifizieren. Er wendet sich nach rechts zu seiner (außerhalb des Bildausschnitts stehenden) Gemahlin, der schönen Hipparchia, die sich dem Sonderling anschloss. – Römisches Fresko, ca. 20 n. Chr.

antritt. Eine weitere Art, den Tribon zu drapieren, sehen wir in einer Karikatur aus Pompeji *(Abb. 6)*,

Teil einer Bilderfolge aus der Villa des Arztes. Links ein buckliger, glatzköpfiger Alter im Philosophenmantel mit Redegestus, rechts ein junger Mann, etwas aufwändiger in ein Himation gehüllt, mit struppigem Haarschopf in Denkerpose mit Hand am Kinn. Der Glatzkopf hat den Tribon so drapiert, dass die rechte Schulter frei bleibt; so soll auch Sokrates gekleidet gewesen sein.

Eine weitere, letzte Art, den Tribon zu tragen, lehrt uns die kleine spätantike Bronzestatuette aus Aquileja *(Abb. 7)*.

Barfuß, bärtig, seines Haupthaares fast ganz verlustig, die Hände aufeinander gelegt, stützt sich der Greis auf seinen Stock. Einen kleinen Beutel hat er links geschultert. Er trägt ein kurzes, geschürztes Untergewand, darüber ein Stück grobes Tuch als Mantel – den Tribon. Kann es sich um einen Kyniker handeln? Dafür scheinen Stab

**6 Zwei Philosophen. Die griechisch gewandeten Gestalten – rechts ein kahlköpfiger, buckliger, an Sokrates erinnernder Philosoph, links ein junger Mann mit Haarschopf in Denkerpose – sind in ein Gespräch verwickelt. Die grotesk großen Köpfe und die dürren Beine gehen auf das Konto des Malers, der alle Figuren seiner unterhaltsamen Bilderfolge spielerisch miniaturisiert. – Fresko im Haus des Arztes, Pompeji, ca. 75 n. Chr., Ausschnitt.**

und Brotbeutel zu sprechen, die Requisiten der Kyniker. Das kurze Untergewand nennt der Grieche *exômis*, und das Wort ist tatsächlich in einem kynischen Text belegt.[17] Die Bekleidung ist nicht aufwändig, doch auch nicht minimalistisch, sodass wir einen Kyniker der etwas weniger strengen Richtung vor uns haben mögen.[18]

Der Tribon ist bei den Philosophen, die der griechischen Tradition folgen, möglicherweise im 1. Jahrhundert aus der Mode gekommen und durch das etwas längere Himation ersetzt worden. Das scheint sich aus einer Bemerkung des Musonius Rufus zu ergeben, der den Philosophen empfiehlt: «Ein einziges Untergewand (*chitôn*) verdient den Vorzug vor zweien, und kein Untergewand ist besser als eines, stattdessen trage man als einziges (Kleidungsstück) ein Obergewand (*himátion*). Wer es vermag, soll auch keine Sandalen unterbinden, sondern barfuß gehen.»[19]

So viel zu Kleidung und Ausstattung der griechischen Philosophen. In Ländern wie Palästina und Ägypten ist das bevorzugte kynische Kleidungsstück nicht Tribon oder Himation, sondern der Chiton.[20] Wie dieser aussieht, zeigt uns der bereits erwähnte pompejische Kari-

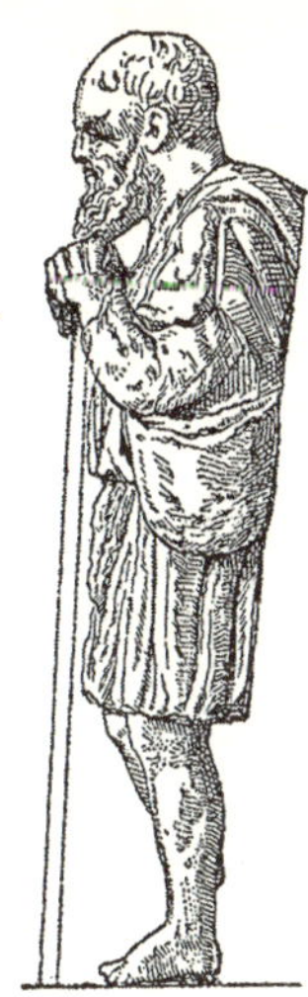

**7 Greiser Philosoph mit Brottasche. Auf einen Stock gestützt und nur mit einer umgehängten Tasche ausgestattet, blickt der Alte stumm vor sich hin, seine Weisheit bedenkend. Bekleidet ist er mit einem kurzen, geschürzten Untergewand, darüber trägt er ein grobes Stück Tuch als Mantel. Die kleine Statuette mag einen spätantiken Bücherkasten geschmückt haben. – Bronzestatuette aus Aquileja, römische Kaiserzeit.**

katurist. An einer anderen Stelle seiner ägyptischen Bilderfolge platziert er ein zweites Philosophenpaar, dargestellt als eifrige Disputanten *(Abb. 8)*.

Beide tragen ein langes, graues, mit Ärmeln versehenes Gewand – den Chiton. Stock und Hut müssen sie sich teilen. Die linke, etwas größere Gestalt trägt als Ersatz für den vor der Sonne schützenden Reisehut ein turbanartig um den Kopf geschlungenes Tuch, die rechte Gestalt hält den Stock. Den Chiton trägt auch Johannes der Täufer. In Anlehnung an die kynische Philosophentracht, aber auch an die Kleidung des alttestamentlichen Propheten Elija, trägt er «ein Gewand (*éndyma*) aus Kamelhaar und einen ledernen Gürtel um die Hüfte»;[21] er erscheint, wie das Neue Testament eigens versichert, nicht als «Mann in feiner Kleidung».[22] Fehlt hier das Wort Chiton, so kommt es in der von Jesus seinen Schülern gegebenen Ausstattungsregel vor: «Er wies sie an, nichts auf den Weg mitzunehmen, außer einem Stock: kein Brot, keinen Ranzen, kein Kupfergeld im Gurt, nur Sandalen untergebunden. Zieht auch nicht zwei Leibröcke (*chitônes*) an.»[23] Offenbar trägt der Orientale gerne zwei lange, hemdartige Gewänder übereinander; der jüdische Kyniker soll sich solchen Luxus nicht leisten und sich mit einem einzigen Chiton begnügen. Zweifellos den

**8 Zwei Disputanten. Die beiden ins Gespräch vertieften Gestalten sind an einfacher Kleidung, Stock und Redegestus als Philosophen zu erkennen. Der Karikaturist verkleinert sie zu Zwergen, vernachlässigt jedoch nicht das Lokalkolorit. Schauplatz des Gesprächs ist eine Landschaft am Nil. Nur im Orient tragen die Philosophen ein langes, hemdartiges Gewand und einen improvisierten Turban. – Fresko im Haus des Arztes, Pompeji, ca. 75 n. Chr., Ausschnitt.**

Extremfall von anspruchsloser Kynikerkleidung zeigt Bannus mit seinem aus Baumrinde gefertigten notdürftigen Chiton.[24]

Wie sich Jesus gekleidet hat, wird aus dem Wortlaut der Evangelien nicht deutlich. Falls er nur ein einziges Kleidungsstück trug – ist es als ein langes Hemd (Chiton) oder als drapierter Mantel (Himation) vorzustellen? Oder trug er zwei Kleidungsstücke: den Chiton als Untergewand, darüber ein Himation? Für alle Varianten lassen sich Argumente anführen. Die Soldaten, die Jesus hinrichteten, zerschnitten seine Kleider, während sie seinen schönen Chiton unversehrt ließen;[25] das könnte auf eine Kleidung aus Chiton und Himation hinweisen. Nach einer 1922 veröffentlichten Studie von Jules Repond hätte Jesus solche griechische Kleidung getragen – Chiton als Untergewand, darüber das Himation als Mantel drapiert.[26] Das ist die gewöhnliche gute Kleidung eines Griechen und wohl auch eines gut situierten Juden jener Zeit. Trug Jesus also, anders als Johannes der Täufer, feine Kleidung, zu werten als Zeichen seiner aristippischen liberalen Haltung dem Reichtum gegenüber? Das mag so sein; sicher ist es nicht. Im johanneischen Text könnte sich eine Erinnerung an Jesu Chiton als einzigem Kleidungsstück erhalten haben; streichen wir nämlich das auf die Kleiderteilung hinweisende Psalmenzitat und die daraus gesponnene Szene, bleibt nur der Chiton erhalten. Er könnte das einfache, wenngleich bemerkenswerte Kleidungsstück des jüdischen Kynikers darstellen. Auf eine andere Vorstellung führt uns eine weitere Szene – die von Jesu Erscheinung nach seinem Tod vor den Jüngern.[27] Suchen wir uns vorzustellen, wie sich Jesus seinen Jüngern präsentierte, passt zu dem Auferstandenen eigentlich nur ein mit offener Brust getragenes Himation; es erlaubt Jesus, seine Seitenwunde zu zeigen, ohne sich entkleiden zu müssen. Chiton oder Himation, als einziges Kleidungsstück getragen, wäre die angemessene minimale Garderobe des jüdischen Kynikers.

Insgesamt ergibt sich folgendes Bild: Kyniker kleideten sich niemals aufwändig; im Westen war der Tribon das bevorzugte Gewand, im Osten der Chiton. Genaue Regeln sind jedoch nicht erkennbar. Weder die textliche noch die bildliche Überlieferung bietet ein einheitliches Erscheinungsbild des kynischen Typus. Kyniker ließen sich nicht in eine Uniform zwängen.

### *Verzicht auf Ehe und Arbeit*

Ist der Kyniker mit seinen armseligen Utensilien – Stock, Beutel, Philosophenmantel – ausgestattet, verlässt er, wenn nicht seine Heimat, so doch zumindest seine Verwandten, um am Rande der Stadt ein bescheidenes Auskommen zu finden oder, der Polis den Rücken kehrend, sich auf Wanderschaft zu begeben. Der antike Mensch war in Verwandtschaftsgruppen eingebunden. Familienbande waren stark und lebensbestimmend. Kyniker entsagen solcher Bindung. Anschaulich berichtet Diogenes:

> Seit [mein Lehrer] Antisthenes mich befreit hat, wurde ich nicht mehr zum Sklaven. Er hat mich gelehrt, was mein Eigentum ist und was nicht. Mein Vermögen ist nicht mein Eigentum. Verwandte, Hausgenossen, Freunde, Ansehen, gewohnte Örtlichkeiten, Beschäftigung: all das sind fremde Dinge.[28]

Auf alle «fremden Dinge» wird verzichtet. Nach dem materiellen Besitz werden an erster Stelle die Verwandten genannt: Von ihnen muss sich der Kyniker befreien. Dem Kyniker gelten gute und rechtschaffene Menschen mehr als die Verwandtschaft: «Den guten Menschen soll man mehr lieben als den Blutsverwandten», lautet der Grundsatz.[29]

Wie auf die Pflege verwandtschaftlicher Beziehungen verzichteten die meisten Kyniker auch auf eheliche Bindung. Tatsächlich ist Ehelosigkeit eines der Erkennungszeichen antiker Philosophen.[30] Kyniker waren fast ausschließlich Männer. Sie lebten ehe- und kinderlos, jedoch nicht ohne geschlechtliche Betätigung. Dirnen zu besuchen galt als unbedenklich, und im Übrigen ließ sich auf das Beispiel der Fische verweisen. Diogenes soll gesagt haben: «Die Fische zeigen sich um einiges schlauer als die Menschen. Wenn es sie drängt, ihren Samen auszustoßen, verlassen sie ihre Behausung und reiben sich an etwas Rauem.»[31] Besonders ausführlich geht Epiktet auf die philosophische Ehelosigkeit ein und nennt die Gründe, die gegen das Eingehen einer Ehe sprechen: Eine Familie benötige materiellen Besitz und binde den Verheirateten in das Gefüge von Arbeit, Wirtschaft und Gesellschaft und mache dadurch die freie Tätigkeit des Kynikers zunichte. Das größte Problem sei der Nachwuchs, lassen sich doch Kinder nicht von Anfang an als Kyniker erziehen, denn sie bedürften eines weichen Lagers und einer Wanne mit heißem Wasser für das Bad; später bräuchten sie Schreibzeug für den Unterricht usw. «Da die Lage der Dinge so ist wie jetzt, gleichsam die Situation an der Front, muss da der Kyniker nicht ungehindert sein? Muss er nicht ganz im Dienst der Gottheit stehen, imstande sein, unter Menschen frei umherzugehen, nicht gefesselt durch bürgerliche Pflichten, nicht gebunden durch persönliche Beziehungen?» Nur wenn von allen Bindungen frei, könne er als «Bote, Kundschafter und Herold der Götter» agieren.[32] Mehrfach beruft sich Epiktet auf das «Königtum des Kynikers». Gründet einer eine Familie, dann ist zu fragen: «Wo bleibt da am Ende jener König, der Zeit hat für das Gemeinwohl, dem die Völker anvertraut sind?»[33] «Schau, auf welche Stufe wir den Kyniker herunterbringen, wie wir ihm sein Königtum rauben» – durch Ehe und Kindersegen![34] (Auf die Frage, was es mit dem Königtum der Kyniker auf sich hat, ist im Kapitel über das kynische Weltbild zurückzukommen; s. u. 5. Kapitel.)

Die Empfehlung, verwandtschaftliche Bindungen aufzugeben oder geringzuschätzen, ist auch den Evangelien geläufig. Als Mutter und Brüder zu dem von Zuhörern umringten Jesus vorzudringen versuchten, wies er sie mit dem Wort ab: «Meine Mutter? Und meine Brüder? Die da sind es – die Hörer und Täter des Wortes Gottes.»[35] Im Lukasevangelium ist der Spruch überliefert: «Wenn einer zu mir kommt und nicht hasst Vater und Mutter, Frau und Kinder, Brüder und Schwestern, und noch dazu sein eigenes Leben, kann er nicht mein Jünger sein.»[36] Was wir als Familiensinn bezeichnen, war Jesus fremd; verwandtschaftliche Bindungen galten ihm als geradezu schädlich. Wer sich zur philosophischen Lebensweise entschließt, muss familiären Bindungen entsagen. Der philosophische Lehrer kann nur freie Menschen als Schüler annehmen jene wenigen, die «Haus und Brüder und Schwestern und Mutter und Vater und Kinder und Äcker» verlassen.[37]

In Jesu Reiseregel steht folgender Satz: «Tragt keinen Geldbeutel, keinen Ranzen, keine Sandalen! Grüßt niemand unterwegs!»[38] Die rätselhafte Aufforderung, niemanden zu grüßen, wird nur verständlich, wenn wir uns an die antiken Bedingungen des Reisens erinnern (s. o., 2. Kapitel): Wer andere begrüßt, sucht bei ihnen Unterkunft. Auf die Hilfe anderer aber sollen die jüdischen Kyniker nicht zurückgreifen.

Vom Wert der Ehelosigkeit – oder genauer: Kinderlosigkeit – war der jüdische Kyniker überzeugt. Auch er machte dafür das Königtum des Kynikers geltend; so Jesus in dem einprägsamen Wort:

> Es gibt Entmannte (Eunuchen), die aus dem Mutterleib so geboren sind; und es gibt Entmannte, die von Menschen entmannt wurden; und es gibt Entmannte, die sich selbst entmannten um des Königtums des Himmels willen. Wer das fassen kann, der fasse es.[39]

Bei jenen, die sich selbst entmannen, ist nicht an Kastration gedacht, sondern an freiwilligen Verzicht auf Nachkommenschaft und vielleicht auf eheliche Bindung, nach kynischer Art überspitzt und provozierend formuliert. Was zu diesem Wort Jesu den Anlass bildete, wissen wir nicht. Eine Möglichkeit ist diese: Jesus unterhielt Beziehungen zu einer Frau – in Frage kommt nach den Evangelien eigentlich nur Maria von Magdala; aber er hatte keine Kinder. Er und seine Genossen wurden als Eunuchen beschimpft, sind dies doch in der biblischen Welt zeugungsunfähige, jedoch in vielen Fällen durchaus verheiratete Männer.[40] Jesus antwortete auf das über ihn umlaufende Wort mit dem überlieferten Spruch: Ich bin ein Entmannter um des Himmelreiches willen. Wie die griechischen Kyniker sich das Schimpfwort «Hund» zu Eigen machten, so griff auch Jesus das Wort vom Eunuchen auf und bekannte sich zur schändlichen Unfähigkeit, Kinder zu zeugen. Diese Unfähigkeit ist jedoch seiner Position als Eunuch Gottes angemessen. In der biblischen Welt standen Eunuchen als Sklaven im Dienst von Herrschern und Reichen, nach der in allen Gesellschaften tendenziell geltenden Regel: Der hohe Herr zeugt viele Kinder mit vielen Frauen, der Diener hat weder Recht auf eine Frau noch auf Kinder.[41] Wie die gewöhnlichen Eunuchen als Bedienstete im Haushalt eines hohen Herrn tätig waren, so arbeiteten Jesus und seine kinderlosen Genossen im Haushalt Gottes.

Auch wer auf Familie, Ehe und Besitz verzichtet, bedarf eines Minimums an Mitteln, seinen Unterhalt zu bestreiten. Woher kommen diese Mittel? Vier Quellen kommen in Betracht: Selbstversorgung aus der Natur; Betteln; freiwillige Versorgung durch Freunde und Gönner; Annehmen von zumindest vorübergehender Arbeit. Auf alle diese Quellen scheinen die griechischen wie die jüdischen Kyniker zurückgegriffen zu haben, um ihre Grundbedürfnisse zu befriedigen. Am beliebtesten waren offenbar die Verköstigung aus der Natur und die Versorgung durch begüterte Freunde.

Die Selbstversorgung aus der Natur bot sich in den östlichen Mittelmeerländern von selbst an. Überall gab es neben Wasser auch Lupinen, bekannt für ihre nahrhaften Samen. Die Früchte der wilden Reben, der Feigen- und Ölbäume ließen sich als Geschenk der allversorgenden freigebigen Natur verstehen, als Reste jenes Goldenen Zeitalters, von dem der Mythos berichtet. «Alles was gut ist, fiel ihnen zu», heißt es bei Hesiod über die Menschen jenes Zeitalters; «es trugen die nahrungsspendenden Fluren ganz von allein einen üppigen, vollen Ertrag.»[42] Meist erfahren wir nur beiläufig von der Selbstbedienung der Kyniker in den Fluren. Ein Beispiel bietet folgende Diogenes-Anekdote: «Er war dabei, von einem Feigenbaum Früchte zu pflücken, als der Wächter ihn warnte: Vor kurzem hat sich hier einer erhängt. Gut, sagte er, dann reinige ich ihn eben.»[43] Das «Reinigen» ist eine rituelle Geste, die eigentlich besonderer Vorkehrungen bedarf; Diogenes nimmt darauf keine Rücksicht: Offenbar genügt seine bloße Anwesenheit, um das Tabu zu brechen und die Früchte wieder dem Verzehr freizugeben. Von der Selbstversorgung jüdischer Kyniker berichten ebenfalls Anekdoten und beiläufige Mitteilungen. «Als Nahrung diente ihm nur, was von alleine wuchs», nämlich in der freien Natur, schreibt Josephus über seinen Lehrer, den kynischen Asketen Bannus.[44] Von Hunger geplagt, mustert Jesus einen Feigenbaum auf der Suche nach Früchten; er ist enttäuscht, als er nichts findet.[45] Jesu Jünger streifen durch die Getreidefelder der

Bauern, zupfen reife Ähren und stillen ihren Hunger durch die Körner.[46] Als Reisende dürfen sie sich nach antikem Brauch auch an den Feldern bedienen; die entsprechende Regel ist im Alten Testament überliefert: «Wenn du in den Weinberg eines anderen kommst, darfst du so viel Trauben essen, wie du magst, bis du satt bist, nur darfst du nichts in ein Gefäß tun. Wenn du durch das Kornfeld eines anderen kommst, darfst du mit der Hand Ähren abreißen, aber die Sichel darfst du auf dem Kornfeld eines anderen nicht schwingen.»[47] Ohne eine solche Regel hätte niemand in der Alten Welt reisen können.

Mag die Natur auch ihre Früchte spenden, sie kann den Kyniker nicht vollständig ernähren; es bleibt eine Versorgungslücke. Diese Lücke schließen jene, die dem Kyniker Achtung entgegenbringen und ihn materiell unterstützen. Diogenes berichtet: «Einige brachten mir Geld, andere brachten Dinge, die Geldwert hatten, und viele luden mich zum Essen ein.»[48] Auch Jesus wurde ständig eingeladen; offenbar war er ein beliebter Gast. Er kehrte bei dem Reichen Pharisäer Simon ein, auch bei der vermutlich ebenfalls reichen Frau Marta.[49] Wohlhabende Frauen, so heißt es in den Evangelien, hätten sich Jesus angeschlossen und ihm «gedient»;[50] «sie unterstützten Jesus und die Jünger mit dem, was sie besaßen».[51] Einer der Jünger Jesu, der Zöllner Levi, besaß ein Haus, in dem er Jesus und seine Gefährten bewirtete.[52] Solche Versorgung durch andere mag uns als unsicher und prekär erscheinen; den Kyniker hat das aber gewiss nicht gestört. Insgesamt kann die Lebensweise der Kyniker als parasitär, wirtschaftsfeindlich und außenseiterisch bezeichnet werden.

Wir wissen nicht, ob Kyniker jemals versucht haben, in einer organisierten Gemeinschaft zu leben. Immerhin scheint es, als habe sich Diogenes so etwas vorstellen können. In seiner staatspolitischen Schrift *Politeia* (Der Staat) setzt sich Diogenes mit Platons Aufsehen erregendem gleichnamigem Dialog *Politeia* auseinander.

Platon imaginiert eine utopische Gesellschaft, die aus drei streng getrennten Klassen oder Kasten besteht: der Klasse der Bauern und Händler, der Klasse der Krieger und der den Staat führenden Klasse der Philosophen. Es gibt keinen individuellen Besitz, und auch Frauen und Kinder sind allen gemeinsam. Diogenes' Schrift *Politeia* ist nicht erhalten, doch die Grundzüge seiner Antwort an Platon lassen sich aus einem antiken Referat rekonstruieren:[53] Diogenes akzeptiert Platons Abschaffung von Ehe und Privatbesitz. An die Stelle der Ehe treten kurzfristige Vereinbarungen. Da es keine Familien gibt, müssen die Kinder von der ganzen Gesellschaft erzogen werden. Anders als der platonische Staat braucht das kynische Gemeinwesen keine Waffen und keine Krieger; auch ein eigener Philosophenstand ist nicht vorgesehen, da jeder Bürger Philosoph ist. Jeder hat einen Beitrag zu der die geringen Bedürfnisse deckenden Arbeit zu leisten. Doch Diogenes scheint seine Ideen zur Schaffung eines idealen Gemeinwesens nicht wirklich ernst gemeint zu haben. Seine *Politeia* ist nicht als Programmschrift zur Einrichtung eines kynischen Staatswesens gedacht, sondern als Satire auf Platons Staatsdenken. Immerhin ist das kynische Prinzip, Scherz und Ernst miteinander zu mischen,[54] in Rechnung zu stellen; daher dürfte die Ablehnung privilegierter Stände nicht nur Gegenstand der kynischen Satire gewesen sein, sondern grundlegende Überzeugung des Diogenes und seiner Schule. Scherz und Ernst mischen sich auch in einem launigen Gedicht des Krates, der eine kynische Polis mit Namen «Ranzen» (*Pêrê*, nach dem Vorratssack der Kyniker) schildert:

> Ranzen heißt eine Stadt inmitten weinroten Rauches,
> Schön und fett, aber dabei dreckig und äußerst bedürftig.
> Kein parasitischer Dummkopf wird je den Weg zu ihr finden,
> Auch kein Lüstling, der sich gern am Hintern von Huren ergötzt.
> Aber Thymian bringt sie hervor, Brot, Knoblauch und Feigen,
> Dinge, um die sich Menschen nicht gegenseitig bekriegen.
> Waffen ergreift man nicht wegen des Geldes und wegen des Ruhmes.[55]

Vor unseren Augen entsteht das Bild einer abseits aller Verkehrswege gelegenen, etwas ungepflegten Siedlung, der es an einfachen Nahrungsmitteln nicht fehlt und die von keinem Krieg bedroht wird. Niemand kann sich dem Reiz solcher Verse entziehen. Über kynische Siedlungen ist uns nichts bekannt, doch der Gedanke an kleine kynische Gemeinschaften lässt sich – nach Goulet-Cazé – immerhin für die römische Kaiserzeit vermuten.[56] Die Forscherin verweist auf das in dieser Zeit aufkommende, neu gebildete Wort *syn-kynízein*, ungefähr zu übersetzen mit «gemeinsam das Kynikerleben führen». An organisierte Kommunen ist gewiss nicht zu denken, aber an kleine Gruppen von Kynikern, die an einem Ort leben und miteinander in engem Kontakt stehen.

Der Gedanke an eine ideale, kynische Grundsätze verwirklichende Gemeinschaft scheint immer wieder lebendig geworden zu sein. Einen Beleg dafür bietet die Apostelgeschichte. Diese berichtet von der Existenz einer christlichen Kommune:

> Alle die glaubend geworden, waren beieinander und hatten alles gemeinsam. Und die Güter und den Besitz pflegten sie zu verkaufen und an alle zu verteilen, wie einer es gerade brauchte.[57]
> Die Menge der Glaubendgewordenen aber war in Herz und Leben eins. Und auch nicht einer nannte etwas von seinem Hab und Gut sein eigen, sondern sie hatten alles gemeinsam. [...] Es war denn auch kein Notleidender unter ihnen; denn alle, die Besitzer von Ländereien oder Häusern waren, verkauften und brachten den Erlös und legten ihn den Aposteln zu Füßen. Zugeteilt aber wurde jedem einzelnen, wie es einer brauchte.[58]

Nach diesem Bericht haben sich die Gläubigen, anders als die Kyniker, nicht zu Bettlern gemacht, sondern zu Kommunarden, deren Finanzen von den Aposteln – also religiösen Amtsträgern – verwaltet wurden. Was sich hinter dem Bericht tatsächlich verbirgt, ist nicht leicht zu erkennen: Es könnte sich um eine Kommune im Jerusalemer Stadtviertel der Wohlhabenden handeln, wo ein reicher Patron sein Haus zur Verfügung stellte. Oder um eine Reformidee innerhalb der Jerusalemer Gemeinde, die von den Griechisch sprechenden Mitgliedern – vielleicht in Erinnerung an kynisches Gedankengut – ideell und materiell getragen und verwirklicht wurde; eine Kommune also, der, wie allen Kommunen, keine Dauer beschieden war. Oder haben wir es mit einem rein literarischen Motiv zu tun, einer Erfindung, die jeder historischen Grundlage entbehrt?[59] Am besten begründet ist wohl die Ansicht, es habe christliche Kommunen gegeben, über deren Gepflogenheiten wir allerdings wenig Sicheres wissen. In diese Richtung weist eine heidnische, den Christen nicht wohlgesinnte antike Quelle. Lukian beschreibt eine christliche Gemeinde im Palästina des 2. Jahrhunderts. Ihr Leiter, Peregrinus Proteus, verwaltete den gemeinsamen Besitz oder konnte auf diesen Besitz zugreifen. In dem Bericht heißt es:

> Sie verachten allen Besitz unterschiedslos und glauben, er gehöre der Allgemeinheit. Solche Lehren übernehmen sie ohne einen genauen Beweis [für ihre Stimmigkeit]. Wenn ein geschickter Betrüger, die Lage ausnutzend, zu ihnen kommt, kann er die einfältigen Menschen leicht zum besten halten und es in kurzer Zeit zu Reichtum bringen.[60]

Ob sich Peregrinus tatsächlich eines solchen Betrugs schuldig gemacht hat, sei dahingestellt; der Vorwurf mag auf das Konto des heidnischen, Peregrinus als Scharlatan darstellenden Berichterstatters gehen. Die Existenz einer christlich-kynischen Gemeinde mit gemeinsamem Eigentum ist jedoch kaum aus der Luft gegriffen. Bemerkenswert ist ein Detail: Nach Lukians Bericht soll Peregrinus später, nachdem er die Gemeinde verlassen hatte, als kynischer Philosoph aufgetreten sein. War er bereits als Leiter der Gemeinde Kyniker? Vielleicht; beweisen lässt es sich nicht.

# 5 Das Weltbild der Kyniker

Mit seiner Betonung der Selbstbeschränkung war Kynismus in erster Linie Lebensform und Lebenspraxis. Doch darin erschöpfte er sich nicht. Wie jede antike philosophische Richtung gründete sich auch der Kynismus auf einen bestimmten theoretischen Gedankenkreis. Am besten lässt er sich darstellen anhand des antiken Weltbildes, das den Kosmos als gestufte Ordnung begreift. An unterster Stelle des Gefüges steht das Tier, darüber steht der Mensch als höheres Wesen (eingeteilt in Sklave, Freier, König), gefolgt von den Halbgöttern wie Herakles; an höchster Stelle rangieren die Götter. Zu jeder dieser Stufen haben die Kyniker eine Lehre aufgestellt. Diese mochte sich im Laufe der Jahrhunderte in Einzelheiten verändert haben, doch in ihrem Kern blieb sie stets erhalten. In allen antiken Zeugnissen tritt sie deutlich hervor. Begonnen sei mit einem Thema, das den Beobachtern ins Auge springt: die Orientierung der kynischen Lebensweise an den Tieren.

## *Tiere als Vorbild von Glück und Sorglosigkeit*

Die Bezeichnung «Kyniker» leitet sich vom griechischen Wort *kyôn* ab. Es bedeutet «Hund». *Haplokyon* («einfacher Hund») ist der Spitzname, der dem Athener Antisthenes, dem Begründer der kynischen Philosophie, beigelegt wurde, offenbar im Blick auf seine Lebensweise, die der eines streunenden Hundes glich.[1] Die griechische Kultur kennt zwar den Haushund und schätzt ihn als treuen Begleiter seines menschlichen Herrn, aber «Hund» ist auch ein Schimpfwort. Als Diogenes in Verletzung des attischen Brauchs nicht im Haus, sondern auf der Agora (dem öffentlichen Platz) frühstückte, wurde er von Passanten als Hund beschimpft; darauf er: «Ihr seid Hunde, weil ihr mich beim Frühstück umlagert.»[2] Die ursprünglich entehrende Bezeichnung «Hund» wurde von der neuen philosophischen

Richtung schließlich übernommen und blieb ihr Name. Die Schule der Kyniker ist die «Schule der Hunde».

Doch in der Übernahme eines Schimpfworts als Selbstbezeichnung erschöpft sich der Bezug zur Tierwelt nicht. In den Anekdoten und Aussprüchen der Kyniker spielen Tiere als nachzuahmende Vorbilder eine beachtliche Rolle.[3] So nahm sich Diogenes – nach einer bei Plutarch überlieferten Erzählung[4] – eine Maus als Vorbild; er war davon beeindruckt, wie das von ihm beobachtete kleine Tier sorglos umherlief und sich mit Brotkrümeln beschäftigte: So sorglos muss auch der Philosoph sein!

Die spielerische Leichtigkeit solcher und ähnlicher Anekdoten darf uns nicht zu der Annahme verleiten, ihnen komme keine Bedeutung zu. Tatsächlich sind sie hintergründiger, als es auf den ersten Blick scheinen mag. In ihnen spricht sich nämlich eine für das Verständnis der kynischen Weltauffassung wichtige Neubewertung des Tieres aus. Die uns als natürlich erscheinende aufsteigende Abfolge «Tier – Mensch – Halbgott – Gott» wird von den Kynikern umgestoßen; die von ihnen vorgeschlagene Rangfolge lautet «Mensch – Tier – Halbgott – Gott», denn ihnen gilt der Mensch als das am wenigsten glückliche Wesen; Tiere sind glücklicher, die Götter am glücklichsten. Obwohl zu den Tieren gehörend, hat der Mensch unter dem verderblichen Einfluss der Zivilisation den ihm zugedachten Platz verloren und ist unter das Tier gesunken. Nur wenn er den ihm bestimmten, natürlichen Platz an der Seite des Tieres wiederfindet, indem er die Tiere nachahmt, kann der Mensch Glück und Zufriedenheit erlangen. Nach Marie-Odile Goulet-Cazé gehört die Lehre vom Glück der Tiere zu den ältesten und grundlegenden Überzeugungen der Kyniker.[5] Das Erlangen des Glücks erfordere folglich als Preis das Aufgeben von typisch menschlichen Institutionen wie Eigentum, Ehe und Religion. Tiere haben keine Religion und keinen Götterkult, weshalb sich der philosophische Mensch auch darauf nicht einlassen solle. Nur durch solchen Verzicht lassen sich nach Meinung der frühen Kyniker die erstrebten Glücksgüter Freiheit und Sorglosigkeit gewinnen.

Diese kynische Überzeugung wird in der griechischen Literatur immer wieder in Erinnerung gerufen. So legt der Athener Philostratos um 220 n. Chr. dem Kyniker Demetrius ein Lob auf die Zikade – ein zirpendes Insekt – in den Mund:

Ihr Glücklichen, ihr wahrhaft Weisen! Euch haben die Musen einen Gesang gelehrt, der zu keinen Prozessen und Verleumdungen Anlass gibt. Sie haben euch von der Herrschaft des Bauches befreit und über den menschlichen Neid hinausgehoben. Sie haben euch auf die Bäume gesetzt, wo ihr glücklich eure und der Musen Seligkeit besingt.[6]

Ein weiteres Beispiel, zu finden bei Plutarch um 100 n. Chr., lobt das Tier in der Form eines phantasievoll gestalteten Dialogs zwischen dem homerischen Helden Odysseus und einem Schwein. Ort der Begegnung ist die Höhle der Kirke, jener Zauberin, die Odysseus' Gefährten in Schweine verwandelt hat. Das Schwein, dem Kirke eine menschliche Stimme verleiht, lehnt die Rückverwandlung in ein menschliches Wesen ab:

Schweige still, Odysseus, kein Wort mehr! Sonst müssen wir dich verachten. Du hast den Ruf des gescheitesten Mannes, der alle an Witz übertrifft, gar nicht verdient. [...] Uns willst du überreden, das unermessliche Glück, in dem wir leben, aufzugeben und die Spenderin dieses Glücks zu verlassen. Zusammen mit dir sollen wir fortsegeln und wieder zu Menschen werden – zu den elendesten Geschöpfen, die es gibt.[7]

Gryllos (so heißt das Schwein – der lautmalende Name erinnert an das Grunzen) zieht das Glück des Tierseins dem Unglück des Menschseins vor. Das ist der kynische Standpunkt. Dieser kommt auch in einer Bemerkung des Schweins über die Nahrung zum Ausdruck: «Wir Tiere verbinden bei der Ernährung das Angenehme stets mit dem Nützlichen, doch für euch Menschen ist die Lust wichtiger als die natürliche Nahrung. Das müsst ihr mit vielen Krankheiten büßen.»[8] Selbst so elementare Handlungen wie Essen und Trinken haben die Menschen pervertiert.

Unter den zahlreichen kynischen Hinweisen auf das Leben der Tiere kommt jenen Belegen besondere Bedeutung zu, die Vögel erwähnen. Die gefiederten Wesen stehen nicht nur bei den Griechen im Ruf, ein außerordentlich freies Leben zu führen, sondern auch im jüdischen Kynismus. Womit soll ich meine Kinder ernähren, wenn ich solche hätte?, fragt ein Mitteloser. Der Philosoph Musonius Rufus hat folgende Antwort parat:

Wohin gehen denn diese kleinen Vögel, die hilfloser sind als du: die Schwalben, Nachtigallen, Lerchen und Amseln, um ihre Jungen zu füttern? Bei Homer heißt es darüber: «So wie die Vogelmutter den nackenden Jungen die Atzung herbringt, welche sie fand, nicht achtend des eigenen Hungers.» Haben also diese Tiere mehr Verstand als der Mensch? Bestimmt nicht. Und haben sie etwa mehr Kraft und Gesundheit als der Mensch? Das ist noch weniger wahrscheinlich. Und legen sie etwa Futter beiseite und bewahren es auf?[9]

Frei von Sorge um die Zukunft selbst dann, wenn sie Nachwuchs haben, sind die Vögel dem Menschen überlegen. In der Kynikerrede des Dion von Prusa finden wir dieselbe Botschaft:

Sieh doch, wie viel sorgloser als die Menschen die Tiere und Vögel hier leben, wie viel glücklicher! Gesünder und kräftiger, lebt jedes, solange es kann, und hat doch keine Hände und keinen menschlichen Verstand. Und dennoch haben sie als Ausgleich für alle die Mängel das beste Los: Eigentum ist ihnen unbekannt.[10]

Auch Jesus kennt das Glück der Tiere. Es wurzelt in ihrer für den Menschen vorbildlichen Freiheit und Sorglosigkeit.

Sorgt euch nicht um euer Leben, was ihr essen oder was ihr trinken, noch um euren Leib, womit ihr euch kleiden sollt. Ist nicht das Leben mehr als die Zehr und der Leib mehr als das Kleid? Blickt auf die Vögel des Himmels: Sie säen nicht und ernten nicht und heimsen nicht in Speicher – und doch: Euer himmlischer Vater nährt sie. Geltet ihr nicht mehr als sie? Wer von euch aber kann – mag er sich noch so sorgen – seiner Lebenszeit nur eine Elle zulegen?[11]

Der Blick auf die «Vögel des Himmels» ist nach der möglicherweise ursprünglichen Überlieferung ein Blick auf die «Raben», ein in biblischer und kynischer Überlieferung beziehungsreicher Vogel.[12] Offenbar handelt es sich um einen kynischen Topos, der auch jüdische Kyniker erreichte. Innerhalb der jüdischen Weisheit – der des Alten Testaments und der nachbiblischen rabbinischen Überlieferung – gibt es keine einzige Parallele zu diesem Ausspruch Jesu; die Herleitung aus der kynischen Tradition ist nicht zuletzt deshalb plausibel.[13]

Die Hinweise auf tierische Sorglosigkeit und Vertrauen auf Gottes väterliche Fürsorge lassen den optimistischen Grundzug der kynischen Philosophie, gleich ob von Griechen oder Juden vertreten, in aller Deutlichkeit hervortreten. Überlegene, heitere Ruhe ist ihr Kennzeichen.

Abschließend ein Hinweis auf Aristoteles, jenen bedeutenden griechischen Denker, der dem kynischen Denken verständnislos – fast möchte man sagen: fassungslos – gegenübersteht. Aristoteles bestimmt den Menschen als «politisches Wesen» (*zôon politikón*), das heißt als Wesen, das erst im Staat, der Polis, voll zur Entfaltung gelangen kann. Ohne Staat gibt es nach der Auffassung dieses Philosophen kein richtiges Leben, kein Glück, kein wahres Menschsein. «Wenn aber jemand nicht in der Lage ist, an der Gemeinschaft teilzuhaben, oder infolge seiner Selbstgenügsamkeit ihrer nicht mehr bedarf, der ist kein Teil des Staates (*pólis*), somit also entweder ein wildes Tier oder gar ein Gott.»[14] Diese Bemerkung des Aristoteles zielt auf die Kyniker, denen Aristoteles tierische und damit seiner Meinung nach menschenunwürdige Existenz zuschreibt. Das sehen die Kyniker genau umgekehrt: Die Polis hat den Menschen seinem eigentlichen, tierischen Wesen entfremdet; er muss daher die Polis verlassen, um seine Heimat im Kosmos zu finden. Er ist Kosmopolit. Auch die wilden Tiere sind Kosmopoliten. Diese unterliegen nicht wie andere der gesellschaftlichen Rangordnung, die das bürgerliche Leben beherrscht.

### *Der Kyniker ist König*

Tatsächlich wird die gesellschaftliche Rangfolge von den Kynikern nicht anerkannt. Mensch ist Mensch, gleich ob er arm oder reich, angesehen oder unbeachtet, männlich oder weiblich, Sklave oder Freier, Barbar oder Grieche, Untertan oder Herrscher ist. Nur ein Unterschied wird anerkannt: der zwischen jenen Menschen, die ein philosophisches Leben führen, und jenen, die dies nicht tun. In den Worten Epiktets:

> Du musst dich entscheiden: Entweder arbeitest du für deine Seele oder für die äußeren Dinge. Entweder bemühst du dich um das Innere oder um das Äußere, das heißt, entweder spielst du die Rolle eines Philosophen oder die eines gewöhnlichen Menschen (*idiôtês*).[15]

Die Ablehnung gesellschaftlicher und politischer Rangordnung findet ihren bekanntesten Ausdruck in einer Diogenes-Anekdote. Die Szene von der Begegnung Alexanders des Großen mit Diogenes hat sich schon der Erinnerung der Alten Welt eingeprägt: Alexander besucht Diogenes, neigt sich über ihn, als dieser sich sonnt, um im Winter etwas Wärme zu erhaschen. Alexander stellt ihm einen Wunsch frei. Die berühmte Antwort des Diogenes lautet: «Geh mir aus der Sonne.»[16] Hier begegnen sich nicht Bettler und Staatsmann, sondern zwei Herrscher. Nach einer anderen Anekdote stellt sich Alexander dem Philosophen vor: «Ich bin Alexander der Große.» Darauf erhält er die Antwort: «Und ich bin Diogenes der Hund.»[17] Niemals anerkennt der Kyniker einen anderen Menschen als rangmäßig über ihm stehend. Diogenes verhält sich nach antikem Verständnis ausgesprochen respektlos. Er missachtet die Regeln antiker Etikette, die zwar keine unterwürfige Geste, aber zumindest einen ehrerbietigen Gruß erfordern.

Ebenso wichtig wie die Leugnung gesellschaftlicher Rangordnung ist die Anerkennung der Gleichheit von Mann und Frau. Belege dafür bieten die Kynikerbriefe. Deren romanhafte Anlage interessiert sich naturgemäß für die Beziehung zwischen Krates und der schönen Hipparchia. Krates schreibt an Hipparchia: «Frauen sind von Natur aus nicht schlechter als Männer. Die Amazonen zum Beispiel, die so große Taten vollbracht haben, standen den Männern in nichts nach.»[18] (In der Sage sind die Amazonen ein Volk kriegerischer Frauen.) «Führe also ein kynisches Leben mit uns – du bist ja nicht schwächer als wir (männlichen Kyniker), ebenso wenig wie Hündinnen schwächer sind als Rüden.»[19]

In der frühen christlichen Überlieferung wird der Grundsatz der Gleichheit aller Menschen von Paulus formuliert: «Da gibt es keinen Juden noch Griechen, da gibt es keinen Sklaven noch Freien, da gibt es kein Männliches noch Weibliches. Denn ihr alle seid Einer.»[20] Keinem antiken Leser der paulinischen Korrespondenz kann der kynische Klang dieses Satzes entgangen sein.[21]

Jede Hierarchie verachtend, legt sich der kynische Philosoph, bewusst provokativ, den Titel eines Herrschers zu, indem er sich *basileús*, «König», nennt. «Wer glaubt nicht, wenn er mich sieht, seinen eigenen König und Herrn vor sich zu haben?» – dieses stolze Wort legt Epiktet einem Kyniker in den Mund.[22] In der römischen Kaiserzeit ist die Rede vom Königtum des kynischen Philosophen geläufig. Schon Diogenes, schreibt Dion von Prusa, sei «in Wahrheit ein König und Herr» gewesen, wenn auch – wie der in Lumpenkleidung aus Troja in seine Heimatstadt Ithaka zurückkehrende Odysseus – ein inkognito auftretender Herrscher.[23] Der Königstitel verweist stets auf die Unabhängigkeit des Philosophen, der keinen Herrscher über sich anerkennt, aber auch auf die Aufgabe, sich um andere Menschen als zurechtweisender Aufseher und Seelsorger zu kümmern (s. u., 7. Kapitel). Die Gleichung Philosoph = König entstammt der platonischen Staatsutopie. Den Kynikern lag allerdings nichts ferner als die von Platon entworfene Philosophen-Diktatur. Der kynische Philosoph bleibt stets machtloser Berater des Einzelnen, nicht mit weitreichenden Befugnissen ausgestatteter Despot.

Einer der jüdischen Kyniker – Jesus – hat den Königstitel für sich beansprucht, zumindest wurde er ihm beigelegt. Das Thema Königtum durchzieht die Jesusüberlieferung wie ein Leitmotiv. Die Kindheitslegende macht Jesus zum «neugeborenen König der Juden».[24] Satan will ihm die Herrschaft über «alle Königtümer der Welt» übergeben – Jesus benötigt die Übergabe nicht; er ist schon Herr der Welt.[25] Jesus hat Mitleid mit den Menschen; sie erscheinen ihm wie Schafe, die keinen – königlichen – Hirten haben und denen er sich deshalb als Hirte zur Verfügung stellt;[26] er ist sogar bereit, sein Leben für die Herde hinzugeben.[27] Petrus sagt zu ihm: «Du bist der Christos», d. h. der gesalbte König.[28] Wie ein König auf einem Esel reitend, zieht er in Jerusalem ein; der Evangelist zitiert einen entsprechenden Bibelspruch: «Sagt zur Tochter Zion: Da! Dein König kommt zu dir!»[29] Vom römischen Prokurator Pontius Pilatus befragt, ob er der König der Juden sei, antwortet Jesus: «Du sagst es», in anderer Fassung: *basileús eimi* – «ich bin ein König».[30] Die Soldaten treiben ein übles Spiel mit dem Gefangenen, dem sie einen Purpurmantel umlegen und eine Dornenkrone aufs Haupt setzen. Dabei rufen sie ihm zu: «Sei gegrüßt, König der Juden.»[31] Entsprechend steht auf dem Titulus des Kreuzes: «Das ist Jesus, der König der Juden.»[32] Wie Jesus zum Königstitel kam, ist eine Frage, die in der Forschung oft gestellt, bisher aber nicht befriedigend beantwortet wurde. Wird Jesus als Kyniker verstanden, ergibt sich eine einfache Antwort, ist doch jeder Kyniker König.

Auch der Christus-Titel könnte als Beiname kynischer Tradition entspringen. Charakterisierende, manchmal spöttische Beinamen sind geradezu eine Spezialität der antiken griechischen Philosophen, und besonders der Kyniker: Antisthenes ist *Haplokyon* («einfacher Hund»), Diogenes *Kyon* («Hund»), Krates *Thyr-epanoiktês* («Türöffner»).[33] Der Philosoph Platon ist sogar nur unter seinem Beinamen in die Geschichte eingegangen; dieser bedeutet «der Breite» oder

«Breitschultrige»; eigentlich hieß er Aristokles. Auch Pythagoras ist vielleicht nur ein Beiname. Der Name *Chrestos* wurde auch einem unmittelbaren Schüler des Diogenes beigelegt: dem Kyniker Phokion; deutsche Übersetzungen geben Phokions Beinamen Chrestos mit «der Rechtschaffene» (Otto Apelt), «der Gute» (Georg Luck) oder «der Ehrenwerte» (Fritz Jürß) wieder; im Englischen wird «the Excellent One» (Barry Crawford) vorgeschlagen – alles übliche Bedeutungen von *chrêstós*.[34] Könnte das der Beiname Jesu gewesen sein?

Das Geben von Beinamen ist dem antiken Judentum geläufig.[35] Den ersten jüdischen Kyniker kennen wir nur unter seinem Beinamen Kohelet; in diesem Fall können wir nicht einmal genau die Bedeutung angeben. Möglich scheint, den Namen als Titel zu verstehen: er könnte «Vorsteher (eines Vereins)» bedeuten, nämlich eines Vereins an Philosophie interessierter Menschen.[36]

Jesus hat mehreren seiner Vertrauten auffallende, von der Überlieferung festgehaltene Beinamen gegeben: Simon nennt er in aramäischer Sprache *Kefa*, in griechischer Sprache *Petros*, was beides «Stein» bedeutet und vielleicht auf die Elija-Legende anspielt.[37] Dem Brüderpaar Jakobus und Johannes legt er die Bezeichnung «Donnersöhne» bei, offenbar in Anspielung an den griechischen Mythos, der die Dioskuren – Castor und Pollux – als die unzertrennlichen Söhne des donnergrollenden Zeus kennt.[38] (Der biblischen Welt sind die Dioskuren gut bekannt; in der Apostelgeschichte trägt ein Schiff ihren Namen.[39]) Offenbar wird im Kreis Jesu sowohl Aramäisch als auch Griechisch gesprochen – im hellenistischen Judentum ganz üblich.[40] Vielleicht haben die Freunde Jesus ebenfalls einen Beinamen gegeben, nämlich *Chrestos* – eben «der Gütige, der Freundliche» –, einen geläufigen griechischen Eigennamen.[41] Jesus selbst scheint auf seinen Beinamen anzuspielen: «Mein Joch nehmt auf euch und lernt von mir. Denn sanft (*prays*) bin ich und von Herzen niedrig, und ihr werdet Aufatmen finden für euer Leben. Mein Joch ist ja gut (*chrêstós*) und meine Bürde leicht.»[42] Der Spruch insgesamt erinnert an das Idealporträt des Kynikers bei Lukian: «So war seine philosophische Denkweise: mild, sanft und heiter» (*prâos kai hêmeros kai phaidrós*).[43] Innerhalb des Jesuskreises lässt sich eine Gruppe von vier Männern erkennen, alle Beinamen tragend, die besonders eng miteinander verbunden sind: Jesus Christos (Chrêstos), Simon Petros, Jakobus

Boanerges, Johannes Boanerges.[44] Diese vier werden in einer geheimnisvollen Szene miteinander vereinigt: der Szene auf dem Berg der Verklärung.[45] Dort erscheint ihnen Elija, das Leitbild der jüdischen Kyniker. (Zu Elija als Leitbild weiter unten in diesem Kapitel.) Außerdem erscheint auch Mose, doch mag dessen Erwähnung dem Bericht nachträglich zugewachsen sein.

Eine besondere Pointe enthält der Beiname Jesu dadurch, dass er sich gleichzeitig als griechische Form eines alten hebräischen Königstitels lesen lässt: *Christos* = der (mit parfümiertem Öl zum König) Gesalbte. (Die Aussprache von *Christos* = der Gesalbte und *Chrêstos* = der Gute kann im Koiné-Griechisch identisch ausfallen: Das ê [*êta*] kann wie i [*iôta*] ausgesprochen werden.[46]) Als jüdischer Kyniker ist Jesus ein gütiger, rechtschaffener, ehrenwerter König. Ein König allerdings, der keinen Anspruch auf Rang und Herrschaft erhebt.

### *Herakles und Elija als Leitbilder*

Auf der Leiter der Rangfolge stehen über Mensch und König die Halbgötter; ihnen kommt im kynischen Weltbild eine besondere Bedeutung zu, gelten sie doch als Leitbilder. Anders als der heutige Mensch, der Erfüllung zu finden glaubt, wenn er seinen eigenen, individuellen Lebensweg geht, verlässt sich der antike Mensch eher auf ein höheres Vorbild. Wollen wir den griechischen und den jüdischen Kynismus verstehen, müssen wir uns die mythischen und legendären Vorbilder vor Augen führen, von denen sich die Anhänger dieser philosophischen Schulen inspirieren ließen und auf die sie sich immer wieder bezogen. Wie sich der hellenische Kyniker dem Vorbild des Halbgottes Herakles verpflichtet wusste, so berief sich der jüdische Kyniker auf den Gottesmann Elija.

Herakles, Sohn des Zeus und einer menschlichen Frau, ist die Lieblingsgestalt der griechischen Mythologie. Als Halbgott wurde er mit göttlichen wie menschlichen, zivilisierten wie rohen Zügen ausgestattet, die sich nicht ohne weiteres zu einem festen Charakterbild zusammenschließen, sondern der Überlieferung viel Spielraum zu immer neuer Gestaltung lassen.[47] So kann er als wohltätiger Städtegründer und Stifter von Wettspielen erscheinen, aber auch als burlesker Draufgänger, Tölpel und Verschlinger von Rindern; als Verrichter sklavischer Arbeit und als von seinem göttlichen Vater verlassener tragischer Held, der Leiden und Tod auf sich nehmen muss. Die Beweglichkeit des Mythos nutzten die Philosophen, indem sie diesen kritisierten, ihm ethische Bedeutung beilegten oder ganz neu gestalteten. Letzteres ist bei den Kynikern der Fall, die Herakles als edle, kraftvolle Heldengestalt konzipierten.[48]

Antisthenes hat bereits um 400 v. Chr. die Lebensgeschichte des Herakles in der Form einer roman- oder novellenartigen Prosaerzählung dargestellt und damit die Leitfigur der Kyniker geschaffen.[49] Warum Antisthenes gerade Herakles wählte und keinen anderen Helden, lässt sich nicht sicher sagen; vielleicht hat den Philosophen der Heraklestempel im Athener Gymnasion Kynosarges – dem Ort seiner Lehre – dazu ebenso angeregt[50] wie eine bereits bestehende attische Überlieferung, die Herakles zu einem Tugendhelden stilisierte. Bekannt ist die Erzählung von Herakles am Scheideweg:[51] Von zwei Tugend und Laster verkörpernden weiblichen Gestalten – die eine schlank und natürlich, die andere wohlgenährt, geschminkt und ihre Reize darbietend – wurde er auf einen schwierigen oder aber einen bequemen Weg gelockt. «Von dem wirklich Guten und Schönen geben die Götter nichts ohne Mühe und Anstrengung», erfuhr der Held.[52] Die an solchen Erzählstoff anknüpfende Heraklesschrift des Antisthenes ist nicht erhalten, doch das darin von dem griechischen Halbgott gezeichnete Charakter- und Lebensbild lässt sich in Grundzügen noch erkennen.

Anhand von Zitaten und Anspielungen in antiker Literatur lassen sich einige der Szenen rekonstruieren, die das Herakles-Buch des Antisthenes enthalten haben mag.[53] Erzählt wird die Geschichte des Helden nach Art eines Bildungsromans. Drei aufeinanderfolgende Stationen der Bildung des Herakles lassen sich rekonstruieren; für jede Station ist ein bestimmter Gott als Lehrmeister zuständig. Die erste, elementare Erziehung geschieht durch Hermes. Er führt seinen Schützling ins Gebirge, wo dieser den Aufstieg zu zwei Kuppen erkennt – den Weg zur Königskuppe des Zeus und den zur Kuppe der Tyrannen. Herakles entscheidet sich, den zu Zeus führenden Pfad zu beschreiten. Mit dieser Entscheidung hat Herakles eine erste Prüfung bestanden und kann sich nun diesem Weg anvertrauen. Es handelt sich um einen Lehrpfad. Auf diesem trifft er zuerst den gütigen und weisen Kentauren Cheiron; dieser, halb Mensch, halb Pferd, erzieht die Helden des griechischen Mythos. Ihm schließt sich der von Wissbegierde und Liebe zu seinem künftigen Lehrer beseelte Knabe an. Cheiron vermittelt Herakles jenes Sachwissen, dessen jeder Gebildete bedarf. Vielleicht muss sich Herakles auch elementarer Tugendübung befleißigen, indem er für Cheiron allerlei Dienste versieht. Doch damit hat die Ausbildung ihr Ziel noch nicht erreicht. Prometheus muss ihm – nach der Interpretation von Menahem Luz – zu einem dritten Lehrer werden, der ihm nach Abschluss des Erwerbs von Sachwissen zu philosophischer Bildung verhilft. Worin diese besteht, wird aus dem erhaltenen Fragment nicht deutlich, doch zweifellos muss Herakles sich nun Tugenden wie Selbstbeherrschung aneignen und den Entschluss fassen, ein kynisches Leben in Selbstbeschränkung zu führen. Dazu gehört auch das Wissen um den Wert mühevoller Arbeit. All dies, einmal gelernt, gilt als unverlierbar. Nun ist Herakles für das Leben gerüstet. Abschließend scheint berichtet worden zu sein, wie Herakles, seine stolze Unabhängigkeit und jugendliche Tatkraft zur Anschauung bringend, durch die Welt zieht, um allerlei Taten zu vollbringen. Selbst das Meer überschreitet er – auch hierin seine Überlegenheit beweisend.

Ein Echo aus dem Herakles-Buch des Antisthenes glaubt man in einer Rede des Dion von Prusa zu erkennen.[54] Dort wird Diogenes eine an Alexander den Großen gerichtete Belehrung in den Mund gelegt. Diogenes erklärt dem Feldherrn das Wesen der Bildung. Dabei wird zwischen zwei Arten der Bildung unterschieden – einer göttlichen und einer menschlichen. Die göttliche Bildung hat Mannhaftigkeit und Seelengröße zum Ziel. Wer göttliche Erziehung genossen und ihr Ziel erreicht hat, kann sich die menschliche Bildung mühelos aneignen. «Er braucht nur hie und da etwas Unterricht in den grundlegenden, wichtigsten Fächern zu nehmen.»[55] In die höheren Werte ist er ja schon eingeweiht und bewahrt sie in seiner Seele. Offenbar braucht man – jedenfalls nach Dion – die menschliche Bildung nicht allzu weit zu treiben; es ist nicht unbedingt nötig, die gesamte persische, griechische, syrische und phönizische Literatur gründlich zu studieren. Bemerkenswert ist Dions Wissen um die Literatur vieler Völker; allerdings erwarten er und seine griechischen Zeitgenossen vom Studium fremdsprachiger Literatur keinen Gewinn. Griechische Bildung genügt.

Das von Antisthenes gezeichnete und in anderen – ebenso verlorenen – kynischen Heraklesschriften entfaltete Porträt des Helden hat in der antiken Literatur ein vielfältiges Echo hinterlassen. Kräftig, jugendlich, doch bereits einen Bart tragend, nichts besitzend als eine Keule und das Löwenfell, das ihn spärlich bekleidet: So stand der Held den Kynikern stets vor Augen. Dieses Bild lässt an einen wilden, kraftstrotzenden Helden denken. Doch die Kyniker bewunderten Herakles nicht wie die ältere Überlieferung vor allem wegen seiner übermenschlichen Körperkraft; sie schätzten ihn vielmehr als Helden des Geistes: «Herakles übertraf bei weitem alle, die vor ihm lebten, mehr durch seine geistigen Fähigkeiten, seinen Ehrgeiz und seinen Sinn für Gerechtigkeit als durch seine Körperkräfte.»[56] Schon seine einfache Kleidung wurde als Zeichen weiser Selbstbeschränkung gewertet. Den Kynikern verpflichtet, schreibt Seneca dem Helden eine ethische Mission zu: «Herakles überwand nichts für sich; den Erdkreis durchschritt er nicht begehrend, sondern auf der Suche danach, was er bezwinge – der Schlechten Feind, der Guten Rächer, der Länder und des Meeres Friedensstifter.»[57] Das war allgemeine Überzeugung der Kaiserzeit; daher überrascht es nicht, auch bei Cicero zu lesen, Herakles habe seine Mitmenschen selbstlos unterstützt, beschützt und behütet.[58] Für seine Mühen wird Herakles, als er stirbt (er begeht Selbstmord nach einer tragischen Verwicklung), unter die Götter aufgenommen. Dieser Zug der alten Mythologie hat vermutlich erst spät, in der römischen Kaiserzeit, kynisches Interesse gefunden.[59] In einer Zeit nämlich, als die Apotheose des Herakles, wie uns Cicero belehrt, als «altes, schon durch die religiöse Verehrung aller geheiligtes Beispiel» für postmortale Belohnung galt.[60]

Die Kyniker werden nicht müde, auf den zum Philosophen stilisierten Herakles als ihr Vorbild hinzuweisen und den Helden zur Nachahmung zu empfehlen. Besonders in den späten Zeugnissen wird von Herakles mit Nachdruck gesprochen. So von Lukian:

> Glaubst du, Herakles, der beste aller Menschen, ein göttlicher Mann und mit Recht für einen Gott gehalten, sei durch ein tragisches Schicksal gezwungen worden, so herumzuirren: halb nackt, nur in ein Fell gehüllt, ohne die Bedürfnisse, die ihr habt? Nein, jener große Mann war kein tragischer Dulder, rettete er doch andere vor dem Unglück, das sie erdulden mussten. Er war auch nicht arm, herrschte er doch über Erde und Meer. Was er auch irgendwo unternahm,

es gelang ihm. Nie traf er jemanden, der ihm ebenbürtig oder gar überlegen war, bis er aus der Welt der Menschen verschwand. Glaubst du, es habe ihm an Decken und Schuhen gefehlt, und er sei deshalb halb nackt herumgegangen? Das kann man nicht sagen. Nein, er übte Enthaltsamkeit und Selbstbeherrschung; er wollte ausdauernd sein, nicht im Luxus leben.[61]

Auch der kynische Briefroman greift das Thema auf und lässt Diogenes an Krates schreiben:

Du aber bedenke: der Mantel ist dein Löwenfell, dein Stab die Keule, dein Ranzen Erde und Meer, wovon du lebst. Auf diese Weise mag dir wohl des Herakles starker Sinn zuwachsen, der stärker ist als jede Widrigkeit. Wofern du aber ein paar Lupinen oder auch trockene Feigen erübrigst, schicke auch uns davon.[62]

«Nach den edleren unter den Hunden [Kynikern]», heißt es bei Kaiser Julian, «hat der große Herakles neben den anderen Wohltaten, welche die Menschheit ihm verdankt, uns auch diese [die kynische] Lebensweise als leuchtendes Beispiel (*parádeigma*) vermacht.»[63] Die Berufung auf Herakles und dessen Attribute Löwenfell und Keule verklärt die kynische Existenz zu einer heldenhaften; den Halbgott imitierend, sieht sich der Kyniker als eine Art Übermensch.

Für die jüdischen Kyniker konnte Herakles nicht zum Leitbild werden, bietet die jüdische Überlieferung doch einen eigenen, an den wohltätigen Heros erinnernden Helden: Elija (s.o., 1. Kapitel). Mit «einem Mantel aus Ziegenhaar und einem ledernen Gurt um die Hüften» bekleidet, ist Elija eine ebenso auffällige wie eindrucksvolle Gestalt.[64] Mit ihm besitzt das antike Judentum einen heilenden Herakles. Sein Leben endete nicht im Tod; stattdessen wurde er mittels eines von Gott gesandten feurigen Wagens in den Himmel entrückt. Als lebend in den Himmel Entrückter besitzt Elija – wie Herakles – kein Grab.

Mit der Entrückung endete das Werk des hebräischen Herakles nicht, denn er hat mit Elischa bereits einen Nachfolger bestimmt. Indem er Elischa, beim Pflügen angetroffen, in seinen Dienst rief, stiftete Elija eine Tradition, die sein Weiterwirken sicherte. Gerade die Szene der Berufung am Pflug ist sinnreich, verweist sie doch auf die Berufungsmöglichkeit eines jeden; Elischa verweigerte sich dem Ruf des Meisters nicht und verließ sofort den elterlichen Haushalt, um fortan Elija zu dienen und später, mit dem Geist Elijas ausgestattet, dessen Nachfolger zu werden, dessen Schule fortzuführen und die Wundertätigkeit noch zu steigern. «Doppelt so viele Zeichen wirkte er [Elischa], und zu Machttaten wurde alles, was aus seinem Mund hervorging. Solang er lebte, zitterte er vor niemand, und keiner der Sterblichen herrschte über seinen Geist.»[65] Wie Elija scharte auch Elischa Schüler um sich. In neutestamentlicher Zeit gilt Johannes der Täufer als Gottesmann, der «mit dem Geist und der Kraft des Elija» ausgestattet ist;[66] dasselbe trifft auch auf Jesus zu. Zwar wird Elijas Charisma nicht jedem Menschen zuteil, doch im Prinzip gilt: «Elija war ein Mensch, von gleicher Art wie wir.»[67] Wer etwas von seinem Geist erhaschen kann, wird in Elijas Nachfolge eintreten. Jesus hat seine eigene Mission bewusst nach der Elijas gestaltet (s. o., 2. Kapitel).

Herakles und Elija dienten den Kynikern als Urbild und Vorbild zugleich. Als Urbild begründen sie eine überzeitlich gültige Existenzweise und stellen diese erstmals dar, als Vorbild verkörpern sie ein inspirierendes, zur Nachahmung einladendes Ideal. Bildlich gesprochen: Sie haben einen Weg gebahnt, den andere nur noch zu beschreiten brauchen. Literarisch, nach Thomas Mann: Die Kyniker führen ein «zitathaftes Leben», indem sie in Spuren gehen und ihr Leben als Wiederholung eines Urtyps «zelebrieren».[68] Soziologisch erläutert: Die Kyniker übernehmen eine vorgeprägte, von ihnen erlernte Rolle, die ihr Handeln, aber auch ihr Denken und Fühlen bestimmt. Philosophisch gewendet: Herakles und Elija wirken als verursachendes Vorbild (*causa exemplaris*). Sie dienen als «Beispiel» oder «Vorbild» (*hypódeigma*, Vulgata: *exemplum*).[69] Ihnen ist *nachzueifern*; das entsprechende klassische Wort lautet *zêloô*. Als Beleg lässt sich ein Dialog anführen, der stattgefunden haben soll, als Diogenes in die Sklaverei verkauft wurde:

| | |
|---|---|
| Käufer: | Fürs Erste, mein Lieber, wo bist du zu Hause? |
| Diogenes: | Überall. |
| Käufer: | Wie bitte? |
| Diogenes: | Du siehst einen Weltbürger vor dir. |
| Käufer: | Hast du ein Vorbild? (*zêloîs de tína*, wörtlich: wem eiferst du nach?) |
| Diogenes: | Ja, Herakles (ist mein Vorbild).[70] |

Im weiteren Gespräch erklärt Diogenes: «Ich lebe wie Herakles im ständigen Krieg mit der Lust, aber nicht auf Befehl eines anderen, sondern freiwillig, weil ich mir vorgenommen habe, die Welt zu säubern.»[71]

Wer die menschliche Gemeinschaft freiwillig verlässt, um ihr aus der Distanz zu dienen, findet in Herakles wie in Elija ein Leitbild. Dem in Anekdoten und aphoristischer Weisheit vor Augen geführten Vorbild wird durch Nachahmung und Nachfolge entsprochen. Dabei sind Ausdrücke wie «Nachahmung» und «Nachfolge» eigentlich zu unpräzise, um den Sachverhalt einer mehr oder weniger starken Beziehung genau zu erfassen. Das Vorbild spornt an zur Tat und tröstet durch den Gedanken an das Leiden der Leitgestalt. Die Erinnerung an den Helden ermöglicht Selbstdeutung und vermag ein Gefühl der Überlegenheit zu stiften. Sie verleiht dem Leben des Kynikers eine neue, menschliches Maß übersteigende, geradezu göttliche Dimension. Gelegentlich greift die heldische Leitgestalt selbst in das Leben des nachahmenden Menschen ein, indem sie einen Auftrag im Traum erteilt oder sich in einer visionären Schau zeigt, doch bleiben solche Vorkommnisse vereinzelt.[72]

Über den Halbgöttern von der Art des Herakles und des Elija stehen im Weltbild der Antike die Götter oder, wenn monotheistisch gedacht wird, der eine Gott. Wie denken die Kyniker über Götter und Gottesverehrung? Tatsächlich folgten die Kyniker, wenn sie ihren Dienst in der Gesellschaft ausübten, einer höheren Berufung, die von Zeus ausgeht oder, im Falle der jüdischen Kyniker, vom Gott Israels.

# 6 Religion und Religionskritik

Im Athen des 5. Jahrhunderts v. Chr. prallten zwei geistige Milieus aufeinander: das Milieu der traditionellen Religion, bestehend aus volkstümlicher Frömmigkeit und städtischer Kultgemeinschaft, und das Milieu der Intellektuellen. Während die eine Seite den überlieferten Glauben pflegte, machte sich die andere Seite Gedanken über die traditionelle Religion, die sie nur in stark veränderter Form zu vertreten bereit war. Im Milieu der Intellektuellen entstand eine eigene, der Tradition nicht mehr verpflichtete Intellektuellenreligion. Diese weist drei Merkmale auf. Erstens steht sie den herkömmlichen religiösen Bräuchen kritisch gegenüber; weder für den Opferkult noch für die Mysterien noch für die Gottesbescheide liefernden Orakel kann sie sich begeistern. Zweitens wendet sie sich vom überlieferten Polytheismus ab; gleichzeitig neigt sie einer monotheistischen Gottesvorstellung zu. Drittens entwickelt die Intellektuellenreligion oft Züge einer persönlichen, individuell gepflegten Frömmigkeit, in deren Mittelpunkt die Beziehung zu einem väterlichen Gott steht. Alle drei Merkmale sind im griechischen und jüdischen Kynismus mehr oder weniger deutlich ausgeprägt.

## *Die Anfänge philosophischer Religionskritik*

Der Götterglaube bildet die Grundlage des griechischen Weltbildes, aber auch der politischen Ordnung der Polis. Die Götter garantieren die Ordnung von Welt und Politik. Wird der Götterglaube gestört, reagiert die Öffentlichkeit empfindlich. *Asébeia*, «Religionsfrevel», lautet der Vorwurf, der Dissidenten trifft. Asebie galt als schweres Verbrechen, das geahndet werden musste. Ausgesprochene Gegner des Gottesglaubens – Rationalisten, Atheisten, wie wir sie nennen würden – hat es in der Antike wohl nur wenige gegeben, aber immerhin einige bemerkenswerte Denker, die diesen Verdacht nicht zerstreuen konnten. Dazu gehört der Naturphilosoph Anaxagoras (ca. 500–428 v. Chr.). Worin der gegen ihn erhobene Vorwurf genau bestand, lässt sich nicht mehr mit Sicherheit ausmachen. Nach Anaxagoras entsteht Donner durch Zusammenprall von Wolken, Blitz ist das Ergebnis von Reibungen zwischen den Wolken.[1] Was für uns wie eine mehr oder weniger plausible Frühform physikalischer Erkenntnis klingt, erschien in Athen als Religionsfrevel, nämlich als Veränderung der Lehre, der Göttervater Zeus lasse es donnern, blitzen und regnen. Obwohl ein Greis von etwa siebzig Jahren, wurde Anaxagoras aus Athen verbannt (ca. 431 v. Chr.).[2] Damals entstand der Generalverdacht, alle Forscher und Philosophen verschmähten und verhöhnten den durch sein Alter ehrwürdigen Glauben an die Götter.[3]

Das volkstümliche Bild des Denkers, der alle Religion für Unsinn erklärt, stellt Aristophanes in seiner Komödie *Die Wolken* (423 v. Chr.) plastisch vor Augen: Sokrates, präsentiert als Vorsteher einer esoterischen Weisheitsschule in Athen, sammelt seine Schüler in einem seltsamen Denkhaus um sich. Umgeben von allerlei geometrischem Forschungsgerät, lehrt er sie, nicht mehr an Zeus und die anderen Götter zu glauben; an die Stelle der Götter treten luftige und mitunter donnernde Himmelswesen – die regenspendenden Wolken. Zum Schluss der Komödie macht der Bauer Strepsiades seinem Unwillen über das Philosophenpack Luft und steckt die sokratische Denkerbude in Brand. Kaum jemand – die Ausnahme ist der dänische Philosoph Sören Kierkegaard – sieht in den *Wolken* den echten, historischen Sokrates. Dennoch wurde Sokrates tatsächlich der Asebie angeklagt: «Sokrates handelt rechtswidrig, indem er die jungen Leute verdirbt und die vom Staat anerkannten Götter nicht anerkennt, wohl aber andere, dämonische Wesen.»[4] Er wurde für schuldig befunden, das Todesurteil wurde vollstreckt. Bis heute wird die Berechtigung der gegen Sokrates erhobenen Vorwürfe erörtert. Philosophie war in jener Zeit etwas Neues und nach antiken Begriffen schon deshalb verdächtig.

Tatsächlich ist bei Sokrates ein neues Denken über die Götter festzustellen. Er scheint den Götterglauben der Polis infrage gestellt zu haben, um an dessen Stelle einen neuen Glauben zu setzen, den er offenbar nur unzureichend beschreiben konnte. Nicht an bisher unbekannte dämonische Wesen glaubte er, wohl aber – darin dürfen wir Platon folgen – an eine innere göttliche Stimme, die er als

Daimonion bezeichnete. Während die Götter auf die Polis bezogen sind, hat das Daimonion mit der Wirklichkeit und der Wahrheit schlechthin zu tun. Es ist eine universale Instanz. Aus diesem Ansatz entwickelt sich die kynische Intellektuellenreligion.

## *Die kynische Intellektuellenreligion*

Die griechische Polis wie das antike Judentum verstand sich als Gemeinschaft, die religiösen Kult und rituelles Brauchtum pflegt. Opfer, Feste, Tempel, Reinheitsvorschriften und Priesterschaft gab es in beiden Kulturen, in der griechischen außerdem Orakel und Mysterienkulte. Kultisches Brauchtum stellte eine Lebensmacht dar; aus dem Alltag Athens ist es genauso wenig wegzudenken wie aus dem Alltag in Palästina und der jüdischen Diaspora. Doch wo immer kynisches Denken Fuß fasste, begannen sich Zweifel am Sinn ritueller Handlungen zu regen. Die Götter der Polis wurden in erster Linie dadurch anerkannt, dass ihnen Opfer dargebracht wurden. Das aber habe Sokrates oft getan, sowohl bei sich zu Hause als auch öffentlich auf den Altären Athens, behauptet Xenophon.[5] In Wirklichkeit dürfte sich Sokrates am öffentlichen Kult nicht oder nur selten beteiligt haben. Solche Zurückhaltung wird auch von Diogenes überliefert. In Kaiser Julian bekam er einen späten, sehr eloquenten Verteidiger:

> Er (Diogenes) besuchte keine Tempel, erwies heiligen Stätten, Statuen und Altären keine Verehrung – doch er war deshalb noch lange kein Atheist. Dies anzunehmen, wäre ein Irrtum. Denn er hatte [den Göttern] nichts anzubieten – keinen Weihrauch, keine Trankspende; er hatte kein Geld, so etwas zu kaufen. Er hatte die richtige Auffassung von den Göttern, und das genügte. Er verehrte sie von ganzer Seele und gab ihnen, wie ich meine, seinen kostbarsten Besitz: die Heiligung seiner Seele durch das Denken.[6]

Diogenes erscheint hier im Bild eines Philosophen, der auf äußere Religionshandlungen verzichtet und verzichten darf, da er das Wesentliche der Religion pflegt: das rechte Denken über die Götter. Auch in späteren Zeiten begegnet dieses Argument, meist in der Variante: Das gemeine Volk bedarf des äußeren Gottesdienstes und seiner liturgischen Prachtentfaltung, die Gebildeten verehren Gott rein geistig. So glaubten die Deisten des 18. Jahrhunderts, auf alle äußeren

Zeremonien verzichten zu können; Kult sei nur sinnvoll, wenn er die Menschen an ihre moralische Pflicht erinnere – so Immanuel Kant in *Die Religion innerhalb der Grenzen der bloßen Vernunft* (1793).

Die griechischen Kyniker verschmähten nicht nur die Beteiligung am Opferkult; auch an den Mysterienkulten lag ihnen nichts. Nach griechischem Glauben verschaffte die Einweihung in die Mysterien von Eleusis Vorteile im Leben nach dem Tod: Wer eingeweiht war, durfte sicher sein, nach dem Tod auf den Inseln der Seligen in der Gesellschaft der Götter weilen zu dürfen. «Ja, dreimal selig sind die eingeweihten Sterblichen nach ihrem Tod; denn ihnen nur ist ewig Leben dort gegönnt; doch allen andern droht das allerschlimmste Los.»[7] Als der Dichter Sophokles die Eingeweihten dreimal selig gepriesen hat, soll er Tausende von Menschen – die Uneingeweihten – in Verzweiflung gestürzt haben. In Athen nahm man die Dichter ebenso ernst wie den Glauben an die Kraft der Mysterien. Doch Diogenes machte sich über diesen Glauben lustig. Sollte das Geschick im Jenseits wirklich von der Mysterienweihe abhängig sein statt vom moralischen Leben? Als Diogenes von den Athenern gedrängt wurde, sich der Mysterienweihe zu unterziehen, hielt er mit Kritik nicht zurück: «Es wäre lächerlich, wenn Agesilaos und Epameinondas sich im Dreck wälzen müssten, Nichtsnutze aber, nur weil sie eingeweiht sind, auf den Inseln der Seligen wohnen dürften.»[8] Agesilaos, König von Sparta, und Epameinondas, der große Feldherr von Theben, sollten etwa ohne Lohn im Jenseits bleiben? Diogenes konnte sich das nicht vorstellen. Der Glaube an die Mysterien schien ihm fragwürdig, ja geradezu unsinnig.

Solche Anekdoten sind typisch für die kynische Überlieferung. Sie lassen etwas von der uns weithin verlorenen Religionskritik der Kyniker ahnen, einer Kritik, die bei Oinomaos in der Ablehnung des berühmten Orakels von Delphi gipfelt. In seiner Schrift *Die Entlarvung der Gaukler* (2. Jahrhundert n. Chr.) verspottet Oinomaos das bei den Griechen hoch angesehene Orakelwesen; für ihn ist es nichts anderes als Schwindel. Die politischen Orakelsprüche sind mehrdeutig und nutzlos; manche der hochtrabenden Sprüche passen auf jeden möglichen Ausgang eines Geschehens. Die Ratschläge, die der delphische Apoll beispielsweise zu Fragen des Ehelebens gibt, hätte Sokrates besser erteilen können.[9] Oder: In der Stadt Methymnos tauchte ein im Meer gefundener knorriger Stamm eines Ölbaums auf;

auf Geheiß des Orakels von Delphi wird er als glückbringender Fund verehrt und gilt fortan als «phallusgestaltiges Haupt des Gottes Dionysos». Über das seltsame Kunstwerk kann Oinomaos nur den Kopf schütteln: Dummheit mischt sich mit Betrug.[10] Wie viele Kyniker ließ sich Oinomaos nicht vom überlieferten religiösen Glauben bestimmen und vertraute nicht auf angebliche Gottessprüche; er fühlte sich frei und zur Kritik berechtigt.

Die Kritik an religiösen Institutionen führt nicht zu jenem Atheismus, den manche Gegner den Kynikern vorwarfen. Tatsächlich neigten die Kyniker einer monotheistischen Gottesauffassung zu. So bereits Antisthenes, dem das Wort zugeschrieben wird: «Dem Herkommen nach gibt es viele Götter, der Natur nach nur einen einzigen.»[11] Ob wir es bei den frühen Kynikern mit einem wirklichen Gottesglauben zu tun haben, gilt in der Forschung als umstritten.[12] Erst die aus der römischen Kaiserzeit stammenden Zeugnisse lassen einen lebendigen, persönliche Züge aufweisenden kynischen Gottesglauben erkennen. «Alles ist voll von Gott», lautet ein in jener Zeit Diogenes zugeschriebenes Wort.[13] «Alles gehört den Göttern; die Weisen aber sind Freunde der Götter; Freunde haben alles gemeinsam; also gehört alles den Weisen», nämlich den Kynikern.[14] Im Briefroman bekennt Diogenes, er lebe so, wie er lebe, «um in Freiheit umherzuwandern unter Zeus, dem Vater, auf der ganzen Erde, und von den großen Herren keinen zu fürchten».[15] Wollen wir die Sprache späterer christlicher Tradition gebrauchen – und eine andere Sprache ist kaum verfügbar –, dürfen wir vom Bewusstsein der Gottesfreundschaft und Gotteskindschaft reden. Dabei wird von Gott zumeist im Singular gesprochen, von *einem* Gott, nämlich Zeus.

Solchen monotheistischen Gottesglauben hat vor allem Epiktet ausgearbeitet; er darf als Hauptvertreter des frommen Kynismus der römischen Kaiserzeit gelten, einer Zeit, in welcher die Philosophie, einschließlich der kynischen, längst gesellschaftliches Ansehen erlangt hatte und nicht mehr wie im Athen des Sokrates erst um Anerkennung ringen musste.[16] Schon Homer bezeichnet Zeus als «Vater der Menschen und Götter».[17] Daran konnte Epiktet anknüpfen. Für Epiktet ist Zeus der allen Menschen Wohlwollen erweisende gute Vater. «Kein Mensch ist Waise, denn alle haben einen bleibenden Vater» – gemeint ist Zeus – «der für sie sorgt.»[18] Aus Sorge um die

Menschen betraut Zeus die Kyniker mit der Aufgabe, ihnen als Lehrer zu dienen. Schon im 4. Jahrhundert v. Chr. mögen sich kynische Philosophen als Gesandte des Zeus verstanden haben.[19] Epiktet hat keinen Zweifel an solcher Sendung: «Der wahre Kyniker [...] muss dies wissen: Als Bote ist er von Zeus zu den Menschen gesandt, um ihnen zu zeigen, dass sie, was Gut und Böse anlangt, vom Wege abgekommen seien. Sie suchen das Wesen von gut und böse dort, wo es nicht ist. In Wirklichkeit ist es dort zu finden, woran sie nicht denken.»[20] Der Philosoph weiß sich von Gott (Zeus) berufen und mit einer Mission beauftragt – eine stolze, bemerkenswerte Selbsteinschätzung der Kyniker.[21]

Bemerkenswert ist auch, wie Epiktet Herakles ins Spiel bringt, jenen Halbgott, der seit je als das Leitbild des Kynikers gilt. Er rühmt die schwärmerische persönliche Frömmigkeit des Herakles. Sie ist vom stolzen Bewusstsein der Gotteskindschaft geprägt: «Dass Zeus der Vater der Menschen sei, war für ihn [Herakles] nicht nur eine vom Hörensagen gekannte Sache; vielmehr nannte er ihn selbst so, und bei allem, was er tat, sah er zu ihm auf. Das gab ihm die Kraft, an jedem Ort glücklich zu leben.»[22] Epiktet wendet sich an junge Zuhörer; er fordert sie auf, das schützende Elternhaus zu verlassen und sich, wie Herakles, Gott anzuvertrauen: «Was wäre wohl aus Herakles geworden, hätte er nie das (Eltern-)Haus verlassen? [...] Wie viele Freunde hatte er, als er die Welt durchwanderte? Er liebte Gott über alles. Daher hielt man ihn für einen Sohn Gottes, und das war er auch. Ihm gehorchend zog er umher, Unrecht und Gesetzlosigkeit von der Erde tilgend.»[23] Herakles erscheint als das Vorbild des Philosophen, der sich unter dem besonderen Schutz und der beständigen Fürsorge seines göttlichen Vaters weiß.

### *Religion im jüdischen Kynismus*

Wie sein griechisches Vorbild ist auch der jüdische Kynismus religionskritisch eingestellt. Kohelet, der Kyniker des Alten Testaments, lehnt den Opferkult ab: «Gib acht auf deine Füße, wenn du zum Hause Gottes gehst. Tritt hinzu, um zu hören, und nicht, um ein Schlachtopfer zu stiften wie die Toren. Sie verstehen nicht, dass sie Schlechtes tun.»[24] Kohelet stellt eine klare Rangfolge auf: Intellektuelles Ritual (die bibelauslegende Erörterung, die Predigt) besitzt höheren Rang als der Opferkult; dieser ist minderen Ranges oder, genauer gesagt, eine Torheit. Verknüpft mit der Kultkritik ist der Entwurf einer der Überlieferung gegenüber neuen, zurückhaltenden Gotteslehre. Für Kohelet ist Gott eine undurchschaubare, alles Geschehen regelnde Schicksalsmacht.[25] Gott lenkt den Lauf der Welt und das Geschick jedes einzelnen Menschen zwar beständig, aber nach undurchschaubaren Grundsätzen. Gott hat «Dunkel» oder eine «Sperre» in die Dinge gelegt.[26] Keiner weiß, wann und warum ihm Glück, wann und warum ihm Unglück beschieden wird. So bleibt Gott dem Menschen fern und fremd. Die typisch biblische Vorstellung von einem «persönlichen Gott», der sich jedes Einzelnen liebevoll annimmt und ihn von der Geburt bis zum Tod schützend begleitet, ist Kohelet fremd. Für ihn gibt es keine Möglichkeit zu einer persönlichen und heilvollen Begegnung mit Gott. So bleibt dem Menschen nur, das Schlechte wie das Gute vom fernen, unpersönlich bleibenden Gott anzunehmen – und mit Essen und Trinken das Leben zu feiern, solange es ihm vergönnt ist.

Eine aufgeschlossenere Haltung gegenüber der Religion zeigt sich in jenem jüdischen Kynismus, den Isaak Heinemann in dem alexandrinischen «Buch der zehn Feste» zu finden glaubt (s.o., 3. Kapitel). Die jüdischen Feste dienen dazu, das Volk zur Verehrung des einen Gottes in seinem wahren Tempel anzuleiten; «der höchste und wahre Tempel aber ist der gesamte Kosmos».[27] Damit wird spezifisch Jüdisches wenn nicht verdrängt, so doch ausgeblendet, sodass der Eindruck einer Menschheitsreligion entsteht.

Dem frommen Kynismus eines Epiktet verwandt ist der jüdische Kynismus, dessen Spuren wir im Neuen Testament entdecken. Sein Leitgedanke ist die Vaterschaft Gottes, man denke nur an Jesu Rat: «Bete zu deinem Vater.»[28] «Ich preise dich, Vater, Herr des Himmels und der Erde, dass du dies vor Weisen und Klugen verborgen, Unmündigen [d. h. den Kindern] aber enthüllt hast.»[29] Wie einige der griechischen, so fühlten sich auch die jüdischen Kyniker als privilegierte Kinder des Vatergottes. Auch die Vorstellung von der Rolle des jüdischen Kynikers als «Gesandtem Gottes» ist geläufig und gut belegt; schon Johannes der Täufer wird vorgestellt als «ein Mann, gesandt von Gott».[30] Entsprechendes wird über Jesus und Paulus überliefert.[31]

Der zugrunde liegende Gottesbegriff verdient einen näheren Blick. Von Gott wird in Bibel und Judentum nämlich auf vielfältige Weise geredet, und es ist erhellend, wenn wir Jesu Auffassung von anderen Sichtweisen abheben. Dafür bietet sich die Unterscheidung zwischen zwei Strömungen innerhalb der biblischen Überlieferung an: Nach der einen erscheint Gott in erster Linie als Herr des jüdischen Volkes, als Gott der Nation und seiner Geschichte – so etwa beim Propheten Hosea und in den Überlieferungen, die sich mit dem Namen des Mose verknüpfen; nach der anderen, vertreten durch die biblischen Weisheitsschriften wie etwa das Buch Hiob und das Buch der Sprichwörter, steht Gott dem Menschen schlechthin gegenüber, ohne dass der Gedanke an ein von Gott besonders privilegiertes Volk eine Rolle spielt.[32] Von letzterer Art ist auch Jesu Gottesbegriff: Der Einzelne steht vor Gott als seinem Schöpfer und Versorger; nicht als Glied eines erwählten Gottesvolkes wird er aufgefasst. Gott lässt, sagt Jesus, die Sonne über Guten und Bösen aufgehen.[33] In den Worten von Ernest Renan: «Der Gott Jesu ist nicht ein engstirniger Despot, der Israel zu seinem Volk erwählt hat und ihm jeden nur erdenklichen Schutz angedeihen lässt. Er ist der Gott der ganzen Menschheit» – *C'est le Dieu de l'humanité*.[34] Jesus ist also eher einer philosophischen Gottesidee als einer nationalen religiösen Überlieferung verpflichtet.

Ein in der theologischen Forschung vielverhandeltes Problem stellt der Begriff der *basileía thoû theoû* dar, wiedergegeben mit «Königsherrschaft Gottes» oder «Reich Gottes». Die im antiken Judentum entwickelten Auffassungen darüber, was das Königreich Gottes sei, entsprechen jenen drei sozialen und kulturellen Klassen, die sich als Lehrstand, Wehrstand und Nährstand bezeichnen lassen. Der Lehrstand der Rabbinen fasst das Reich Gottes als Gesellschaft auf, in der Gottes Gesetzgebung (Thora) als bindend anerkannt ist; wer sich dem Gesetz Gottes unterwirft und die Gebote befolgt, ist Bürger des Reiches Gottes.[35] Anders die Auffassung derer, die sich als Wehrstand verstehen: Von der Forschung als Apokalyptiker bezeichnet, erwarten sie einen von Gott selbst errichteten jüdischen Staat als Reich Gottes; die Radikalen unter ihnen suchen seine Errichtung sogar unter Einsatz von Waffen zu erzwingen.[36] Der Nährstand schließlich – die Bauern und einfachen Leute, die jüdischen Kyniker eingeschlossen – verstehen das Reich Gottes als die Herrschaft des guten Vaters, der sich der Armen in einer – soeben angebrochenen – Heilszeit annimmt. Ihnen schenkt er die elementaren Lebensgüter: Nahrung, Gesundheit, Heil und Gedeihen.

Diese «schöpfungstheologische» Auffassung vom Reich Gottes (wie wir sie nennen mögen) versteht Gott als Vater, der für die Menschen sorgt. «Euer Vater weiß, was ihr braucht, eh ihr ihn bittet», sagt Jesus in der Bergpredigt.[37] Diese Konzeption leitet sich aus dem Alten Testament her.[38] Besonders die Psalmen 145 und 146 bieten einen Hinweis. Preisend berichtet der Psalmist von der göttlichen Güte: «Aller Augen warten auf dich, und du gibst ihnen Speise zur rechten Zeit. Du öffnest deine Hand und sättigst alles, was lebt, nach deinem Gefallen.» Gott, der Schöpfer der Welt, so fährt der Psalmist fort, gibt den Hungernden Brot, die Gefangenen befreit er, den Blinden öffnet er die Augen; er ist König auf ewig (daher: Reich Gottes = Königreich Gottes). Tatsächlich sind nach Jesus die Spuren von Gottes Segen und Fürsorge vor allem dann deutlich zu erkennen, wenn Kranke geheilt werden, Arme das tägliche Brot finden, Menschen einander vergeben und so Solidarität schaffen. Weder das Gesetz Gottes noch die Politik spielen hier eine Rolle. Die Herrschaft Gottes wird in erster Linie als Ereignis gesehen; sie ereignet sich im Vollzug von Heilung. Nun können Ereignisse unbedeutend, aber auch bedeutend sein, einen Einzelmenschen betreffen oder eine ganze Gruppe. Aus diesem Ansatz ergibt sich ein dynamischer Begriff: Das Reich Gottes ereignet sich jetzt, aber nicht vollständig; erwartet werden immer größere Ereignisse, die dann die Vollgestalt des Reiches herbeiführen. Mit dieser Konzeption verbindet sich die persönliche Frömmigkeit: das Vertrauen auf den väterlich fürsorgenden Gott.

Beschließen wir dieses Thema mit zwei Zitaten aus der Forschungsliteratur. «Erfüllung der Sehnsucht [nach dem Reich Gottes] ist ein gutes Essen – nicht als Opfermahl im Tempel, sondern als Festessen im Kreis der Familienväter. […] Das Reich Gottes ist kein Imperium, sondern ein Dorf.»[39] Mit Gott als König ist die Rolle des Vaters eng verknüpft; zum Vater gehören Kinder – demnach wird das Reich Gottes als Familiengemeinschaft betrachtet. «Die Beziehung von Menschen zum Königreich Gottes wird häufig in der Metaphorik der Kindschaft ausgedrückt: Nach sehr alter frühchristlicher Tradition verwirklicht sich Gottes Reich nicht primär durch Gehorchen [das wäre der gesetzlich-ethische Begriff des Reiches Gottes, B. L.], sondern durch Anteilhabe und Kindschaft. Gott erweitert seine ‹Familie› um Königskinder, das ist sein Reich. Jesus als der Sohn ist das erste befreite Königskind. Auch das ‹Erben› des Reiches gründet in Kindschaft.»[40] Die Zitate bedürfen allerdings einer Ergänzung, könnten sie uns doch auf einen Irrweg führen. Gott erscheint dem jüdischen Kyniker als Vater, doch macht er über ihn keine genauen Angaben. Von Gott wird zurückhaltend gesprochen. Während Propheten wie Jesaja und Jeremia Botschaften von Gott in wörtlicher Rede wiedergeben, indem sie Gott selbst zitieren, ist solche Redeform Jesus fremd. Jesus ist eher dem Weltbild des Elija verpflichtet, der Gott nicht sieht; wird er von göttlichen Mächten berührt, handelt es sich nicht um Gott selbst, sondern um Engel.[41] Obgleich als Vater bezeichnet, bleibt Gott doch in transzendenter Ferne. Es wird weder Gottes Aussehen geschildert noch Gottes wörtliche Rede angeführt noch erfahren wir von einer persönlichen Begegnung zwischen Jesus und Gott.

Wie alle Kyniker ist auch Jesus dem religiösen Brauchtum seines Volkes gegenüber kritisch eingestellt. Er verletzt die Sabbatordnung und verteidigt sich: «Der Sabbat ist gemacht um des Menschen willen, nicht der Mensch um des Sabbats willen.»[42] Der Mensch also ist das Maß, nicht Sitte oder Gesetz. Mutig betreiben jüdische Kyniker die Vereinfachung und das Abwälzen von belastender und lästiger religiöser Überlieferung. Ein Musterfall ist die Ablehnung der sogenannten Reinheitsregeln, die nach jüdischer Tradition den Verzehr bestimmter Speisen untersagen: «Hört und versteht: Nicht was zum Mund hineingeht, macht den Menschen unrein, sondern was herauskommt aus dem Mund, das macht den Menschen unrein.»[43] Damit kein Leser den Sinn des Ausspruchs missverstehe, versieht ein biblischer Berichterstatter den Satz mit der Bemerkung: «Damit erklärt Jesus alle Speisen für rein.»[44] Wer Schlechtes sagt, verunreinigt sich – und nicht wer zum Beispiel Schweinefleisch isst. Nicht zu Unrecht wird dieser Spruch «vielleicht der radikalste in der ganzen Jesusüberlieferung» genannt.[45] Er hat eine bemerkenswerte Entsprechung in folgender Diogenes-Anekdote:

> Er sah einen, der sich durch rituelle Waschungen reinigte, und sagte zu ihm: «Du Dummkopf! Waschen hilft nichts: Sünden wird man im Leben ebenso wenig los wie Verstöße gegen die Grammatik. Begreifst du das nicht?»[46]

Jesu Freiheit wird auch an seiner Stellung zur Buchreligion deutlich. Die Buchgelehrsamkeit der Schriftgelehrten ist ihm fremd. Jesus redet wie einer, der selbst Macht hat, und nicht wie die Schriftgelehrten, die aus der Bibel argumentieren und mit ihrer Kenntnis der heiligen Bücher glänzen.[47] Der Inhalt der heiligen Schriften wird in einem Geniestreich kurzerhand auf ein einziges ethisches Prinzip reduziert: «Alles, was ihr wollt, dass die Menschen euch tun, das tut ihnen ebenso! Denn das ist das Gesetz und die Propheten.»[48] Die heiligen Bücher lehren nichts anderes als die sogenannte Goldene Regel, ein in der Antike weit verbreiteter, zuerst von den Griechen formulierter Lehrsatz.[49] Er setzt die Gleichheit aller Menschen voraus, ein philosophischer Gedanke, welcher der semitischen Welt zunächst fern lag, jedoch zu den Grundüberzeugungen der Kyniker gehört. Die Goldene Regel fasst das ungeschriebene, menschlicher Vernunft zugängliche natürliche Sittengesetz in Worte. Die letzte Konsequenz aus diesem Ansatz wird nicht gezogen, doch immerhin nahegelegt: Sittliches Handeln bedarf keines heiligen Buches als Richtschnur; es orientiert sich an Vernunft und Natur.

Ebenso souverän wie mit «Gesetz und Propheten» wird mit dem Tempelkult umgegangen. Dabei wird aus Kultkritik sogar Stiftung eines neuen Kults. An die Stelle des komplexen Opferkults mit seiner Bindung an tierische Opfergabe, priesterliche Mitwirkung, Tempel, Altar mit ewig brennendem heiligem Feuer tritt, wie im Folgenden erörtert, eine einfache rituelle Geste. Jesu Stiftung eines neuen Opfers gehört zu seinen folgenreichsten Taten, wird doch dieses Opfer, als Abendmahl oder Eucharistie bezeichnet, bis heute in den christlichen Kirchen gefeiert.

## *Jesu neues Opfer: Brot und Wein*

Zunächst eine kurze Besinnung auf das Wesen des Opfers. Die Beziehung zwischen Gott und Mensch beruhte in den alten Kulturen ganz wesentlich auf der Institution des Opfers. Ein Opfer ist eine materielle (und seltener auch nicht-materielle) Gabe, die der Gottheit übereignet wird, um eine göttliche Gegengabe zu erhalten. Ein Beispiel mag den Vorgang verdeutlichen: Der hebräische Bauer des Altertums liefert bei den Priestern des Jerusalemer Tempels einen

Korb mit den ersten Feldfrüchten der Ernte ab; als Gegengabe erwartet er göttlichen Segen; dieser soll den Ertrag der nächstfolgenden Ernte sichern und, wenn möglich, sogar steigern.

Bei Gabe und Gegengabe fällt das asymmetrische Verhältnis auf. Die menschliche Gabe ist gering und symbolisch, wenn auch regelmäßig. Die göttliche Gegengabe ist unsicher, da sie nur erhofft wird; gleichzeitig ist sie reichlich und übertrifft stets die Geringfügigkeit der menschlichen Gabe. Der Gabentausch zwischen Gott und Mensch lässt sich nicht ohne einen Blick auf die vielfältigen Formen des Gabenaustauschs unter Menschen verstehen. In der antiken Welt haben Gaben eine vielfältige Funktion: Sie dienen im Geschäftsverkehr als Entgelt beim Erwerb materieller Gegenstände auf dem Markt, bezahlen geleisteten Dienst oder gehen als Abgabe für Pacht und Miete an den Besitzer von überlassenem Gut. Außerhalb des Geschäftsverkehrs dienen sie dem Erhalt der Freundschaft unter Gleichgestellten, aber auch unter Menschen verschiedenen Ranges, wenn sich ein Mächtiger durch Geschenke in den Ruf eines großzügigen Patrons zu bringen sucht oder ein Schutzbedürftiger sich durch eine Gabe bei einem Mächtigen in Erinnerung ruft. Schließlich gibt es Steuern als Abgaben, die einem Herrscher zu entrichten sind. Für Götter bestimmte Opfergaben lassen sich nach allen drei Modellen verstehen – geschäftlich als Entgelt für göttlichen Segen, sozial als Freundschaftsgabe oder politisch als von Gott geforderte Abgabe. Wollen wir nicht mit einem vorwiegend geschäftlich oder politisch aufgefassten Gottesbild rechnen, so dürfen wir uns das Opferwesen in erster Linie als dem Gedanken der Freundschaft mit Gott verpflichtet vorstellen: Als freundlicher Patron übernimmt Gott die Aufgabe des Schutzes; auch gewährt er Gesundheit und wirtschaftlichen Erfolg nach Maßgabe der Treue des menschlichen Schutzbefohlenen. Letzterer zeigt sich durch regelmäßige oder spontan geleistete Opferdarbringung seinem göttlichen Herrn erkenntlich. Aus diesem Denken heraus lässt sich das Opfer in den alten Kulturen des Mittelmeerraumes verstehen, zu denen auch die biblische Kultur zählt. In diesem Raum ist das Christentum entstanden und hat seine rituelle Welt geschaffen.

Im Judentum der Zeit Jesu war die Opferdarbringung üblich. Täglich wurden am Jerusalemer Tempel Gemeinschaftsopfer für das ganze Volk dargebracht. Dabei wurden Lämmer geschlachtet und auf dem Altar verbrannt. Durch diese heilige Handlung sollte ein freundschaftlicher Kontakt zum himmlischen Herrn des Volkes hergestellt und gepflegt werden. Gleichzeitig wurde für das Wohl des ganzen Volkes sowie der Obrigkeit, nämlich des römischen Kaisers, gebetet. Außerdem gab es die Möglichkeit der Darbringung privater Opfer. Dabei stiftete der Einzelne – ein Mann oder eine Frau – ein Opfertier, in der Regel einen Ziegenbock oder ein Lamm. Das dabei befolgte Ritual lässt sich aus antiken Quellen wenigstens in Grundzügen rekonstruieren.[50]

Nennen wir die Darbringerin eines Dankopfers Sarah, so stellt sich das Geschehen wie folgt dar: Sarah hat ein Kind bekommen; dafür will sie Gott ihren besonderen Dank abstatten. Dazu muss sie nach Jerusalem reisen. Dort erwirbt sie einen Ziegenbock, möglicherweise auf einem der den Tempel umgebenden Plätze. Dieses Tier übergibt sie dem Priester, der dafür zur Verfügung steht. Dieser nimmt das Tier entgegen und überprüft es auf seine Eignung als Opfertier – es muss unversehrt und gesund sein. Hat das Tier diese Prüfung bestanden, erfolgt die Schlachtung. Dabei wird die Halsschlagader des Tieres geöffnet und das Blut in einer Schale aufgefangen. Nun sind die beiden Bestandteile des Opfers bereitgestellt: Leib und Blut. Das Blut wird vom Priester vor den Altar gebracht und dort präsentiert, vermutlich mit folgendem, vom Priester gesprochenen Satz: Das ist das Blut der Sarah (nämlich das von Sarah gestiftete Opferblut). Das Blut wird rasch, bevor es gerinnt, an den Fuß des Altars gegossen und vom Wasser einer Spülanlage weggeschafft. Dann wird der Leib des geschlachteten Tieres vom Priester ebenfalls vor den Altar gebracht. Wiederum erfolgt die Präsentation, vermutlich mit den Worten: Dies ist der Leib der Sarah (d. h. das von Sarah gestiftete Opfertier). Im Anschluss daran wird das Tier zerlegt, und ein kleiner Teil wird auf dem Altar verbrannt – der Kopf und die Reproduktionsorgane. Auch Brot und Wein werden als Begleitopfer dargebracht – das Brot wird verbrannt, der Wein ausgeschüttet. Der zum Schluss verbleibende restliche Tierleib wird zwischen dem Priester und Sarah aufgeteilt. Sarah feiert mit ihrer Reisebegleitung ein Fest, bei dem das Opfertier verzehrt wird. Zum Mahl gehören wiederum, wie zur Opferhandlung selbst, Brot und Wein.

Jesus lehnte diesen kostspieligen, von Priestern und Händlern am Jerusalemer Tempel beherrschten Betrieb des Privatopfers ab. Händler und Geldwechsler vertrieb er – so überliefert als sein gewaltsamer Akt der Störung öffentlicher Ordnung an sakraler Stätte.[51] Im Anschluss daran führte er abseits des Tempels eine eigene, neue Praxis des Dankopfers ein.[52] Dabei wurde kein Tier geschlachtet; nur Brot und Wein wurden Gott in dankbarer Geste geweiht und dann verzehrt. Die neue Opferpraxis Jesu greift auf Elemente des am Tempel gefeierten Dankopfers zurück:

*Erstens:* Im priesterlichen Ritual ist die zentrale Opferhandlung, wie schon erwähnt, die Übereignung einer Gabe an Gott (also nicht die Tötung des Tieres). Beigegeben werden den beim Tieropfer verbrannten Teilen auch Brot und Wein. – Bei Jesus werden nur Brot und Wein an Gott übereignet.

*Zweitens:* Im priesterlichen Ritual hat der Priester das Opfer wohl mit einem Spruch am Altar präsentiert. Dieser Spruch identifiziert Leib und Blut, die beiden Teile des Tieropfers, als persönliche Gaben eines bestimmten opfernden Laien. – Der priesterliche Spruch wird von Jesus aufgegriffen und wiederholt: «Das ist mein Leib» und «Das ist mein Blut» lautet die jeweilige Präsentationsformel. Diese Opferformel bedeutet: Das ist die von mir dargebrachte Opfergabe. Über Brot und Wein gesprochen, erinnert die Formel an die besondere Eigenart der Gabe: Es handelt sich nicht um die Vollgestalt des Tieropfers, sondern um ein vegetabilisches Ersatzopfer, wie es von mittellosen Juden dargebracht wird.

*Drittens:* Im priesterlichen Ritual wird die Opferhandlung mit einem Mahl abgeschlossen; dabei wird das geschlachtete Opfertier verzehrt. – Der Verzehr von Brot und Wein, der auf die Darbringung des jesuanischen Opfers folgt, entspricht dieser Opfermahlzeit.

Das neue, von Jesus praktizierte Opfer weist mehrere hervorstechende Eigenschaften auf: Es ist billiger als das traditionelle Privatopfer am Tempel, wird doch nur etwas Brot und Wein benötigt, nicht aber ein ganzer Ziegenbock oder ein ganzes Lamm. Der Opfernde ist nicht auf die Mithilfe eines Priesters angewiesen und muss einen solchen auch nicht entlohnen; das neue Opfer kann vom Laien selbst dargebracht werden. Das neue Opfer ist auch nicht mehr auf den Jerusalemer Tempel als Opferstätte angewiesen; es kann überall dargebracht werden. Schließlich: Das neue Opfer hat nichts mit Jesus persönlich zu tun. Jesus bleibt ganz im Hintergrund als Prophet, der eine neue, für alle Juden mögliche Art der Opferdarbringung vorschlägt. Alle werden gewissermaßen zu Priestern.

Die heilige Handlung, die Jesus vornimmt, besteht in der Präsentierung von Brot und Wein und im Aussprechen der Opferformel: «Das ist mein Leib. Das ist mein Blut.» Mit diesem doppelten Spruch, der sich allein an Gott richtet und ihm die materiellen Gaben zueignet, bleibt im Christentum eine priesterliche Opferformel lebendig, die im Judentum längst untergegangen ist, denn sie wird seit der Zerstörung des Jerusalemer Tempels im Jahre 70 n. Chr. bis heute nicht mehr gebraucht.

Die Opferpraxis Jesu können wir mit einer bei Plutarch überlieferten Diogenes-Anekdote vergleichen, einer kleinen Erzählung aus dem frühen 2. Jahrhundert n. Chr.: Zu Besuch in Sparta erlebte Diogenes, wie seine Gastgeber mit großem Eifer Vorbereitungen für ein religiöses Fest treffen. Dazu Diogenes: «Ist für einen guten Menschen nicht jeder Tag ein Fest?» Plutarch spinnt diesen Gedanken weiter und meint, man benötige weder Tempel noch Götterbilder, denn «die Welt ist der heiligste, einer Gottheit würdigste Tempel».[53] Überall nämlich lasse sich Gott verehren durch den Blick auf den Kosmos, der voll von natürlichen, auf Gott verweisenden Gegenständen sei, wofür sich als Beispiele die Himmelskörper anführen lassen. Wie in dieser Anekdote die Vertreter der griechischen Intellektuellenreligion keinen Tempel benötigen, so ist auch Jesu eucharistisches Opfer auf keinen von Menschenhand aus Stein errichteten Tempel angewiesen. Auch ihm gilt, wie es scheint, der ganze Kosmos als Tempel.

Die Philosophen verlassen also die Opferreligion. Dieser Befund lässt sich anhand eines Blicks auf die Soziologie des Opferwesens verdeutlichen. Das klassische, in vielen Kulturen verbreitete Opfer besteht aus einer doppelten Zerstörung: Ein Haustier wird zuerst getötet, dann durch einen weiteren Akt – durch Verbrennung oder auf andere Weise – menschlicher Nutzung entzogen. Opfer bedeutet Destruktion und Verzicht zugunsten jener höheren Mächte, von denen sich eine menschliche Gruppe abhängig weiß. Dieser klassische Opfertyp wird in jenen Gesellschaften gepflegt, die sich durch staatliche Organisation und hierarchische Sozialverhältnisse auszeichnen.[54] Hier gibt es Untertanen, niedere Klassen, gemeines Volk, Unterworfene, Diener, Sklaven – abhängig von Freien, Adligen, Ältesten, Scheichs, Stammesfürsten, Häuptlingen oder Königen. In dem extrem hierarchisch aufgebauten aztekischen Staat in Mittelamerika wurde sogar Menschenopfer praktiziert; jede Opferhandlung veranschaulichte, anerkannte und bestätigte das hierarchische Weltbild. Jede Opferdarbringung verdeutlichte den Grundsatz, auf dem der Staat beruhte: Wer einen höheren Rang einnimmt, kann von den Untergebenen *jedes* Opfer fordern, und der Untergebene hat sich der Forderung zu fügen. Sind jedoch in einer Gesellschaft Staat und soziale Schichtung nur schwach ausgeprägt oder fehlen sie ganz, findet sich auch das an die Götter gerichtete Tieropfer nicht. So kannte die klassenlose Gesellschaft der australischen Ureinwohner das Opfer nicht, gab es doch keine Unter- und Überordnung, die hätte verdeutlicht und bestätigt werden müssen. Als Philosoph anerkennt Jesus weder soziale Unterschiede zwischen den Menschen noch zeigt er Interesse am Staat. Daher bringt er kein wirkliches Opfer mehr dar, sondern vollzieht nur noch eine symbolische Geste, die weder Tiertötung noch Verzicht auf Verzehr einschließt. Gott wird als Vater anerkannt, doch nicht ernährt. Gott fordert keinen Verzicht von Untertanen. Wir befinden uns nicht mehr in der hierarchischen Welt der Opferreligion. Gott selbst versorgt den Menschen mit täglichem Brot, ohne eine Gegengabe zu verlangen. Die Überwindung des Tieropfers wird zum Kennzeichen des Christentums.

Im Umgang mit der religiösen und kultischen Überlieferung zeigt sich nicht nur die Freiheit des jüdischen Kynikers, sondern auch seine Phantasie, die es ihm erlaubt, einfache rituelle Gesten zu erfinden. Sein Umgang mit der Religion lässt sich als liberale Option innerhalb des Judentums verstehen; Jesus gehört nicht zu jenen, denen die unreflektierte strenge Beachtung aller traditionellen Regeln am Herzen liegt. Er steht nicht für ein streng orthodoxes und traditionsbewusstes, sondern für ein freies, traditionskritisches, reformbereites, menschenfreundliches Judentum, was ihm manche seiner Zeitgenossen übel nahmen. Man warf ihm Respektlosigkeit vor. Seine philosophische Religionsauffassung machte ihn zu einer umstrittenen Persönlichkeit. Doch wie alle Kyniker hat sich auch Jesus um an ihm geübte Kritik nicht gekümmert. Vielmehr sah er sich zu gesellschaftlichem Wirken berufen.

## 7 Das gesellschaftliche Wirken

Von Demonax wird folgendes Wort überliefert: «Einer fragte ihn: Wann hast du angefangen zu philosophieren? Er antwortete: Als ich anfing, mich selbst zu verurteilen.»[1] Ein ähnliches Wort wird von Diogenes überliefert: «Wie wird man sein eigener Lehrmeister? Wenn man das, was man an anderen tadelt, am meisten an sich selbst tadelt.»[2] Dieselbe Lehre ist aus dem Mund des jüdischen Kynikers zu vernehmen:

> Was blickst du auf den Splitter im Auge deines Bruders, den Sparren aber in deinem Auge beachtest du nicht? Oder wie kannst du zu deinem Bruder sagen: Lass mich den Splitter aus deinem Auge ziehen! – und da! Der Sparren ist in deinem Auge! Du Blender! Zieh erst den Sparren aus deinem Auge. Dann magst du hinblicken, um den Splitter aus dem Auge deines Bruders zu ziehen.[3]

Selbstkritik bildet den Anfang der Philosophie. Ihr Ziel jedoch ist öffentliche Wirksamkeit. Werden Philosophen nach dem Schönsten im gesellschaftlichen Leben gefragt, geben sie dieselbe Antwort wie Diogenes: *parrhêsía* – die freie Rede, die keiner Beschränkung und Zensur unterliegende Meinungsäußerung.[4] Philosophen machen in den antiken wie in den heutigen Gesellschaften nur einen verschwindend geringen Bruchteil der Bevölkerung aus. Die Kyniker gehören zu ihnen.

Über das gesellschaftliche Wirken der ganz frühen Kyniker der Zeit um 400 v. Chr. ist wenig Sicheres überliefert. Die Kyniker der Folgezeit stehen uns bereits deutlicher vor Augen. Im Laufe des 4. Jahrhunderts wenden sich viele Mitglieder dieser Bewegung zwei selbstgewählten Aufgaben zu, die sich nur anachronistisch benennen lassen: der philosophischen Volkspredigt und der Seelsorge. Die Verwendung von Begriffen, die der christlichen Kultur entstammen, ist unvermeidlich, stellt uns doch die Sprache keine anderen Bezeichnungen zur Verfügung; rechtfertigen lässt sich die Wortwahl immerhin dadurch, dass die predigende und seelsorgerliche Tätigkeit der Kyniker im Christentum fortlebt.

### *Der Philosoph als Lehrer*

Der Lebensraum des griechischen Menschen war die Polis, der «Stadtstaat», die geordnete Gemeinschaft aller, die in der Stadt und deren Umland lebten. Im Idealfall autark, konnte die Polis alle Bedürfnisse auf der Grundlage der Arbeitsteilung ihrer Mitglieder befriedigen, ohne viel Handel treiben zu müssen. Die Polis war zumeist nicht sehr groß, sodass jeder unmittelbar an den Geschäften der Bürgergemeinschaft teilhaben konnte. Dies sollte er auch, erforderte doch die seit dem 5. Jahrhundert v. Chr. eingeführte Demokratie Gemeinsinn und das Mittun aller. Die Beteiligung war naturgemäß vielgestaltig, denn in der Stadt lebten nicht nur wohlhabende Vollbürger, sondern auch Sklaven, ärmere freie Bürger, freigelassene ehemalige Sklaven, Fremde, die sich niedergelassen hatten, und Fremde, die sich nur eine Zeitlang in der Stadt aufhielten. Für das gesellschaftliche Leben waren zwei Gruppen von besonderer Bedeutung: die wohlhabenden Vollbürger und, unter den Fremden, die Philosophen.

Von jedem wohlhabenden Bürger wurde Beteiligung am Wirtschaftsleben und Besuch der Volksversammlung sowie bei Bedarf Übernahme eines Verwaltungsamtes, Teilnahme am Krieg und Bezahlung von Steuern erwartet. Wer mehr tun wollte, konnte die Polis als Wohltäter unterstützen, indem er beispielsweise ein öffentliches Bad errichten ließ oder eine Bildsäule zur Verschönerung der Stadt stiftete.

Die Erwartungen der Polis an ihre Bürger waren also groß. Der kynische Philosoph, der weder über Besitz verfügte noch einer regelmäßigen Arbeit nachging, konnte ihnen kaum entsprechen. Tatsächlich zählten nur wenige Philosophen zur Bürgerschaft. Im klassischen Athen beispielsweise gehörten nur Sokrates und Platon zur Bürgerschaft, nicht aber Antisthenes (Sohn eines Atheners und einer Thrakerin), Diogenes (ein Flüchtling aus Sinope), Krates (aus Theben zugewandert) und Aristoteles (ein Makedone aus Stageira). Die Philosophen hielten zum Leben der Polis bewusst Distanz und pflegten das Image der Außenseiter.[5] Das gilt grundsätzlich für alle Philosophen, doch in verstärktem Maße für die Kyniker.

Die ursprüngliche Aufgabe des Philosophen im griechischen Stadtstaat war die Erziehung der Jugend. Bis zum 7. Lebensjahr war der Lebensraum des Kindes ausschließlich die Familie. Dann folgte, etwa bis zum 17. Lebensjahr, die sportliche Erziehung im Gymnasion sowie die Ausbildung in Schreiben, Rechnen und Musik, teils durch Privatlehrer, teils durch öffentlich angestelltes Lehrpersonal. Für jene, die es sich leisten konnten, schloss sich eine weitere, bis zu fünf Jahre dauernde Ausbildung an; mögliche Richtungen waren Redekunst, Lebenskunst oder Heilkunst – Rhetorik, Philosophie oder Medizin. Während dieser letzten Phase bemühten sich besonders Sophisten («Klugmacher») und Philosophen, junge Menschen als treue Anhänger und Jünger zu gewinnen und sie in ihrem Sinne zu formen. Sophisten und Philosophen waren in den größeren griechischen Städten leicht zu finden, ein gutes Medizinstudium mochte in die Ferne führen. Wer sich zur Medizin hingezogen fühlte, musste eine Ärzteschule besuchen, etwa die des Hippokrates (ca. 460–370 v. Chr.) auf der Insel Kos.

Zumindest zeitweise war auch Diogenes als Lehrer tätig. Von Piraten auf einer Überfahrt gefangengenommen, wurde er als Sklave verkauft und musste die Kinder des Korinthers Xeniades erziehen – eine typische Sklavenaufgabe. Diogenes las mit ihnen neben den Werken von Dichtern (zweifellos sind *Ilias* und *Odyssee* gemeint) und Historikern auch von ihm selbst verfasste Schriften und ließ sie Texte auswendig lernen. Er hielt sie zu sportlicher Betätigung an und gewährte ihnen nur spärliche Kleidung und einfache Nahrung. «Mit schmucklosen, kurzgeschnittenen Haaren, ohne Mantel, barfuß, schweigend und in sich gekehrt mussten sie sich draußen bewegen. Er nahm sie auch auf die Jagd mit. Sie erwiesen Diogenes Achtung und traten bei den Eltern für ihn ein.»[6] Offenbar orientierte sich Diogenes am strengen Erziehungsideal der Spartaner.[7] Wir wissen nicht, ob Diogenes mit seiner Aufgabe als Hauslehrer zufrieden war oder nicht. Er hat seine Aufgabe offenbar angenommen und kam ihr mit Ernst nach.

Wie bei allen Überlieferungen über Diogenes lässt sich auch in diesem Fall schwer entscheiden, ob wir es mit einer historisch glaubwürdigen Nachricht oder mit einer erfundenen Geschichte zu tun haben. Wie immer es um die Zuverlässigkeit der Erzählung bestellt sein mag, sie darf als typisch für die antiken Philosophen gelten: Suchten sie eine ihren Lebensunterhalt sichernde Beschäftigung, so kam in erster Linie eine Tätigkeit als Hauslehrer in Betracht. Wahrscheinlich haben viele Kyniker als Lehrer gewirkt. Falls die Erzählung von Diogenes als Lehrer auf keiner historischen Grundlage beruht, könnte sie als Begründung und Rechtfertigung für einen solchen Brotberuf erfunden worden sein.

Der Lehrer vermittelt Wissen durch regelmäßigen, fast täglichen, in kleinen Schritten vorangehenden Unterricht; das ist auch im alten Griechenland die vorherrschende pädagogische Methode. Sie ermöglicht es dem Schüler, sich Wissen, Fertigkeiten und Fähigkeiten in einem stetigen Prozess anzueignen. Von Unterrichtsstunde zu Unterrichtsstunde wächst das Wissen, um schließlich sein volles, endgültiges Maß zu erreichen. Diesem Konzept der Wissensvermittlung steht eine alternative oder ergänzende Methode gegenüber – die «unstetige Erziehung».[8] Diese vollzieht sich nicht im regelmäßigen Unterricht, sondern in besonderen Situationen und Augenblicken, in denen der Lernende – oft plötzlich und unerwartet – erschüttert wird und zum Begreifen kommt. In solchen unvergesslichen Stunden mögen bisher verborgene Zusammenhänge verstanden werden, Begeisterung für eine Idee, einen Autor oder ein Wissensgebiet entstehen oder lebensbestimmende Berufsentscheidungen fallen. Der Lernende fühlt sich in solchen Situationen nicht mehr belehrt, sondern berufen. Er entdeckt eine Wirklichkeit und weiß – um ein Gedicht von Rilke zu zitieren –, «Du musst dein Leben ändern» (*Archaischer Torso Apollos*). Der Lehrer kann solche Erfahrung der «Erweckung» der Seele oder der existenziellen «Begegnung» mit einem Werk der Kunst oder Literatur nicht durch pädagogische List erzwingen, jedoch vorbereiten, besonders durch persönliche Beratung, durch Aufruf und ermahnende Rede. Dieser Methoden bedienten sich die Kyniker, wenn sie außerhalb eines häuslichen Zusammenhangs als Lehrer tätig wurden. Sie dürfen als die Entdecker der «unstetigen Erziehung» gelten. Gleichzeitig sind sie die Erfinder einer besonderen, der unstetigen Erziehung dienenden Redegattung – der philosophischen Predigt.

### *Philosophische Predigt: die Diatribe*

Als Begründer der kynischen, sich an ein fachlich nicht geschultes Publikum wendenden Moralpredigt gilt Bion (um 300 v. Chr.). Die von Bion entwickelte und von Späteren oft aufgegriffene Redegattung bezeichnet die moderne Forschung als Diatribe. Das griechische Wort *diatribê* meint eigentlich «Beschäftigung, Zeitvertreib», doch es hat die Bedeutung «Unterhaltung, Unterricht, Vortrag» angenommen. Werden antike Texte als Diatribe bezeichnet, handelt es sich nicht darum, sie einer bestimmten literarischen Gattung zuzuordnen, sondern sie als Widerspiegelung mündlicher Laienunterweisung zu kennzeichnen.

Die philosophische Diatribe lässt sich definieren als Laienbelehrung und Gesellschaftskritik in unterhaltsamer Form.[9] Typisch für die abwechslungsreich gestaltete Diatribe sind Annäherung an die Gedankenwelt und Ausdrucksweise des einfachen Volkes, ungekünstelter mündlicher Redestil, Einflechten von wirkungsvollen Parallelen und Vergleichen, derbe Polemik gegen etablierte Sitten und Anschauungen, Witze und Anekdoten, reichliche Verwendung geläufiger Stellen aus klassischer Literatur und Dichtung, pointierter, antithesenreicher Stil, Anführung eines fiktiven Gegners in wörtlicher Rede, Personifikationen von Tugenden und Lastern. Zwar dient die Diatribe oft dringlicher Ermahnung, aber trotz pädagogischer Absicht herrscht häufig ein munterer Plauderton.

Die Diatribe lässt sich vielfältig einsetzen, doch ihr erster Adressat ist die Jugend. Wie die Vertreter anderer philosophischer Richtungen suchen auch die Kyniker unter den Sechzehn- bis Neunzehnjährigen Anhänger, unter jenen also, deren Lebensplan noch offen ist, da sie weder durch Beruf noch Ehe ins Leben verstrickt und dadurch festgelegt sind. Eine vollständige philosophische Predigt, die sich an junge Menschen wendet, findet sich in Epiktets Traktat *Vom Kynismus*.[10] Diese Propaganda- oder Erweckungsrede beginnt wie folgt:

> Wehe! Menschen! Wohin stürzt ihr? Was tut ihr, elende Geschöpfe? Wie die Blinden tappt ihr hinauf, hinab. Vom wahren Weg seid ihr abgekommen, geht auf einem anderen und sucht anderswo, am falschen Ort, Behaglichkeit und Wohlsein, wo sie nicht zu finden sind. Und wenn einer euch den Weg weisen will, glaubt ihr ihm nicht. Warum sucht ihr es draußen? Im Körper ist es nicht.

> [...] Im Besitz ist es nicht. Wenn ihr mir nicht glaubt, seht euch Kroisos an, seht euch die Reichen von heute an, wie ihr Leben voller Jammer ist. In hohen Ämtern ist es nicht.[11]

Die Rede führt die Zuhörer schließlich dazu, jenen Ort im Menschen zu erkennen, der von Natur aus frei und glücklich ist. (Es handelt sich um die Seele, die jedoch nicht beim Namen genannt wird.) «Ihr Ärmsten! Das müsst ihr bearbeiten, darum müsst ihr euch kümmern, dort müsst ihr das Gute suchen.»[12] Das Gute kann aber tatsächlich gefunden werden; das beweist der Redner durch Hinweis auf seine eigene Person – und hier kommt die Pädagogik des Vorbilds zum Tragen:

> Seht, der Gott [Zeus] hat euch einen Mann gesandt, der euch durch die Tat zeigen soll, dass dies möglich ist. Seht mich an: Ich bin ohne Haus, ohne Vaterstadt, ohne Besitz, ohne Sklaven. Ich schlafe auf dem Boden, habe nicht einmal ein kleines Landgut, sondern nur die Erde, den Himmel über mir und einen einzigen schäbigen Mantel. Und was fehlt mir? Bin ich nicht furchtlos, bin ich nicht frei?[13]

Wer sich diese Rede zu Herzen nimmt, kann nicht anders, als seine bisherige Existenz aufzugeben, um fortan als Kyniker zu leben. Nicht jede Moralpredigt stellt eine solche Herausforderung dar, doch diese bildet, wie Epiktet zeigt, das Herzstück der kynischen Propaganda.

Wendet sich die Kynikerrede an Erwachsene, die mitten im Leben stehen, wird dieses Leben selbst zum Thema der Diatribe. Jeder soll sich angesprochen fühlen, jeder etwas lernen. Typische Themen sind der Vergleich von Reichtum und Armut (der stets zugunsten der Armut ausfällt, da Reichtum nur Sorgen mit sich bringt), die Empfehlung von Selbstgenügsamkeit als Lebensideal, der Kampf gegen die das Leben erschwerenden Leidenschaften, die Aussöhnung mit der Verbannung aus der Heimatstadt durch politische Gegner, die Warnung vor der Lust, die zu Unrecht als das höchste Gut gilt.[14] Auch die Bewältigung von Alter, Krankheit und Tod sowie die Überwindung von Schwierigkeiten im mitmenschlichen Umgang kommen zur Sprache. Immer geht es um «die Weitergabe einer hilfreichen, von Leid befreienden Sicht der Wirklichkeit».[15] Später haben sich volkstümliche christliche Moralprediger der meisten dieser Stilmittel und Themen bedient, sodass sie uns bekannt erscheinen.

Auch die jüdischen Kyniker bedienen sich der Diatribe. Von Johannes dem Täufer wird eine zur Solidarität rufende Standespredigt überliefert:

> Wer zwei Leibröcke hat, teile mit dem, der keinen hat. Und wer zu essen hat, der tue desgleichen. Es kamen auch Zöllner, um sich taufen zu lassen. Und sie sprachen zu ihm: Lehrer, was sollen wir tun? Er sprach zu ihnen: Treibt nicht mehr ein, als euch angeordnet. Aber auch Kampfsoldaten fragten ihn: Und wir, was sollen wir tun? Und er sprach zu ihnen: Keinen schindet, keinen erpresst, und lasst euch euren Sold genügen![16]

Eine Ermahnung also zum Teilen und zur Selbstbeschränkung; eine Rede gegen Habgier. Der Diatribenstil ist auch für Jesu Lehrart charakteristisch; darauf verweisen die Gleichnisse und Beispielerzählungen ebenso wie das Einflechten alttestamentlicher Zitate und Anspielungen.[17] Schon in der Antike wurde die Nähe von Jesu Lehrart und der kynischen Diatribe bemerkt. Der Kirchenvater Origenes zählt auf, was Jesus mit Epiktet gemeinsam hat: Beide sprechen eine Sprache, die auch den gemeinen Mann erreicht. Das schwer verständliche Idiom der Platoniker, meint Origenes, habe nur wenigen genützt; «dagegen hat die Redeweise der Männer, die zugleich einfacher und sachlich und mit Berücksichtigung der großen Menge gelehrt und geschrieben haben, einer viel größeren Anzahl von Menschen Nutzen gebracht.»[18] Solche Männer, sagt Origenes, sind Jesus und Epiktet.

Die bei Lukas überlieferte jesuanische Parabel vom reichen Prasser und armen Lazarus ist ein Glanzstück aus dem Repertoire der Diatribe: Der Reiche gewährt dem vor der Tür seines Hauses darbenden Armen von seiner opulent gedeckten Tafel keinen einzigen Bissen; er hat kein Herz für den Armen, der im Freien liegt und seine Geschwüre von Hunden lecken lässt. Als der Tod beide ereilt, kehrt sich ihr Schicksal um: Nun ruht Lazarus im Himmel, während der Reiche in der Hölle schmachtet, von schrecklichem Durst gequält.[19] Die in der Parabel erwähnten Hunde sind wohl bereits als ein dem antiken Leser verständliches kynisches Signal zu deuten. Tatsächlich findet die Geschichte vom reichen Prasser und vom armen Lazarus ihre nächste Entsprechung in einer bekannten, im Stil des Kynikers Menippos gehaltenen Satire:[20] Lukians Erzählung vom reichen Tyrannen Megapenthes und dem armen Schuster

Mikyllos.[21] Die Erzählung spielt in der Unterwelt. Sie berichtet von der Ankunft dreier gerade verstorbener Menschen im Totenreich – dem Philosophen Kyniskos, dem Tyrannen Megapenthes und dem Schuster Mikyllos. Sie kommen vor den Totenrichter. Dieser schickt den Schuhmacher Mikyllos zusammen mit dem Philosophen Kyniskos (d.h. dem Kyniker) zu den Inseln der Seligen. Was den Reichen angeht, so zögert der Richter: Soll er ihn in den brennenden Feuersee werfen oder dem Kerberos zum Fraß überlassen? Auf den Vorschlag von Kyniskos wird eine andere Strafe verhängt: Gefesselt muss er auf ewig neben Tantalos stehen, Durst erleiden und sich an sein vergangenes Leben erinnern. Kein Leser der jesuanischen Parabel, der die hellenistische Tradition kennt, wird an ihrem kynischen Charakter zweifeln. Der Schuhmacher (bei Lukian) und der Bettler (bei Jesus) verkörpern den armen Philosophen, den wie die kynischen Leitgestalten Herakles und Elija ein gutes Schicksal im Jenseits erwartet.

### *Kynische «Seelsorge»*

Den Kynikern erschienen ihre Zeitgenossen als in Unfreiheit verstrickte und mit Mängeln behaftete Menschen, die nicht nur der öffentlichen Belehrung durch die philosophische Predigt bedürfen; auch der Einzelne hat Beratung nötig. Darf man der Überlieferung trauen, so hat der Diogenes-Jünger Krates als erster den bei Antisthenes und Diogenes selbst noch undeutlichen therapeutischen Auftrag als ständige Aufgabe entdeckt. Er verschrieb sich dem philanthropischen Beruf des «Seelsorgers», der hier zum ersten Mal begegnet. Anknüpfen konnte Krates dabei zweifellos an Sokrates, der, wie Platon schildert, dem Einzelnen «wie der Vater oder ein älterer Bruder» zuredet, um ihn zu einem tugendhaften Menschen zu machen.[22]

Der kynische Seelsorger besitzt kein bestimmtes, wohldurchdachtes Gesellschaftsmodell nach der Art des platonischen Idealstaates, in das er die bestehende Gesellschaft verwandeln will. Vielmehr hat seine Tätigkeit zum Ziel, die Zahl der freien und nach sittlichen Grundsätzen handelnden Menschen zu vergrößern. Krates pflegte jenen Umgang mit anderen, den wir – anachronistisch, doch ohne Alternative in unserer Sprache – als seelsorgerliche oder therapeutische Betreuung bezeichnen können. Von vielen seiner attischen Mitbürger geschätzt, war Krates ein in den Häusern gern gesehener Gast; er wird der «Türöffner» genannt, weil ihm jedes Haus offenstand und er dort seine Mahnreden halten konnte.[23] Mehrfach wird von seinen ungewöhnlichen Hausbesuchen berichtet:

> Kein Haus war ihm verschlossen, kein Familienvater hütete ein so tiefes Geheimnis, dass Krates sich nicht einmischen konnte, ohne störend zu wirken, er, der Schlichter und Schiedsrichter in allen Familienangelegenheiten und Zänkereien. Die Dichter erzählen, wie Herakles einst dank seines Heldenmuts schreckliche Ungeheuer in Menschen- und Tiergestalt besiegte und die Welt von ihnen säuberte. Genau das tat dieser philosophische Herakles [nämlich Krates] im Kampf gegen Zorn, Neid, Habsucht, Gelüste und sämtliche anderen ungeheuerlichen verbrecherischen Triebe der menschlichen Seele. Alle diese Krankheiten vertrieb er aus dem Gemüt, reinigte die Familien, bezähmte die Bosheit, auch er halb nackt und durch seine Keule erkenntlich, auch er gebürtig aus Theben, denn dort kam nach der Überlieferung Herakles zur Welt.[24]
>
> Er besuchte auch die Häuser seiner Freunde, eingeladen oder uneingeladen, und versuchte, die nächsten Familienangehörigen miteinander zu versöhnen, wenn er merkte, dass sie im Streit lebten. Sein Tadel war nicht verletzend, sondern liebevoll, denn er wollte in den Augen derjenigen, die er zu bessern suchte, kein Ankläger sein, sondern ihnen selbst und den Umstehenden helfen.[25]

Von dem Philosophen Demonax wird in einem Idealporträt Ähnliches berichtet: «Es lag ihm auch am Herzen, Brüder, die in Streit miteinander lebten, zu versöhnen, und zwischen Ehegatten Frieden zu stiften. Bei schweren politischen Auseinandersetzungen fand er die passenden Worte, und die Mehrheit ließ sich von ihm überzeugen, ruhig ihre patriotische Pflicht zu erfüllen.»[26]

Ihren seelsorgerlichen Beruf verglichen die Kyniker nicht selten mit dem Heilberuf des Arztes. Über Antisthenes wird berichtet: «Auf den Vorwurf, mit bösen Burschen umzugehen, erwiderte er: Auch die Ärzte gehen mit Kranken um – und bekommen kein Fieber.»[27] Auf die Frage, warum er so hart gegen seine Schüler sei, gab Antisthenes zur Antwort: «Auch die Ärzte sind es gegen ihre Kranken.»[28] Diogenes zog es vor, sich bei den «Kranken» in Korinth niederzulassen:

> Dort lebte er, ohne sich eine Wohnung zu mieten oder sich bei einem Freund einzuquartieren, sondern hauste im Kraneion [einem vor dem Osttor Korinths gelegenen Hain] unter freiem Himmel. Er sah nämlich, dass dort viele Menschen zusammenströmen wegen der Häfen und der Dirnen und weil die Stadt

gleichsam an einem Schnittpunkt Griechenlands liegt. Wie der pflichtbewusste Arzt dort helfe, wo die meisten Kranken sind, so müsse der Mann, der eingesehen habe, worauf es im Leben ankommt, sich dort aufhalten, wo die meisten Menschen ohne diese Einsicht leben, um ihnen ihren Unverstand überzeugend vorzuhalten.[29]

Eine andere Fassung dieser Anekdote lautet: «Ein Athener stellte ihn [Diogenes] zur Rede, weil er die Spartaner höher einstufte [als die Athener] und doch nicht bei ihnen wohnte. Ja, sagte er, aber der Arzt, der [seinen Patienten] zur Gesundheit verhilft, hält sich auch nicht bei den Gesunden auf.»[30] Kurz: der Philosoph ist Arzt, die Menschen aller Klassen sind seine Patienten.

Der Kyniker muss, wie er glaubt, die anderen Menschen – vor allem jene, die an einen Haushalt mit Frau und Kindern gebunden sind – beobachten, muss schauen, wer seine Frau gut, wer sie schlecht behandelt, muss wissen, in welchem Haus Ruhe herrscht, in welchem nicht; wie ein Arzt muss er herumgehen und den Puls fühlen.[31]

Alle Menschen macht er zu seinen Kindern; die Männer betrachtet er als seine Söhne, die Frauen als seine Töchter. In diesem Geist wendet er sich allen zu, kümmert sich um alle. Oder glaubst du, er weise die Leute, die ihm begegnen, aus Fürwitz zurecht? Wie ein Vater tut er es, wie ein Bruder und wie ein Diener des gemeinsamen Vaters Zeus.[32]

Aufschlussreich sind die verwendeten Metaphern: Arzt und Vater. Weder der eine noch der andere ist Polizist, Staatsanwalt oder Richter. Es geht dem Philosophen nicht darum, andere anzuklagen und zu bestrafen. Arzt und Vater beurteilen menschliches Fehlverhalten nicht als Zorn verdienendes Vergehen oder gar zu bestrafendes Verbrechen, sondern als zu heilende Krankheit und zu korrigierenden Fehler. Der Kyniker inszeniert kein philosophisches Gericht, sondern übt väterliche Fürsorge und philosophische Therapie. Als Therapeut will er nicht verurteilen, sondern heilen. Das segensreiche, von ruhiger Geduld gekennzeichnete Wirken des Demonax wird wie folgt geschildert:

Nie hörte man ihn schreien, nie regte er sich übermäßig auf oder war erzürnt, auch wenn es galt, jemanden zu tadeln. Die Sünden stellte er zwar bloß, aber den Sündern verzieh er. Man müsse sich die Ärzte zum Vorbild nehmen, die Krankheiten heilen, ohne den Kranken zu zürnen. Zu fehlen sei menschlich, aber Fehler zu berichtigen göttlich oder gottähnlich.[33]

Als Seelenärzte[34] beanspruchen die Philosophen dasselbe gesellschaftliche Ansehen, das die Ärzte in der antiken Welt genießen. Die in den medizinischen Schulen Griechenlands gepflegte Heilkunde hat sich im 5. Jahrhundert v. Chr. zur ersten systematisch betriebenen Wissenschaft der westlichen Kultur entwickelt. Von Anfang an galt sie als Vorbild einer der Forschung verpflichteten, theoretisch anspruchsvollen, praktisch erfolgreichen und von strenger Berufsethik getragenen Disziplin. Jede Wissenschaft – ob Staatskunst, Philosophie oder Naturkunde – musste sich an ihr messen.

Die philosophische Seelsorge der Kyniker war nicht organisiert. Dennoch kann der Roman sich vorstellen, Diogenes habe sein volkserzieherisches Wirken durch den Einsatz talentierter Lehrmeister unterstützt, die er gleichsam als «Apostel» entsendet. Als sich Dionysios (430–367 v. Chr.), der Tyrann der Stadt Syrakus, für das philosophische Leben interessiert, erhält er folgenden Brief:

> Diogenes der Hund grüßt Dionysios.
> Da du beschlossen hast, dich um dich selbst zu kümmern, werde ich dir einen Mann schicken [...] – einen der Lehrer, die mir in Athen zur Verfügung stehen. Sein Blick ist streng, sein Schritt schnell, und seine Peitsche kann großen Schmerz verursachen. [...] Wenn du diesen Mann mit dem schulterfreien Gewand [d. h. den kynischen Lehrer] aufnimmst, damit er deine Rippen reinigt [d. h. mit dir streng umgeht], deinen üppigen Gastmählern ein Ende macht und dich zu seiner Lebensweise bekehrt, dann wirst du gerettet werden, du armer Wicht.[35]

Von einem Interesse des historischen Tyrannen Dionysios für die kynische Philosophie ist nichts bekannt. Dem Brief aus Athen liegt lediglich die Erinnerung an das Interesse des Dionysios an der Philosophie zugrunde, hatte doch der Tyrann den Philosophen Platon an seinen Hof nach Syrakus gerufen, und dieser war dem Ruf für einige Zeit gefolgt. Platon wollte in Syrakus, der damals größten Stadt der griechischen Welt, einen Musterstaat errichten (ein Vorhaben, dessen Verwirklichung gescheitert ist). Das Ziel der Kyniker ist vergleichsweise bescheiden – sie wollen den Tyrannen zu einem Philosophen umerziehen. Dazu aber bedarf es der Anwesenheit eines strengen seelsorgerlichen Begleiters.

Das Ideal des Seelsorgers findet sich auch im jüdischen Kynismus wieder. Jesus wird uns zumindest einmal als kynischer Arzt geschildert, wenn er seinen Aufenthalt unter Zöllnern verteidigt mit dem Spruch: «Nicht die Starken brauchen den Arzt, sondern die übel dran sind.»[36] Was Jesus in der Bergpredigt über Versöhnung, Ehebruch, Ehescheidung, Schwören, Verzicht auf Vergeltung und Feindesliebe sagt,[37] lässt sich als Kompendium einer kynisch-jüdischen Ethik verstehen. Dazu gehört auch eine der Seligpreisungen Jesu, mit bemerkenswerter Entsprechung zur kynischen Gotteskindschaft: «Selig die Friedenstifter, denn sie werden Söhne Gottes heißen.»[38] (Zur Gotteskindschaft s. o., 6. Kapitel.) Nach der Bergpredigt hat Jesus auf die Versöhnung zwischen verfeindeten Brüdern großen Wert gelegt und den Gebrauch von verletzenden, Unfrieden stiftenden Schimpfwörtern untersagt.[39] Selbst mit dem Gegner im Rechtsstreit soll ohne Zögern Versöhnung erfolgen, noch vor dem Gerichtsverfahren.[40] Bemerkenswert ist Jesu Stellung zur Ehe: Als Kyniker bleibt er «um des Gottesreiches willen» unverheiratet,[41] als Seelsorger spricht er sich gegen die Ehescheidung aus, die in seiner Zeit die Verstoßung der Frau aus der Familie und damit ihre soziale Marginalisierung bedeutet.[42]

Verbunden mit der Aufgabe der Seelsorge war zumindest für den jüdischen Kyniker auch die Heilung Kranker; sie ist ein charakteristisches Merkmal der Jesusüberlieferung in den Evangelien. Neben Krankenheilungen werden Jesus selbst Totenerweckungen nachgesagt.[43] Entsprechungen dazu fehlen im Zentrum der kynischen Tradition, doch lässt uns der Fall eines kynischen Heilers doch die Vereinbarkeit philosophischer Lebensweise mit heilerischer Tätigkeit erkennen. Favorinus (ca. 80/90 n. Chr. geboren) wird eine – nicht überlieferte – medizinische Schrift *Von den Vorteilen des Badens* zugeschrieben.[44] Ein polemischer Bericht schreibt ihm allerlei Untaten zu, die sich ausnahmslos als Tätigkeiten im medizinischen Bereich deuten lassen: Er habe große Sorgfalt auf die Körperpflege verwendet; er habe allerlei tödliche Gifte gesammelt; er habe anderen Wunder versprochen, indem er ihnen vorgaukelte, er könne Tote wieder ins Leben zurückrufen; er habe sich auf Liebesmagie verstanden.[45] Die feste Verwurzelung heilerischer Tätigkeit im jüdischen Kynismus hat zweifellos mit dem Vorbild des Propheten Elija zu tun, werden doch von diesem biblischen Propheten allerlei Wunder und sogar eine Totenerweckung berichtet. Anders als Elija war Herakles, das Leitbild der Kyniker, kein Wunder wirkender Held.

### *Feindesliebe – das Ethos der Kyniker*

Die Autorität, auf die der Kyniker seine philanthropische und propagandistische Arbeit stützt, beruht zweifellos auf seiner sozialen Stellung oder, genauer gesagt: auf seiner asozialen gesellschaftlichen Position. Der Status des «Fremden» macht den Kyniker heimatlos, verschafft ihm jedoch auch Vorteile. Gilt es, sich einen Rat zu holen oder einen Rechtsstreit entscheiden zu lassen, ist der antike Mensch misstrauisch gegen alle, die befangen sein könnten. Weder einen weisen Rat noch ein unparteiisches Urteil erwartet er von einem Mitbürger, der Rücksichten auf Freunde oder Verwandte nehmen muss oder dessen Rat und Urteil ihm irgendwelche Vorteile verschaffen könnte. Daher genießt der Fremde als Ratgeber oder Richter den Vorzug. Fremde werden sogar als ordentliche Richter berufen.[46] Von solcher Art ist auch die Autorität des Kynikers. Er macht von ihr Gebrauch, indem er als Seelsorger wirkt. Als gesellschaftlicher Außenseiter kann er, die Verhältnisse «objektiv» beurteilend, unparteiischen Rat erteilen, und dieser wird oft dankbar angenommen. Viele sind bereit, ihn als Richter anzuerkennen und sich seinem Schiedsspruch zu unterwerfen. In einer ähnlichen sozialen Position finden wir den buddhistischen und den christlichen Mönch, vor allem den mittelalterlichen Franziskaner (den vorzüglichen Repräsentanten der «Bettelorden»), aber auch den unverheirateten katholischen Priester. Unter diesen finden sich nicht wenige, die als «Weise» Vertrauen finden, Streit schlichten und unbefangen zwischen verfeindeten Parteien vermitteln. Sie erfreuen sich der Anerkennung als unabhängige, der Gesellschaft gegenüberstehende neutrale Instanz. Als marginale Gestalten genießen sie gleichzeitig das Privileg, gesellschaftlicher und kultureller Konvention nicht unterworfen zu sein. Indem sie sich zu Fremden machen, erwerben sie das Vorrecht, der Gesellschaft gegenüber als Kritiker auftreten zu dürfen. Sie sind frei. Darauf beruht ihr Erfolg.

Darauf beruht aber auch ihr Misserfolg, bleibt dieser doch nie aus. Fremde gelten nämlich auch als suspekt, weil sie anders sind und sich in die Gesellschaft und ihre Sitte nicht einfügen. Wer sich zur philosophischen Lebensweise bekehrt, wird oft ausgelacht, mit Spott überschüttet und verhöhnt.[47] Erst recht, wer bettelt oder als «Seelsorger» und öffentlicher Redner andere belehren will. Wer sich in anderer Leute Angelegenheiten einmischt, erfährt nicht selten schroffe Zurückweisung. Der Kyniker wird abgewiesen, beschimpft und sogar tätlich angegriffen. Wie soll der Philosoph reagieren?

Die Antwort ist fester Bestandteil der kynischen Ethik: Misshandlung ist geduldig zu ertragen. Keinesfalls soll sich der Kyniker zu nutzlosem Wortgefecht, Balgerei und Händel provozieren lassen. Der in sich gefestigte Philosoph hat gegenüber Angriffen immun zu sein. «Schinden lassen muss er sich wie ein Esel und geschunden noch seine Schinder lieben – ist er doch Vater und Bruder von allen.»[48] Trotz der Misshandlung hat der Kyniker die Rolle zu wahren, die er anderen gegenüber einnehmen muss: die eines Vaters und Bruders, der sich zu Nachsicht und Liebe verpflichtet weiß.

Zumindest in der römischen Kaiserzeit empfehlen die Kyniker und ihre Anhänger Feindesliebe. Von Feindesliebe handeln Musonius Rufus, Seneca, Epiktet und Mark Aurel.[49] Ein Beispiel gibt Seneca in seiner Abhandlung *De clementia* (Über die Milde, 55/56 n. Chr.), die er dem ungestümen Nero zum achtzehnten Geburtstag widmet. Milde und Menschlichkeit werden anhand eines eindrücklichen, wenngleich historisch zweifelhaften Beispiels geschildert: Nach einem gescheiterten Anschlag auf sein Leben lässt Kaiser Augustus seinen Gegner Cinna zu sich rufen. Er bietet ihm Freundschaft an und ein hohes Amt in der Regierung: «Mit dem heutigen Tag soll abermals Freundschaft zwischen uns beginnen» (*ex hodierna die inter nos iterum amicitia incipiat*).[50] Der Feind soll zum Freund werden. Kein wahrhaft philosophisches Leben ohne Feindesliebe! Damit wird jenes alte aristokratische Ethos verlassen, dem zufolge gilt: Kein wahrhaft heldenhaftes Leben ohne Rache am Gegner! Odysseus, in seine Heimat zurückgekehrt, richtet – pflichtgemäß – ein Blutbad unter den Freiern seiner Gemahlin an. Die Philosophen verlassen dieses aristokratische Erbe: Odysseus ist zur Rache verpflichtet, Augustus zur Milde. Solche Milde findet ihr Vorbild im Handeln der Götter, die ihre Wohltaten ohne Rücksicht auf die Würdigkeit der Empfänger spenden: «Wenn du die Götter nachahmen willst, erweise auch undankbaren Menschen Wohltaten, denn auch Verbrechern geht die Sonne auf, und auch Seeräubern stehen die Meere offen.»[51] Und mit folgenden Worten empfiehlt Kaiser Julian die Feindesliebe, ein unverwechselbares Merkmal kynischer Ethik:

> Der wahre Kyniker hat niemanden zum Feind, selbst den nicht, der seinen armseligen Körper schlägt oder seinen Namen in den Dreck zieht, ihn beschimpft und beleidigt, denn Hass empfindet man nur für einen [ebenbürtigen] Gegner, während der Überlegene den Konflikt mit einem anderen mit Wohlwollen zu würdigen pflegt.[52]

Der jüdische Kyniker lehrt: «Liebt eure Feinde, betet für die, die euch verfolgen, damit ihr Söhne eures Vaters werdet», denn auch er liebt seine Feinde, lässt er doch «seine Sonne aufgehen über Schlechte und Gute, und er lässt regnen über Gerechte und Ungerechte.»[53] So der Wortlaut von Jesu Gebot, das sich wie die Zusammenfassung einer Diatribe liest, die, der Gattung gemäß, eine Begründung und Erläuterung der ethischen Ermahnung bietet. Nur bei Lukas und Matthäus überliefert, entstammt der Spruch der Logienquelle, der ältesten Sammlung der Aussprüche Jesu. Nirgendwo im Alten Testament und auch nirgendwo mehr im Neuen Testament, auch nicht bei anderen jüdisch-hellenistischen Schriftstellern wie Philon oder Josephus, findet sich eine vergleichbare Aufforderung. Nur wo kynischer Geist herrscht, kann Feindesliebe gelehrt und praktiziert werden.

Feindesliebe ist ein seltenes, ideales Gut, das in der Überlieferung nur schwache Spuren zu hinterlassen pflegt. Eine Spur scheint sich in dem Bericht über einen Mann namens Jesus, Sohn des Ananos, zu finden.[54] Nach Josephus hat sich Jesus ben Ananos seit etwa 63 n. Chr. in Jerusalem aufgehalten, um der Stadt Unheil anzukündigen. Von vielen angefeindet, sei er oft gepeinigt worden, ohne sich zu wehren. Während der Belagerung Jerusalems durch die Römer im Jahr 70 habe ihn der Stein einer Wurfmaschine tödlich getroffen. Josephus, von dem dieser Bericht stammt, präsentiert die Botschaft des Mannes als göttliches, auf die Zerstörung Jerusalems hinweisendes Vorzeichen. An der Gestalt des Propheten selbst hat er kein Interesse. Doch das Wenige, das er mitteilt, lässt ihn als einen jüdischen Kyniker erscheinen: Jenen, die ihm zu essen geben, dankt er nicht (wie Diogenes[55]); keinem, der ihn quält, flucht er; ihm zugefügte Schmerzen hält er aus, ohne um Milde zu bitten oder Tränen zu vergießen. Diese Züge schließen sich zum Porträt eines jüdischen Kynikers und Propheten zusammen. Ob er seine Gegner geliebt hat, können wir nicht sagen; aber er hat, kynischem Ethos folgend, auf jede vergeltende Handlung verzichtet. Auch hier gilt: Nur wo kynischer Geist herrscht, kann Feindesliebe praktiziert werden.

# 8 Jesus der Hund

Wer als Biograph oder Kulturhistoriker antikes Leben verstehen will, muss dessen vorgegebene «Urformen» und «Urnormen» erkunden. Handeln und Entscheiden, ja ganze Lebensgeschichten erscheinen als «Zitate» von Vorbildern. Thomas Mann hat den antiken Menschen «zitathaftes Leben» nachgesagt, ein Leben also, das keine eigene Gestalt erfindet, sondern Vorbildern zu entsprechen sucht, indem es deren Vorschrift folgt.[1] Tatsächlich ist die Wirklichkeit ohne solche Prägung nicht denkbar, ein Leben nicht gestaltbar, eine Biographie nicht erzählbar. Dieser Einsicht verpflichtet, erkundet die vorliegende Studie jene Normen und Formen, welche die Gestalt Jesu geprägt haben. Sie kann zwei Rollen namhaft machen: die des jüdischen Propheten und die des kynischen Philosophen. Beide sozialen Rollenmuster wurzeln in jener antiken Weltstunde, die (nach der Geschichtsphilosophie von Karl Jaspers) als die Mitte der Weltgeschichte gelten kann. Im hellenistischen Judentum des 1. Jahrhunderts n. Chr. verschmelzen sie zu einer einzigen Rolle, eben jener, die sich Jesus zu Eigen machte. Wir mögen diese Rolle als die eines philosophischen Propheten oder eines prophetischen Philosophen bezeichnen. Nur aus Gründen der religionsgeschichtlichen Rückfrage werden die beiden Rollen in der vorliegenden Studie getrennt behandelt – Jesus als elijanischer Prophet im ersten, Jesus als jüdischer Diogenes im zweiten Teil.

Indem sich die vorliegende Studie mit Jesu rollengeprägtem Verhalten beschäftigt, verzichtet sie darauf, Jesus als Individuum in den Blick zu nehmen. Wer geprägte Rollen beschreibt, erreicht nicht den konkreten Menschen, den Einzelfall, sondern – nach der Wortprägung von Ralf Dahrendorf – den *homo sociologicus*.[2] Der «soziologische Mensch» stellt eine Abstraktion dar, denn kein wirklicher Mensch geht in seinen Rollen auf. Das gilt auch für Jesus: Seine Existenz erschöpft sich nicht in den von ihm erlernten Rollen des elijanischen Propheten und des kynischen Philosophen. Diese mögen sein Erscheinungsbild erfassen, aber sie lassen eine Lücke. Sie wird sichtbar, sobald die Frage nach den Umständen gestellt wird, die Jesus zur Übernahme jener Rollen veranlasst haben könnten. Gewöhnlich wird diese Frage nicht gestellt oder, wenn doch, jenen Fragen zugeordnet, auf die wir keine Antwort wissen. Das vorliegende Kapitel entwirft eine Lebensgeschichte Jesu, die auf solche Zurückhaltung verzichtet, um jene Anschaulichkeit zu erzielen, die uns historische Romane zu bieten pflegen. Der Gewinn scheint beträchtlich.

## *Jesu «Familienroman»*

Die religionsgeschichtliche Forschung liebt es, gerade bei bedeutenden Persönlichkeiten nach den Einflüssen zu fragen, die ihre charakterliche Prägung zustande gebracht und ihr Denken und Handeln bestimmt haben. Gefragt wird nach dem Elternhaus und dem Milieu, in dem ein Mensch aufgewachsen ist und seine erste Lebenserfahrung gewonnen hat. Im Falle von Jesus, über dessen familiäre Herkunft wir wenig Sicheres wissen, empfiehlt es sich, nach seiner Berufswahl zu fragen. Zu dieser Frage gibt eines der historisch verlässlichsten Daten Anlass: die Überlieferung, Jesu Vater sei Handwerker gewesen. Zumindest in den Gesellschaften des Altertums gilt: Niemand erfindet seinen Beruf, seinen Lebensentwurf selbst. In aller Regel folgen Sohn und Tochter vorgegebenen Berufs- und Rollenmustern, indem sie als Bauer, Handwerker, Händler, den Haushalt führende Ehefrau usw. tätig sind. Aber auch besondere Berufe und Berufungen wie die zum politischen Führer, zum Philosophen oder Gelehrten sind als Handlungsmuster mehr oder weniger festgelegt. Alle Berufs- und Rollenmuster werden durch Erzählungen und Vorbilder vermittelt, die dem Lebensentwurf eine bestimmte – bescheidene oder auch ambitionierte – Gestalt und Richtung verleihen. Warum ist Jesus seinem Vater im Beruf nicht gefolgt? Oder warum hat er diesen Beruf zugunsten anderer Tätigkeit verlassen?

Wir müssten über die familiäre Herkunft Jesu, seine Kindheit und Jugend gut informiert sein, um die Gründe dafür namhaft machen und so seine berufliche Biographie rekonstruieren zu können. Wir müssten sogar noch mehr über die Familienverhältnisse wissen, wenn wir versuchen wollten, jene in verborgene Zusammenhänge vorstoßende Tiefenbiographie zu schreiben, die Sigmund Freud als «Familienroman» bezeichnet. Freud spricht mit Recht von «Roman», denn ohne beträchtlichen Einsatz von Phantasie lässt sich keine Lebensgeschichte schreiben – nicht einmal die eines Menschen, über den wir gut unterrichtet sind. Es erheben sich also gewichtige Bedenken gegen das Vorhaben, über Jesu persönliche Verhältnisse zu spekulieren. Dennoch scheint der Versuch nicht aussichtslos.

Das traditionelle Dogma macht Jesus zum Sohn der Jungfrau Maria und gibt ihm einen Nährvater namens Josef, einen Mann, von dem er das Zimmer- oder Bauhandwerk erlernt hat. Auch von Jesu Brüdern und Schwestern hören wir. In seiner Verwandtschaft taucht noch Johannes der Täufer auf. Es ist schwierig, in diesem Gemisch die verlässliche Erinnerung von phantasievoller Legendenbildung und dogmatischer Festschreibung zu trennen und aus historischen Angaben ein Gesamtbild zu erstellen. Aus gutem Grund ist bei Historikern die Annahme beliebt, Jesus sei ein illegitimes, außereheliches Kind, dessen Vater nicht zu ermitteln war.[3] Solchen Kindern kam in der jüdischen Gesellschaft eine marginale Stellung zu, galten sie doch nicht als Vollmitglieder der religiösen Gemeinschaft. Ebenso beliebt ist die Annahme, Jesus sei nach seiner Ausbildung zum Zimmermann zu Johannes dem Täufer gegangen und habe im Schülerkreis dieses Meisters eine prophetische Schulung erhalten. Diese könnte drei Jahre gedauert haben. (Auch der spätere jüdische Politiker und Historiker Josephus hat nach seinem Zeugnis drei Jahre bei einem Asketen von der Art des Johannes verbracht.[4] Die Annahme einer Lehrzeit Jesu bei einem Asketen ist also zumindest nicht völlig aus der Luft gegriffen.)

Was aber könnte Jesus bewogen haben, sich in die Schule des Johannes zu begeben? Ein mögliches Szenario sieht so aus: Dem Knaben wurde sein Status als uneheliches Kind bekannt. Diesen empfand der als schwer erträglich. Als unehelicher Sohn eines Mannes, der seine schwangere Geliebte nicht geheiratet hat, litt Jesus unter seiner Vaterlosigkeit. In den semitischen Kulturen kommt der Beziehung zwischen Vater und Sohn ein hoher Stellenwert zu; auch ist die Beziehung stark emotional besetzt, vergleichbar mit jener Intensität, die für uns Heutige der Beziehung zwischen Mann und Frau eignet. Jesu Mutter mag sich seiner geschämt haben, und Jesus selbst distanzierte sich von ihr, wovon die Überlieferung Spuren aufbewahrt hat.[5] Josef, der Ehemann seiner Mutter, hat ihn möglicherweise nicht voll anerkannt, indem er seine Geschwister – seine leiblichen Kinder – bevorzugte. Der verletzenden Zurücksetzung überdrüssig, verließ der junge Mann seine Familie. Der traumatisierte Jesus ließ sich von Johannes taufen, um sich vom Makel der unehelichen Herkunft zu reinigen. Schließlich fand er in Gott selbst den adäquaten Ersatz für seinen ihm unbekannten irdischen Vater. Jesus sah sich als «Sohn Gottes».

Die Qualifizierung des Frommen als «Sohn Gottes» hat in Israel Tradition. Nach dem in griechischer Sprache verfassten Buch der Weisheit ist die Bezeichnung «Sohn Gottes» ein Ehrentitel für Fromme.[6] Damit ist zunächst nur gesagt, der Fromme stehe zu Gott in einer Art familiärer Beziehung – ein Gedanke, der uns unmittelbar verständlich ist. Doch wir dürfen uns mit dieser Erklärung, so einleuchtend sie sein mag, nicht zufriedengeben. Es ist nämlich möglich, den Ort und die Funktion eines solchen Begriffs innerhalb des archaischen jüdischen Weltbildes wesentlich präziser zu bestimmen. Von Gottessohnschaft wird im alten Israel im Zusammenhang jener Vorstellung gesprochen, die man sich vom Leben nach dem Tod machte. Im Jenseits, so glaubte man, werde der Tote in den Kreis seiner Ahnen – seiner Väter – aufgenommen. Wer aber – wie Jesus – von seinem leiblichen Vater abgelehnt wird, dem bleibt nur der zweite mögliche Jenseitsort: der Himmel, der gleichzeitig die Wohnstätte Gottes ist.

Dieser Gedanke hat im levitischen Priestertum eine lange Tradition.[7] Von Armut, Frömmigkeit und fehlendem Grundbesitz gekennzeichnet, leugnet diese Kaste für ihre Gruppe den Wert der sonst das soziale Leben bestimmenden Vater-Sohn-Beziehung; gleichzeitig glaubt sie an die Aufnahme ihrer Toten in den Himmel. Schon zu Lebzeiten des Leviten gilt: «Wenn mich auch Vater und Mutter verlassen, Jahwe nimmt mich auf.»[8] Wer Levit ist oder die Frömmigkeit der Leviten teilt, kann sich als «Sohn Gottes» sehen. Wie der Levit, so gehört auch Jesus schon in diesem Leben Gott und dem Himmel zu. Ob sich Jesus selbst als Levit verstanden hat, ist unklar; immerhin kommt der Name Levi zweimal im Stammbaum seines (Zieh-)Vaters Josef vor.[9] Jesus könnte sich also in einer levitischen Rolle gesehen haben. Diese Überlegung führt uns wieder in die Nähe des Rollendenkens, das sich jedoch hier ganz eng mit dem «Familienroman» Jesu verbindet. So scheint die in den Evangelien erzählte Geschichte des elijanischen Propheten und jüdischen Kynikers Jesus von der verborgenen Geschichte eines verstoßenen Kindes getragen zu sein.

## *Jesu «Bildungsroman»*

Als Erwachsener verfügte Jesus über ein umfangreiches Wissen über Brauchtum, Religion, Literatur und Geschichte des jüdischen Volkes. Auch griechisches Gedankengut war ihm nicht fremd. Wann und wie er sich dieses Wissen angeeignet hat, ist unbekannt. Ob er als Kind lesen und schreiben gelernt hat, gilt als ungeklärt. Bleibt uns ein Zugang zu den Einzelheiten von Jesu jüdischem und griechischem Bildungsgang auch versperrt, so lässt sich doch eine Art «Bildungsroman» entwerfen, der sich aus unserer Kenntnis der Kultur seiner Zeit speist.

Nehmen wir die Überlieferung ernst, nach welcher Jesus von einigen Zeitgenossen als «Rabbi» oder «Lehrer» angeredet wurde,[10] ist mit einer zumindest rudimentären frühen Ausbildung in jüdischer Schriftgelehrsamkeit zu rechnen. Wie manche Handwerker seiner Kultur muss Jesus für die Schriften seines Volkes Interesse gezeigt haben; vorstellbar ist die Ausbildung bei einem älteren jüdischen Gelehrten, der den jungen Mann in jene Texte einführte, die als Heilige Schrift seines Volkes galten. Eine Anschauung von einem solchen Vorgang bietet die Biographie des Paulus: Dieser in Tarsus in Kleinasien aufgewachsene jüdische Handwerker verbrachte in seiner Jugend einige Zeit in Jerusalem, um bei Gesetzesgelehrten zu studieren.[11] Eine solche Ausbildung könnte Jesus auch in jenen Jahren erhalten haben, in denen er sich im Umkreis von Johannes dem Täufer aufhielt; dann wäre Johannes selbst oder ein diesem nahestehender Schriftgelehrter der Lehrer Jesu gewesen. Rechnen wir mit einem intensiven Schriftstudium Jesu, muss er auch mit dem Buch Kohelet in Berührung gekommen sein, jenem hebräischen Buch, das, um 200 v. Chr. entstanden, jedem Leser einen jüdischen Kynismus vor Augen führt.

Jesu Bildung enthielt zweifellos auch griechisches Wissensgut. Schon seine ursprüngliche, von ihm aufgegebene berufliche Tätigkeit als Bauhandwerker erforderte, wie jede Tätigkeit in Handwerk und Handel, gewisse Grundkenntnisse des Griechischen.[12] Sepphoris, die wichtigste Stadt seiner galiläischen Heimat, besaß eine aus Juden und Heiden gemischte Bewohnerschaft; das offenbar zu Beginn des 1. Jahrhunderts n. Chr. errichtete römische Theater bestand bis in die Spätantike.[13] «Warum soll Jesus, aufgewachsen in der Umgebung von Sepphoris, nicht vereinzelte Aussprüche kynischer Wanderprediger gehört haben, zumal er wahrscheinlich selbst etwas Griechisch sprach?», fragt Martin Hengel in einer Studie über das enorme Ausmaß der Hellenisierung Palästinas in jener Zeit.[14] Ohne Griechischkenntnisse, ohne Kontakt zu kynischem Gedankengut, ohne die hellenistische Kultur Galiläas sind Jesus und seine ersten Anhänger nicht zu verstehen. Wenn wir auch den Umfang der Griechischkenntnisse Jesu nicht mehr ermitteln können, so ist die Annahme, er habe nur die aramäische Volkssprache beherrscht, kaum glaubhaft; zu viel weist auf Jesu Zweisprachigkeit hin: Er muss neben der aramäischen auch der griechischen Sprache mächtig gewesen sein.[15]

Wir dürfen uns Johannes den Täufer, Jesus und Bannus als junge Männer vorstellen, die, von kynischem Gedankengut berührt, sich dafür begeisterten und auch anderen ihren Enthusiasmus zu vermitteln wussten. Sie entdeckten die Analogie zwischen den griechischen Kynikern und dem Propheten Elija. In Galiläa gehörten die Legenden über Elija und Elischa zum lebendigen Volksgut; manchen frommen Sonderling – man denke an Honi den Kreiszieher und Hanina ben Dosa – regte sie dazu an, sich in den Ruf zu bringen, wie Elija Kranke heilen und Regen herbeirufen zu können. Wenn es von Elischa heißt, «solang er lebte, zitterte er vor niemand, und keiner der Sterblichen herrschte über seinen Geist»,[16] fühlte sich jeder, der mit der kynischen Art vertraut war, an das stolze Freiheitsgefühl des Diogenes erinnert. Elija wie die Kyniker sind ohne Besitz und tragen einfachste Kleidung: diese Analogie verstärkt das Interesse am Kynismus und führt zur Entwicklung jener einzigartigen Richtung des Judentums, die wir als jüdischen Kynismus bezeichnen. Jesus und die griechischen Kyniker der hellenistisch-römischen Zeit haben vieles gemeinsam: Sie verzichten auf Besitz, Ehe und Lebensvorsorge; sie verstehen Gott als Vater aller Menschen; sie empfehlen Nächstenliebe; sie wenden sich anderen seelsorgerlich zu; sie bemühen sich um Friedensstiftung; sie lehnen Vergeltung ab und sind bereit zum Leiden; mit traditionellen religiösen Geboten und Bräuchen gehen sie unbefangen um. Wie im Griechentum bildeten sich auch im Judentum zwei Varianten der kynischen Lebensauffassung: eine, die ihre Anhänger auf strenge Enthaltsamkeit und Genügsamkeit verpflichtet, repräsentiert durch Johannes den Täufer und Bannus; und eine, die auch Lebensgenuss nicht verachtet, vertreten durch Kohelet und Jesus.

## *Jesu rollengeprägtes Verhalten*

Die öffentliche Tätigkeit Jesu, wie sie in den Evangelien überliefert wird, lässt die Verknüpfung seiner beiden Rollen als elijanischer Prophet und als kynischer Philosoph deutlich erkennen. Manchmal stehen sie in den Evangelien nahezu unverbunden nebeneinander, sodass ihre charakteristische Verschiedenheit hervortritt. Ein Beispiel dafür ist das 6. Kapitel des Markusevangeliums. Der Bericht beginnt wie folgt:

> Dann zog er [Jesus] weg von dort. Und er kommt in seine Vaterstadt, und seine Jünger folgen ihm. Als Sabbat war, fing er an, in der Synagoge zu lehren. Und viele, die zuhörten, waren bestürzt und sagten: Wo er das herhat? Und: Was ist das für eine Weisheit, die ihm gegeben ist? Und: Solche Krafttaten sollen durch seine Hände geschehen? Ist das nicht der Handwerker, der Sohn Marias, der Bruder des Jakobus und Joses und Judas und Simon? Und sind seine Schwestern nicht hier bei uns? So nahmen sie Ärgernis an ihm. Jesus sagte zu ihnen: Verachtet ist ein Prophet nur in seiner Vaterstadt, bei seinen Stammesgenossen und im eigenen Haus. Und er vermochte dort nicht eine einzige Krafttat zu wirken – nur einige Kranke machte er heil, indem er ihnen die Hände auflegte.[17]

Jesus wird vom Evangelisten als elijanischer Prophet gezeichnet, der in Begleitung seiner Schüler eine öffentliche Rede hält, deren Inhalt nicht angegeben wird. Die Zuhörer sprechen von seiner Weisheit, aber mehr noch von seinen Wundertaten. Aufgabe eines elijanischen Propheten ist die Krankenheilung, weniger die Lehre. Jesus selbst bezeichnet sich ausdrücklich als Prophet. Später wird im selben Kapitel auf die Beziehung zu Elija eigens hingewiesen: «Und König Herodes hörte davon, denn Jesu Name war bekannt geworden, und man sagte:

Johannes der Täufer ist von den Toten auferweckt, und darum wirken die Kräfte in ihm. Andere aber sagten: Elija ist's! Wieder andere sagten: Ein Prophet – wie der Propheten einer!»[18]

Wir sehen, wie seine Zeitgenossen nach dem Vorbild suchen, das Jesus in seinem Leben «zitiert». Sie verweisen auf Johannes den Täufer, auf die Prophetenrolle, auf Elija. Da sich, wie wir wissen, auch Johannes der Täufer auf Elija bezieht, entdecken wir ein einziges Muster: Jesus ist elijanischer Prophet. Einen gewissen Störfaktor in diesem Bild stellt die öffentliche Lehre dar, gefolgt von der Frage nach der Weisheit (*sophía*) Jesu. Hier kommt die zweite Rolle Jesu ins Spiel, die des Philosophen. Sie ist im Text zunächst verborgen, wird dann aber in dem Augenblick deutlich, wo Jesus seinen Jüngern – nun als «die Zwölf» bezeichnet – Anweisungen gibt:

> Dann zog er lehrend umher durch die Dörfer ringsum. Und er ruft die Zwölf herbei. Und er begann, sie zu zweien auszusenden und gab ihnen Vollmacht über die unreinen Geister. Auch wies er sie an, nichts auf den Weg mitzunehmen, außer einem Stock: kein Brot, keinen Ranzen, kein Kupfergeld im Gurt, nur Sandalen untergebunden. Zieht auch nicht zwei Leibröcke an![19]

Das ist eine perfekte kynische Instruktion: Dem kynischen Ideal entsprechend, sollen die Jünger über keinen Besitz verfügen außer jenem, den sie am Leib tragen, und das soll so wenig wie möglich sein – ein Leibrock, Sandalen, ein Stock, sonst nichts. Wir können nun die Antwort auf die Frage der Zuhörer Jesu geben: «Wo er das herhat?» Er hat es aus der Überlieferung. Er hat sein Verhalten und Tun nicht in eigenschöpferischer Tätigkeit frei erfunden, sondern orientiert sich gleichzeitig an Elija und am Vorbild der Kyniker.

Nicht immer fügen sich Jesu Rollen als Prophet und Philosoph bruchlos zusammen. Lehrreich ist eine im Lukasevangelium berichtete Begebenheit: Auf der Reise wird Jesus und seinen Jüngern die Aufnahme in ein samaritanisches Dorf verweigert. Die Jünger schlagen dem Meister in Anspielung auf das biblische Vorbild eine elijanische Reaktion vor: «Feuer fahre vom Himmel herab und verzehre sie.» Doch Jesus, nach kynischem Muster auf Vergeltung verzichtend, verbietet solches Handeln.[20] Hier erscheint Jesus als der überlegene, den elijanischen Eifergeist seiner Jünger mäßigende Philosoph. Er ist kynischer Prophet oder prophetischer Kyniker, ein Sohn des hellenistischen Judentums.

Dieses Judentum ist von einer Fülle religiöser Überlieferungen und Mentalitäten geprägt. Sie lassen sich auf zwei unterschiedliche Typen von Religiosität zurückführen: eine magisch-volkstümliche und eine ethisch-philosophische Religiosität.[21] Die erstere beruht auf einem unbeirrbaren Glauben an göttliche Wohltaten, derer der Mensch teilhaftig werden kann. Die Teilhabe lässt sich durch bestimmte rituelle Handlungen wie z. B. die Darbringung von Opfern erhoffen, verspricht doch die menschliche Gabe eine Gegengabe göttlichen Segens. Auch die Tätigkeit wunderwirkender oder göttliche Weisung offenbarender Propheten lässt Gottes Menschenfreundlichkeit unmittelbar erfahren. Durch rituelle und prophetische Handlungen sowie prophetisches Wort wird die in der Welt gleichsam schlummernde göttliche Macht aktiviert. Einmal aktiviert, kann sie Heil oder Unheil bewirken. Die mit Elija und Elischa verbundenen Überlieferungen sind von diesem Typus von Religiosität geprägt.

Die andere, ethische Religiosität ist ganz anderen Erwartungen verpflichtet. Sie sucht nicht das Wunder, sondern menschliches Leben im Einklang mit der Natur oder göttlichem Willen, der als sittlicher Wille verstanden wird. Dieser Einklang wird durch einen bewussten Akt der Umkehr erreicht, durch grundlegende Änderung des Denkens und Verhaltens. Der Akt der Umkehr kann zum Beispiel die Aufgabe des gesamten materiellen Besitzes mit sich bringen. Religiöser Glaube verleiht dem Gläubigen eher den Mut, Schmerz, Entbehrung und Ungemach zu ertragen, als auf deren wunderbares Verschwinden zu hoffen. Ansätze zu dieser Religiosität finden sich zwar auch in der elijanischen Überlieferung, zum Beispiel in Elijas Protest gegen den vom König veranlassten Mord an Nabot und in Elischas Ablehnung von Reichtümern, doch nur mit der kynischen Philosophie ist sie fest und in reiner Gestalt verknüpft.

Wenn Jesus aus dem Repertoire der einen oder der anderen Rolle schöpft, tritt einmal die magisch-volkstümliche und einmal die ethisch-philosophische Seite der Religion mehr hervor, und auch die Überlieferung mag einmal den einen und einmal den anderen Aspekt bevorzugen. Diese Vielfalt erlaubt es einfachen wie gebildeten Menschen, sich für Jesus zu begeistern – für den wunderwirkenden neuen Elija und den jüdischen Diogenes.

Ergebnis der Verbindung von Judentum und kynischer Philosophie ist jene schwer fassbare Größe, deren soziale Gestalt traditionell als Kirche, soziologisch als Jesusbewegung bezeichnet wird. Es handelt sich dabei weder um eine neue Religion noch um eine Gruppe, die das Judentum zu reformieren sucht; diese beiden oft vorgebrachten Mutmaßungen sind als wenig wahrscheinlich einzustufen. Vielmehr erscheint die Jesusbewegung als eine philosophische Bewegung. Wir können sie unter zweifachem Aspekt betrachten. Zum einen erscheint sie als eine sich über den gesamten Mittelmeerraum ausbreitende philosophische Bewegung, die eine mehr oder weniger einheitliche Lehre propagiert und in Jesus ihr Leitbild hat. Zum andern erscheint sie als eine jüdische Bewegung, die, anders als der unorganisiert bleibende griechische Kynismus, zu organisatorischen Formen neigt. Vorbild bieten die jüdische Synagoge und, wenig überraschend, die antiken philosophischen Schulen.[22]

Wie die frühen christlichen Gruppen organisiert sind, ist im Einzelnen schwer zu eruieren. Offenbar gibt es eine Vielfalt von Formen. Extreme Gruppen bilden philosophische Zirkel, in denen Gütergemeinschaft herrscht.[23] Weiter verbreitet sind weniger straff organisierte lokale Vereinigungen von Gläubigen, die ähnliche Aktivitäten entfalten wie andere Vereine und Philosophenschulen der antiken Welt – gegenseitige Hilfe, regelmäßige gemeinsame Feiern, organisierte Totenbestattung, Weitergabe und Pflege der Lehre. Um ihre Vereinsziele zu erfüllen, werden mancherorts Ämter eingerichtet – Vorsteher, Helfer und Lehrer. Oder die Gemeinde schart sich um einen, der sich als Lehrer empfiehlt.

Im Zentrum der Lehre steht die Gestalt Jesu. Wie die kynischen Philosophen von ihren Helden und Vorbildern Diogenes, Krates und anderen Kynikern der frühen oder späteren Zeit berichten, so wird auch von Jesus berichtet, und zwar in derselben literarischen Form. Diese Form ist die biographische Anekdote (in antiker Sprache Apophtegma oder Chreia genannt), die im Regelfall Begebenheit und Ausspruch miteinander verknüpft. Die Eigenart der Anekdote lässt sich an Beispielen ablesen. «Auf den Tadel hin, dass er lasterhafte Örtlichkeiten aufsuche, sagte er (Diogenes): Auch die Sonne scheint auf die Latrinen, ohne sich zu beschmutzen.»[24] Von derselben Art – kurz, ungewöhnlich, einprägsam, einer bekannten Persönlichkeit zugeschrieben – sind zahlreiche Kyniker-Geschichten, wovon die bekannteste jene bereits erwähnte ist, welche Diogenes' Antwort auf die Frage Alexanders des Großen nach seinem Wunsch überliefert: «Geh mir aus der Sonne.»[25] Die Anekdote zeigt, was man einer bestimmten Persönlichkeit zutraut und was für sie charakteristisch ist. Anekdoten brauchen nicht unbedingt historisch verbürgt zu sein, denn auch erfundene Geschichten können etwas Charakteristisches in prägnanter Weise zur Anschauung bringen und insofern «wahr» sein. Als kleinste Form des literarischen Porträts ist die Anekdote vermutlich so alt wie menschliches Erzählen, doch in Griechenland erfährt die Gattung eine Blüte. Kein Schulmeister, kein Redner, kein Historiker kommt ohne die biographische Anekdote aus. Die griechische Begeisterung für prägnanten Ausspruch, Schlagfertigkeit und ungewöhnliches Verhalten in einer Einzelsituation breitet sich über die gesamte von der griechischen Kultur berührte Welt aus. Auch auf Judentum und Christentum überträgt sie sich.

In der frühen Jesus-Überlieferung lassen sich zahlreiche, mal mehr, mal weniger literarisch ausgearbeitete Anekdoten entdecken. Als Schriftgelehrte und Pharisäer ihm vorwerfen, er esse mit Sündern und Zöllnern, gibt Jesus zur Antwort: «Nicht die Starken brauchen den Arzt, sondern die übel dran sind.»[26] Unter den Anekdoten, die in einem einprägsamen Wort Jesu gipfeln, findet sich eine, der ein besonderer kynischer Klang zu eignen scheint: die Geschichte von der Berufung der ersten Jünger, die Jesus von ihren Fischernetzen weg beruft, um sie zu «Menschenfischern» zu machen.[27] Der ungewöhnliche Ausdruck bezieht sich auf die Aufgabe der Jünger Jesu, Menschen wie mit einem Fischernetz einzufangen und in eine neue geistige Situation zu versetzen. Der jüdische Kyniker arbeitet nicht mehr im herkömmlichen Sinne; er geht allein einer sozialen Tätigkeit nach – einer Art von Seelsorge. Jesus ist hier eine Wortschöpfung gelungen, die sich dem Gedächtnis einprägt.

Zum ältesten christlichen Traditionsbestand gehören solche zunächst mündlich umlaufenden Anekdoten, die aufgeschrieben und zu Sammlungen zusammengefügt wurden. Solche Sammlungen sind das in koptischer Sprache erhaltene Thomasevangelium und die von der Forschung aus den Evangelien rekonstruierte Logienquelle (auch Spruchquelle oder Q genannt); ihre Anlage entspricht der Art und Weise, wie Diogenes Laertios Aussprüche von Kynikern zusammenstellt.[28] Auch inhaltlich lassen sich viele Beziehungen zur kynischen Geisteshaltung erkennen, und nach John Dominic Crossan bezeugt zumindest die älteste Schicht der Logienquelle einen kynischen Jesus.[29] Ein Jesuswort des Thomasevangeliums lautet: «Warum seid ihr ausgezogen auf das Feld? Um ein Schilfrohr im Winde schwankend zu sehen? Und um einen Menschen zu sehen, der weiche Kleider anhat? Seht eure Könige und Vornehmen, diese tragen weiche Kleider, und sie können die Wahrheit nicht erkennen.»[30] Zweifellos spricht Jesus hier von sich selbst. Auch die kynische Überlieferung wendet sich ausdrücklich gegen jene, die «feine Kleider» tragen.[31] In der Logienquelle und in den Evangelien wird dieser Ausspruch zwar Jesus zugeschrieben, jedoch auf Johannes den Täufer bezogen – er ist jener, der keine feinen Kleider trägt.[32] Hier beginnt die Ausarbeitung des Jesuswortes zu einer kleinen Erzählung, die dann Teil seiner Biographie im Evangelium wird.

Wie die biographische Anekdote über Jesus hat auch die Evangelienschrift ihre nächste Entsprechung in der antiken Kynikerbiographie, einer Literaturgattung, die es vermutlich bereits in vorchristlicher Zeit gegeben hat. Die alten Kynikerbiographien sind nicht erhalten; manches ist in die im 3. Jahrhundert n. Chr. veranstaltete Sammlung des Diogenes Laertios eingegangen. Die bemerkenswerteste, vollständig erhaltene Kynikerbiographie ist *Das Leben des Demonax*, verfasst von Lukian von Samosata um 170 n. Chr.[33] Lukian feiert den aus Zypern stammenden, in Athen lebenden Demonax (ca. 70–170 n. Chr.) als denkwürdigen philosophischen Helden. Dieser wird als Mann geschildert, der die kynische Selbstverpflichtung zur Bedürfnislosigkeit durch die Philosophie des Aristippos mildert, was wohl heißen soll: Wenn sich dazu Gelegenheit bietet, will er die Annehmlichkeiten des Lebens genießen.[34] Von Aristippos wird gesagt, er sei der einzige, dem es gegeben sei, einmal im Prachtgewand und einmal in Lumpen aufzutreten.[35] So dürfen wir uns auch Demonax vorstellen. Demonax wirkt vor allem als neuer Krates, indem er jenem Kyniker nacheifert, der sich der Friedensstiftung und der seelsorgerlichen Betreuung der Bevölkerung gewidmet hatte. Was Demonax sagt, wird gehört, und man wendet auf ihn den Satz eines Dichters an: «Auf seinen Lippen saß die Überzeugungskraft.» Dennoch wird er angefeindet. Er wird angeklagt, weil er keine Opfer darbringe und sich nicht in die eleusinischen Mysterien habe einweihen lassen. Der Prozess findet statt, doch der Philosoph wird freigesprochen; fortan bringt man ihm eine scheue Bewunderung entgegen und nennt ihn «Vater». Lukian bietet zunächst ein Porträt des Philosophen, dann eine Sammlung von Aussprüchen und Anekdoten, um mit einem Bericht über seinen würdigen Tod im hohen Alter von fast hundert Jahren zu schließen. Demonax erhält von den Athenern ein Staatsbegräbnis, bei dem die Philosophen seine Bahre tragen.

Lukian schreibt die Biographie des Demonax, wie er selbst angibt, nicht zuletzt deshalb, damit philosophisch Begabte in einem zeitgenössischen Helden – und nicht nur in den Kynikern der bereits fernen Vergangenheit – ein Vorbild finden. Nach diesem Muster und mit demselben Ziel der Werbung für eine bestimmte Lebensweise und ein bestimmtes Denken haben frühchristliche Autoren die Evangelien gestaltet. Das *Leben des Demonax* endet mit fast denselben Worten wie das Johannesevangelium: «Das ist nur eine kleine Auswahl aus dem reichen Material [über Demonax], aber man kann dann daraus ablesen, was dieser große Mann gewesen ist.»

Die von Jesus handelnden biographischen Anekdoten und Lebensbeschreibungen weisen einen ebenso überraschenden wie charakteristischen Einzelzug auf: die Überhöhung des Helden zu einem göttlichen Wesen. Ansätze zu solcher Überhöhung finden sich auch bei Demonax, von dem Lukian berichtet: Im hohen Alter habe Demonax oft die Häuser der Athener betreten, um sich dort auszuruhen; dabei sahen die Hausbewohner «in ihm die Offenbarung eines Gottes, die Ankunft eines guten Geistes in der Hausgemeinschaft».[36] Als «der Herr» (*kyrios*) bezeichnet, erscheint Jesus seinen Anhängern als in der Nähe Gottes stehend, gilt doch auch Gott als «der Herr». Jesus rückt in jene Stellung eines schlechthin gültigen Leitbildes, die im griechischen Kynismus von Herakles und im jüdischen Kynismus von Elija besetzt ist. Für die Anhänger Jesu gilt fortan nicht mehr Elija, sondern Jesus selbst als Leitbild. Wie Elija und Herakles lebt auch Jesus, nun zumeist Jesus Christus genannt, in der jenseitigen Welt Gottes, wo er als Schutz und Führung gewährender Helfer über seine Anhänger wacht. In seinen Briefen zeichnet Paulus seinen

«Herrn Jesus Christus» nach dem Modell des im Himmel bei Gott lebenden Elija, den die nachbiblische jüdische Überlieferung als engelähnlichen Boten und Mittler zwischen Gott und Mensch zeichnet.[37] Jesus Christus wird jedoch auch mit den Zügen des Herakles ausgestattet, einer dem hellenistischen Judentum durchaus vertrauten Gestalt.[38]

Die delphische Pythia, so wird erzählt, habe dem Halbgott Herakles aufgetragen, zwölf Jahre bei seinem Vetter, König Eurystheus von Mykene, Dienst zu tun und die zwölf von ihm geforderten Arbeiten auszuführen; dafür werde er durch Unsterblichkeit belohnt werden.[39] Unter Verzicht auf seine Gottnatur erledigt Herakles die ihm gestellten Aufgaben – Kampf mit dem Löwen von Nemea, Reinigung des Stalles des Königs Augias, Fangen des feuerschnaubenden Stiers auf Kreta usw., und nach seinem Tod wird er zum Lohn unter die Götter aufgenommen. Das Schicksal des Herakles gilt als Vorbild für die gewöhnlichen Sterblichen: Auch sie können nach einem von Mühen bestimmten Leben auf Unsterblichkeit hoffen.

Der Herakles-Mythos wird auf Christus übertragen. In einem bei Paulus überlieferten frühchristlichen Hymnus[40] ist das Herakles-Muster deutlich erkennbar: Christus beharrte nicht auf seiner göttlichen Identität, vielmehr hat er Knechtsgestalt angenommen und ist gehorsam bis zum Tod; zum Lohn hat ihn Gott verherrlicht. (Dem Herakles-Mythos entsprechend, wird an dieser Stelle nicht von Auferstehung gesprochen, sondern Apotheose suggeriert.) Paulus ermahnt die Gläubigen, sie sollen wie Christus – und Herakles – die Mühen des Lebens auf sich nehmen und sich so «in Furcht und Zittern» ihre Rettung erwirken.[41]

Nach dem heidnischen Redner Dion von Prusa hat Zeus dem Herakles die Herrschaft über das ganze Menschengeschlecht übertragen; er sei «Retter der Welt und der Menschheit», biete Hilfe und Schutz[42] – alles Aussagen, die auch über Christus gemacht werden.

Auch Paulus selbst trägt Züge des Christus-Herakles, liegt doch der hellenistisch-römischen Welt der Gedanke der Angleichung von Menschen an ihre mythischen Vorbilder nahe. Dementsprechend wird Paulus in einem kleinen literarischen Porträt als Gestalt geschildert, in der sich Züge des Kynikers mit denen des Christus-Herakles vermischen:

> Er sah aber Paulus kommen, einen Mann klein von Gestalt, kahlgeschoren und mit krummen Beinen, in edler Haltung, mit zusammengewachsenen Augenbrauen, und ein klein wenig hervortretender Nase, voller Freundlichkeit. Bald erschien er wie ein Mensch, bald hatte er eines Engels Angesicht.[43]

Die gedrungene Gestalt, die Hakennase und die einander treffenden Augenbrauen erinnern an Beschreibungen des Herakles.[44] Wahrscheinlich verbirgt sich hinter dieser Beschreibung eine bereits lange Geschichte: Zunächst wurde Christi Aussehen nach dem Vorbild des Herakles beschrieben, später das so erzeugte Christusporträt auf Paulus übertragen.

Bereits im Neuen Testament lässt sich beobachten, wie die Jesusbewegung eine eigene Identität ausbildet, die weder auf die griechischen Kyniker noch auf Elija angewiesen ist. Vorbild und Leitgestalt des christlichen Kynismus ist allein Jesus selbst. Seine Existenz in Armut wird zum ausschließlichen Leitbild. Wer sich die neue christliche Lebensphilosophie zu Eigen machen will, dem wird die Nachahmung der Lebens- und Verhaltensweise Jesu empfohlen. Dennoch ist die Geschichte der christlichen Bewegung von den Anfängen bis zur Etablierung der Kirche im spätrömischen Reich – die Entwicklung vom 1. bis zum 4. Jahrhundert n. Chr. – vom kynischen Thema stark bestimmt.

# 9 Kyniker und Kaiser in vier Jahrhunderten

In den ersten vier Jahrhunderten der jungen christlichen Kirche verändert sich die gesellschaftliche Position der griechischen Kyniker ebenso wie die Bewertung der jüdischen Kyniker, unter denen die Anhänger Jesu die größte Bedeutung erlangen. Im 1. Jahrhundert wird die Philosophie von den römischen Kaisern und Behörden bekämpft, doch schließlich erlangt das kynische Lebensideal gesellschaftliche Anerkennung. Den Schlusspunkt der Entwicklung bildet die unerwartete Debatte des 4. Jahrhunderts über die Frage: Sind die heidnischen oder die christlichen Kyniker die wahren Nachfolger des Diogenes?

## *Kyniker und Kaiser im 1. Jahrhundert*

Wie in der gesamten Antike gilt die Philosophie auch in dem von Augustus (gest. 14 n. Chr.) begründeten Römischen Kaiserreich als eine Angelegenheit von öffentlicher Bedeutung. Daher beanspruchen die Kaiser die Kontrolle über die Philosophen, besonders über jene, die in der Stadt Rom tätig und manchmal in das politische Leben verstrickt sind. Wir erfahren wiederholt vom Zusammenstoß römischer Behörden mit kynischen Philosophen und solchen, deren Denken dem der Kyniker nahesteht.

Was hier mit oft katastrophalen Folgen aufeinanderstößt, sind zwei nur schwer miteinander zu versöhnende Kräfte. In Rom ist Philosophie eine attraktive Modeerscheinung; manche Senatoren – also hochrangige Politiker – treiben philosophische Studien, halten Kontakt zu in Rom lebenden griechischen Philosophen und lernen von diesen, auch ihr politisches Verhalten konsequent nach ethischen Grundsätzen auszurichten. Dementsprechend pflegen sie das offene Wort und sagen ihre Meinung, auch wenn dies Folgen für Leib und Leben des Sprechers nach sich zieht. Das bringt sie in Konflikt mit einer anderen Kraft: mit dem um seine Macht besorgten Kaisertum.

Die römischen Kaiser des 1. Jahrhunderts sehen ihre Herrschaft und Autorität stets gefährdet. Der Rivale, der sich zum Kaiser ausrufen lässt, der Widerrede leistende Senator, der machtgierige Politiker, dessen Plänen der amtierende Kaiser im Wege steht und der diesen durch Verschwörung und Tyrannenmord aus dem Weg zu schaffen sucht – solche Gestalten beschäftigen und beunruhigen jeden, der im 1. Jahrhundert n. Chr. auf dem Kaiserthron sitzt. Die Kaiser sehen keinen Anlass, sich mit der Philosophie zu versöhnen. Hinter der Opposition gegen sich und ihre Behörden vermuten sie oft – teils zu Recht, teils zu Unrecht – jene, die das Philosophengewand tragen. Besonders die Freimütigsten und Unverfrorensten unter ihnen, die Kyniker, scheinen ihnen gefährlich. Tyrannenmord von Philosophenhand ist zwar kaum denkbar, doch der Philosoph gilt als möglicher Hintermann, der die Autorität des Kaisers untergräbt und andere zur Opposition anstiftet. Die Folge ist eine lange Reihe behördlicher, oft unmittelbar kaiserlicher Maßnahmen gegen Philosophen, nicht zuletzt solche, die der kynischen Schule zugehören. Die gewöhnliche Strafe für allzu forsches Auftreten ist die Verbannung aus Rom, aber auch zur Todesstrafe kann es kommen.[1]

*Tiberius (14–37 n. Chr.):* Unter Tiberius gehen die Provinzialbehörden in Palästina gegen kynische Opponenten vor, deren Freimut als staatsgefährdend bewertet wird. Johannes der Täufer gilt nach dem Bericht des Josephus als politischer Unruhestifter;[2] das Markusevangelium bringt seine Verhaftung und Hinrichtung mit seiner Kritik an der Ehe des Landesherrn Herodes Antipas mit seiner Schwägerin Herodias in Zusammenhang.[3] Als Jesus erfährt, sein Landesherr Herodes Antipas wolle ihn töten, sagt er zu denen, die ihm die Nachricht überbringen: «Geht und sagt zu diesem Fuchs: Da! Ich treibe Abergeister aus, und Heilung bringe ich hervor – heute und morgen.»[4] Fuchs und Wolf sind bei Epiktet Bild für den Unmenschen; dieser ist untreu, heimtückisch, auf Schädigung anderer bedacht, verleumderisch und bösartig.[5] Jesus wird als vermeintlicher politischer Unruhestifter hingerichtet. Offenbar gab es unter Tiberius ein Vorgehen gegen Kyniker nur in der Provinz. Das änderte sich in der Folgezeit.

*Nero (54–68 n. Chr.):* Unter Nero gelangt der Philosoph Seneca, der frühere Erzieher des Kaisers, zu hohem Ansehen. Seneca verteidigt die in seiner Zeit verleumdeten philosophischen Denker; zu

Unrecht halte man die Philosophen, einschließlich der Kyniker, für «halsstarrig und widersetzlich, für Verächter der Beamten und Könige sowie jener, die den Staat verwalten».[6] Für den in Rom lebenden Kyniker Demetrius findet Seneca hohe Worte des Lobes; er hält ihn «für einen großen Mann, selbst wenn man ihn mit den Allergrößten vergleicht».[7] Senecas Verteidigung der Philosophen hilft jedoch wenig; auch sein Rat, die Kyniker sollten ihr provozierend ungepflegtes Äußeres und ihre grobe Kleidung aufgeben,[8] fruchtet nichts. Nero sieht seine tyrannische Herrschaft einer philosophischen Opposition ausgesetzt, deren – angebliche oder wirkliche – Mitglieder er unbarmherzig bekämpft: Thrasea Paetus wird vom römischen Senat gezwungen, Selbstmord zu begehen;[9] Helvidius Priscus und der den Kynikern nahestehende Philosoph Musonius werden aus Rom verbannt.[10] Was mit Demetrius geschieht, der Thrasea bei seinem Selbstmord als Helfer begleitet, wissen wir nicht. Seneca, in ein politisches Komplott gegen Nero verwickelt, gibt sich im Jahr 65 selbst den Tod.

*Vespasian (69–79 n. Chr.):* Unter maßgeblicher Beteiligung von Kynikern scheint sich eine philosophische Opposition gegen das Kaisertum zu formieren. Der Kaiser verbannt (den bereits erwähnten) Demetrius und andere Philosophen aus Rom (ca. 71/75 n. Chr.). «Du bringst mich so weit, dich zu töten. Aber ich bringe einen bellenden Hund nicht um», sagt der Kaiser zu Demetrius, als er ihn auf eine Insel schickt.[11] Es soll sogar zu einer Begegnung zwischen dem Kaiser und dem Verbannten gekommen sein; Suetons Bericht hebt die Milde des Herrschers hervor: «Die Unverschämtheit der Philosophen ertrug er mit größter Geduld. [...] Als der Kyniker Demetrius nach seiner Verurteilung auf einer Reise dem Kaiser begegnete und sich weder vor ihm erhob noch ihn grüßte, sondern ihn nur mit Schimpfreden anknurrte, begnügte sich der Kaiser damit, ihn als Hund zu bezeichnen.»[12] Doch bald ist Vespasians Geduld zu Ende: Den Senator Helvidius Priscus, seinen der kynischen Philosophie nahestehenden Kritiker, lässt er im Jahr 74 hinrichten;[13] im Jahr 76 folgt die Auspeitschung des Kynikers Diogenes; ein weiterer Kyniker, Heras mit Namen, wird enthauptet.[14] Die beiden zuletzt genannten Philosophen hatten sich öffentlich über Vespasians Sohn Titus empört, als dieser sich anschickte, die in einem schlechten Ruf stehende Jüdin Berenike zu heiraten.[15]

*Domitian (81–96 n. Chr.):* Unter Domitian kommt es zu weiteren Maßnahmen gegen in Rom lebende Philosophen. Nach dem Bericht des Cassius Dio lässt der Kaiser mehrere Philosophen hinrichten, während er alle anderen aus Rom verbannt (um 93 n. Chr.).[16] Schon im Jahr 82 trifft die Strafe der Verbannung Dion von Prusa, der nun vierzehn Jahre lang – bis zum Tod Domitians – ein unstetes Wanderleben führt. Auch Epiktet wird aus Rom verbannt; anders als Dion kehrt er nie wieder in die Hauptstadt zurück.

Bis in die 50er Jahre des 1. Jahrhunderts n. Chr. ist mit einem unbefangenen Verhältnis der Juden und Christen zur kynischen Philosophie zu rechnen. Der jüdische Philosoph Philon, dessen Todesjahr wir nicht kennen (etwa 50 n. Chr.), ist ein ausgesprochener Freund der Kyniker. Ebenfalls Flavius Josephus in seinen jungen Jahren, wo er seine griechische Erziehung offenbar durch den jüdischen Kyniker Bannus erhält; diese Erziehung endet mit Josephus' 19. Lebensjahr (55/56). In seinem schriftstellerischen Werk, entstanden in der Stadt Rom zur Zeit der Kaiser Vespasian, Titus und Domitian und veröffentlicht zwischen 79 und 94, sind die Kyniker nur ein einziges Mal erwähnt. Diese Erwähnung steht in den *Jüdischen Altertümern* im Referat über Nabal, eine biblische Gestalt. Nabal, ein Kritiker König Davids, wird von Josephus wie folgt charakterisiert: «Nabal, so hieß der Mann, hartherzig und von üblem Ruf, sein Leben nach der kynischen Art verbringend».[17] Offenbar übernimmt Josephus die damals in Rom in den Kreisen des kaiserlichen Hofes herrschende Bewertung der Kyniker als potentiell staats- und regierungsfeindliche Männer. Die Bezeichnung «Kyniker» scheint er bewusst zu vermeiden, wenn er in seinem Lebensbericht seinen Lehrer Bannus erwähnt.[18] In diesem Bericht, der sich um 95 n. Chr. an die Griechisch sprechende Elite des Römischen Reichs wendet, will er sich nicht dem Verdacht der Feindschaft gegen den römischen Staat aussetzen. Die Angleichung an römische Auffassungen wird bereits in Josephus' *Jüdischem Krieg* spürbar (ca. 79). Indem er die jüdischen Krieger als Männer darstellt, die dem römischen Ideal kriegerischer Disziplin entsprechen, will Josephus die Ehre der von den Römern besiegten Juden retten. Auch hier vermeidet es Josephus, auf die für ihre männliche Askese bekannten Kyniker hinzuweisen; er lässt die Juden vielmehr als ein Volk erscheinen, das den von den Römern ob ihrer strengen Disziplin geschätzten Spartanern ähnlich ist. Die

Juden sind nach der Darstellung des Josephus die hebräischen Spartaner.[19]

In derselben Zeit, in der Josephus seine Werke in Rom verfasst, entstehen in anderen Teilen des Römischen Reiches die Evangelien. Diese Schriften sind vom jüdischen Kynismus stark geprägt, vermeiden aber wie Josephus jede ausdrückliche Bezugnahme auf die Kyniker. Und dies zweifellos aus demselben Grund – um bei den römischen Behörden keinen Anstoß zu erregen. Der in jener Zeit – zwischen 73 und 92 n. Chr. – in Rom geschriebene erste Petrusbrief schärft seiner christlichen Leserschaft Staatstreue ein: «Unterwerft euch dem Herrn [Jesus Christus] zuliebe jeder menschlichen Ordnung: sei es dem König, weil er darüber steht, sei es den Statthaltern, die durch ihn geschickt sind.»[20] Eine Betonung des kynischen Charakters der christlichen Bewegung aber hätte Anlass geben können, die Christen als Gegner des Kaisers erscheinen zu lassen. Um jenes Friedens willen, der ihnen ein ruhiges Leben gestattet, wird kynisches Erbe in den christlichen Gemeinden ausgeblendet und vielleicht sogar verdrängt.

### *Der Kyniker als intellektuelle Leitgestalt im 2. und 3. Jahrhundert*

Im 2. und 3. Jahrhundert lässt sich eine Änderung der Mentalität innerhalb des Römischen Reiches beobachten. Die griechische Philosophie, zuvor oft als das politische Geschehen störend missbilligt, erlangt zunehmend Anerkennung. Selbst Kaiser bekehren sich zur Philosophie. Zumindest bei den höheren Ständen gilt es gesellschaftlich als angesagt, über philosophische Bildung zu verfügen. «Jetzt bricht die große Zeit der Intellektuellen an», resümiert Paul Zanker das neue kulturelle Klima.[21] Diese Entwicklung beginnt mit Kaiser Trajan (97–117) und gipfelt in der Gestalt Mark Aurels, des stoischen Denkers auf dem Kaiserthron. In den Jahren 161–180 im Amt, fördert er die Philosophie, nicht zuletzt durch die Errichtung staatlich finanzierter Lehrstühle in Athen.[22] Auch der Gestalt des Diogenes konnte Mark Aurel etwas abgewinnen; das geht aus einer Bemerkung in seinen Selbstbetrachtungen hervor. Die ältere Komödie, so der Kaiser, habe ein pädagogisches Ziel verfolgt: «Durch ihren Freimut (*parrhêsía*) erzog sie die Zuschauer und gemahnte sie gerade durch die offene Sprache mit besonderem Erfolg an schlichte Anspruchslosigkeit. Auch Diogenes übernahm diesen Zug, um auf seine Art Gleiches zu erreichen.»[23]

Zwei noch unter Domitian geächtete und verbannte Philosophen erfreuen sich nun zunehmender Anerkennung: Dion von Prusa und Epiktet. Vornehm, weit gereist und hoch gebildet, gilt Dion als der liebenswürdigste Vertreter des damals herrschenden philosophischen Ideals. Dion widmet Kaiser Trajan zwei Reden «Über die Herrschaft»,[24] und dieser lässt ihn mit sich im goldenen Triumphwagen fahren.[25] Kaiser Hadrian (117–138) befreundet sich mit Epiktet.[26] Nach Epiktets und Dions Lehre soll jeder in seinem Stand den sittlichen Willen Gottes erfüllen, gleich ob er Philosoph, Privatmann oder Inhaber eines öffentlichen Amtes ist. Dion und Epiktet werden der Schule der Stoiker zugerechnet, doch neigen beide der kynischen Philosophie zu. Tatsächlich empfehlen beide in ihren späteren Jahren das Ideal der Selbstgenügsamkeit, das sie ausdrücklich und eindrucksvoll als kynisches Ideal charakterisieren. Sie etablieren das ethische Ideal der Kyniker als dasjenige, an dem sich jeder messen soll, gleichgültig, ob er sich zur philosophischen Lebensweise bekehrt oder im praktischen Leben tätig bleibt. Kynisches Gedankengut gilt fortan als wertvoll, edel und auch eines Römers würdig.

Nun tritt auch die vorübergehend verdunkelte Beziehung zwischen kynischer Philosophie und Christentum wieder deutlicher zutage.

Ein bemerkenswertes Zeugnis für kynisches Christsein bietet der heidnische Autor Lukian von Samosata in seinem um 165 n. Chr. entstandenen Bericht über den sonst unbekannten Kyniker Peregrinus Proteus, den er für einen Scharlatan hält.[27] Der aus Kleinasien stammende Grieche ist wohl einfach ein unkonventioneller kynischer Christ. Er wird zum Vorsteher einer Gemeinde in Palästina, von der uns Lukian ein kleines Porträt liefert: Als Kultgründer wird ein in Palästina gekreuzigter Philosoph verehrt; man lebt nach dessen Gesetzen und, in der Hoffnung auf Unsterblichkeit, ohne Todesfurcht. Alle Mitglieder betrachten sich als Brüder. «Sie verachten allen Besitz unterschiedslos und glauben, er gehöre der Allgemeinheit», was wohl besagen will, es herrsche Gütergemeinschaft.[28] Die Existenz der griechischen Götter leugnen sie. Sie besitzen Bücher, die von dem Vereinsvorsteher Peregrinus erklärt werden; Peregrinus schreibt auch eigene Abhandlungen. Als Peregrinus von den Behörden verfolgt und – vermutlich in Cäsarea[29] – inhaftiert wird, besuchen ihn seine Glaubensgenossen und nennen ihn den «neuen Sokrates», nach jenem vor Zeiten in Athen angeklagten Philosophen, der den Kynikern als einer der Ihren gilt. Lukian berichtet auch das weitere Schicksal des Peregrinus: Ein der Philosophie zugeneigter Statthalter entließ Peregrinus aus der Haft und verhinderte so jede weitere Bestrafung. Anschließend begab sich Peregrinus auf Wanderschaft, trat als kynischer Philosoph auf, um eines Tages wiederum in einer christlichen Gemeinde zu leben. Aus dieser musste Peregrinus ausscheiden, als es zum Streit um Speiseregeln kam: Peregrinus wurde beobachtet, wie er – offenbar in guter philosophischer Tradition – sich nicht an die in der Gemeinde geltenden Speiseregeln hielt. (Vielleicht verzehrte er Fleisch, das aus heidnischem Opfer stammte.) Später begab sich der christliche Kyniker nach Olympia, wo er sich am Ende der Olympischen Spiele in einem spektakulären öffentlichen Akt bei lebendigem Leibe verbrannte – zweifellos Herakles nachahmend und in Erwartung ewigen Lebens.

Nicht nur eine Gestalt wie Peregrinus Proteus, sondern auch andere christliche Intellektuelle des 2. und 3. Jahrhunderts n. Chr. entfalten ihre Theologie, Frömmigkeit, Ethik und Lebensform im Kontakt mit der griechischen Kultur. Dabei wird die griechische Religion abgelehnt, dagegen enger Anschluss an die Philosophie gesucht. Ein Beispiel dafür ist Justin der Märtyrer, der, aus Palästina stammend und den Philosophenmantel tragend, in Rom als der platonischen Philosophie nahestehender christlicher Lehrer auftritt. Dort geriet er in Streit mit dem kynischen Philosophen Crescens, der ihm Gottlosigkeit vorwarf; möglicherweise war es Crescens, der Justin bei den Behörden denunzierte und so seine Hinrichtung erwirkte (im Jahr 165 n. Chr.).[30] Worum es im Streit zwischen den beiden Denkern wirklich ging, ist nicht mehr auszumachen; vielleicht war es die Vermischung kynischen, platonischen und christlichen Gedankenguts bei Justin, die das Missfallen des Crescens erregte. Wie antikynische Polemik seitens christlicher Denker aussieht, lehrt uns ein Blick in die *Rede an die Griechen*, verfasst von Justins Schüler Tatian: Einerseits äußert er sich abfällig über Diogenes und polemisiert gegen die Kyniker, die ungepflegt seien und die Fingernägel wachsen ließen wie die Tiere;[31] andererseits soll er «ein Leben genau wie die Kyniker» geführt haben.[32] Tatsächlich empfiehlt er ein rein kynisches Ethos, wenn er von sich sagt:

> Herrschen will ich nicht, nach Reichtum strebe ich nicht, militärische Würden lehne ich ab, Unzucht ist mir verhasst, aufs Meer treibt mich kein unersättlicher Hunger nach Gold, um Siegeskränze kämpfe ich nicht, vom Wahnsinn der Ruhmsucht bin ich frei, den Tod verachte ich, über jede Krankheit bin ich erhaben, kein Leid verzehrt meine Seele. Bin ich ein Sklave, so ertrage ich die Sklaverei.[33]

Der Streit zwischen Christen und Kynikern führte also keineswegs zur Entfernung christlichen Denkens von der Philosophie. Seit dem 2. Jahrhundert n. Chr., resümiert Gerald Downing, entwickelten die Christen ihre Metaphysik und ihre Frömmigkeit mit Hilfe der Stoa, noch stärker aber auf der Basis des Platonismus. «Den von ihnen bevorzugten Lebensstil artikulierten und praktizierten sie jedoch mit Hilfe von Lehre und Beispiel der Kyniker.»[34]

Selbst in der christlichen Kunst ist dieses Beispiel sichtbar, wenn Christus als Philosoph dargestellt wird. Manche der frühen Künstler empfanden es als unpassend, Jesus in die faltenreiche und aufwändige Toga der Römer zu kleiden und ihm entsprechendes Schuhwerk anzulegen. Sie wählten für ihn das *pallium*, das einfachere und bequemere Gewand der Lehrer und Philosophen. Vereinzelt trugen es auch Christen – so der Kirchenlehrer Tertullian, der, als er im Jahr 193 Christ wurde, das Pallium der Toga vorzog.[35] Die aus Metall gefertigte, offenbar lebensgroße Christusstatue, die der Kirchenvater Eusebius zu Beginn des 4. Jahrhunderts in Cäsarea Philippi sah, präsentiert Jesus als aufrecht stehende, mit elegant drapiertem doppeltem Obergewand (*diploïs*) bekleidete Gestalt; das Obergewand lässt sich als Pallium deuten.[36] Tatsächlich wird Jesus in frühchristlicher Kunst oft als lehrender Philosoph dargestellt, dessen Brust, rechte Schulter und Füße nach kynischer Art unbekleidet bleiben. Auf Untergewand und Sandalen wird verzichtet. In dieser Tracht auf einer Anhöhe sitzend, mit dem Redegestus der erhobenen Hand die Bergpredigt vortragend, zeigt ihn ein polychromes Marmorrelief *(Abb. 9)*.[37]

Der nackte Oberkörper gilt in der antiken Kunst als edel; auch der Göttervater Zeus wird so dargestellt: Der thronende Zeus trägt ein Gewand, das seinen Unterkörper bedeckt und, schräg über den

**9 Christus als Philosoph. Barfuß auf einem Berg sitzend, bekleidet mit dem die Brust unbedeckt lassenden Gewand der kynischen Philosophen, trägt er die Bergpredigt vor. Zu Füßen die dem Meister lauschende Menge. – Marmorrelief, ca. 300 n. Chr.**

Rücken geführt, auf seiner linken Schulter liegt.[38] Die bloße Brust Christi verleiht ihm philosophische und vielleicht sogar göttliche Würde.

### *Der wahre Kyniker im 4. Jahrhundert: Heide oder Christ?*

Im 4. Jahrhundert erfährt die kynische Philosophie noch einmal einen ungeheuren Aufschwung. Nicht dass es nun viele Menschen gäbe, die sich der kynischen Lebensform verschreiben; doch steht nun vielen, wenn sie nach einem Idealbild wahren Menschseins suchen, die kynische Existenz vor Augen. Das gilt gleichermaßen für Christen und Heiden. Kaiser Konstantins Toleranzedikt (311 n. Chr.) beendet nicht nur die Zeit der Christenverfolgung, sondern ermöglicht es den Christen, wieder ein Verhältnis zur kynischen Überlieferung zu finden. Schon bald wird im praktischen Leben wie in der Literatur die Frage erörtert: Wer ist der wahre Kyniker – der Heide oder der Christ?

Natürlich muss ein wirklicher Kyniker Christ werden, sagen die Vertreter der Kirche. Wie Bischof Eusebius in der *Wegbereitung des Evangeliums* (ca. 315/20 n. Chr.) ausführt, kann die beherzte Religionskritik der Kyniker den neuen Gläubigen helfen, sich über den Widersinn des heidnischen Religionswesens klar zu werden und sich von dessen Resten zu befreien. Eusebius begeistert sich für *Die Entlarvung der Gaukler*, ein satirisches, die heidnische Religion verspottendes Buch des Kynikers Oinomaos. Seitenlange Zitate aus diesem Werk fügt der Bischof in sein eigenes Buch ein – man spürt seine heimliche Lust am kynischen Spott.[39] Der wahre Kyniker muss Christ werden! Das spricht der Bischof zwar nicht aus, aber diese Schlussfolgerung wird dem Leser nahegelegt.

Doch nicht nur aus den Büchern der Kyniker will das neue christliche Jahrhundert lernen; die kynische Lebensart selbst schlägt viele Menschen in ihren Bann. Das 4. Jahrhundert ist nicht zuletzt eine Zeit der Asketen, die das alte kynische Ideal innerhalb oder am Rande der christlichen Kultur zu verwirklichen suchen. Der etablierten städtischen Gesellschaft kehren die christlichen Asketen den Rücken, um in den Randgebieten vor allem Ägyptens zu leben. Bart und langes Haar tragend, in Sandalen oder barfuß gehend, sich von Früchten und Gemüse ernährend, nur mit dem Fellgewand Elijas[40] oder dem Pallium der Philosophen[41] bekleidet und der Kälte des Winters ebenso trotzend wie der Hitze des Sommers, suchen sie in Höhlen und Gräbern Zuflucht. Durch Entsagung und Gebet bahnt sich der Einsiedler den Weg zu Gott, zunächst um seines eigenen Heiles willen, doch auch, um für andere als Seelsorger, bei Gott Fürbitte Leistender, und vielleicht sogar als Heiler und Exorzist zu wirken.[42] Als die Wüstenmönche beschimpft werden, verteidigt sie Johannes Chrysostomus unter Hinweis auf Diogenes.[43] Unter den Mönchen des Ostens bleibt kynisches Gedankengut zumindest unterschwellig stets lebendig; daher die Begeisterung für das *Handbüchlein* des Epiktet. Leicht umgearbeitet, dient es manchem Einsiedler zur Erbauung und als Leitschnur.[44] Mit Recht zollt Adolf von Harnack dem orthodoxen, aus dem alten Einsiedlertum hervorgegangenen Mönchtum hohes Lob: Das «offizielle Kirchentum mit seinen Priestern und seinem Kultus, mit allen den Gefäßen, Kleidern, Heiligen, Bildern und Amuletten, mit seiner Fastenordnung und seinen Festen hat mit der Religion Christi gar nichts zu tun».[45] Auf all dies, so Harnack, verzichtet der Mönch, um der Freiheit und Selbstständigkeit willen, jener Werte, die er im Evangelium Jesu findet.[46] Wer die Geschichte des Christentums studiert, wird immer wieder auf Spuren desselben kynischen Geistes stoßen, zum Beispiel bei dem *poverello* von Assisi, dem heiligen Franziskus. Da den Evangelien der kynischen Philosophie verpflichtetes Gedankengut wie Freiheit und Selbstgenügsamkeit fest eingeschrieben ist, kann die verborgene kynische Glut immer wieder aufflammen.

Das frühe Mönchtum bildet zweifellos das deutlichste Zeichen für den christlichen Willen, das kynische Erbe nicht aufzugeben. Aber nicht nur Mönche suchen die Welt mit den Augen des Diogenes zu sehen. Das bezeugt ein Bischof, der in Konstantinopel vom Kynismus schwärmt: Gregor von Nazianz (geboren 326, Bischof von Konstantinopel 379–390 n. Chr.). Anlass bietet ihm Maximus Heron. Dieser aus Ägypten kommende christliche Kyniker ist Mitglied der Gemeinde Gregors, außerdem unterhält er gute Beziehungen zu einer Gemeinschaft von Nonnen.[47] Mit anderen Worten: Er ist in der christlichen Szene von Konstantinopel fest verwurzelt. Trotz Philosophenmantel und wildem Haarwuchs wird Maximus von Gregor als enger Freund behandelt. Er nimmt ihn in sein Haus auf, lässt ihn an seiner Tafel speisen und ehrt ihn im öffentlichen Gottesdienst durch eine prächtige Lobrede.[48] Alles, was zu einer erzählenden Lobrede gehört, wird hier abgehandelt: die Herkunft des Helden aus einer christlichen Familie in Alexandria, seine Jugend und Erziehung, sein früher Entschluss zur Philosophie, sein bemerkenswerter Charakter, sein standhaftes Ertragen von Unglück. Als sich Maximus allerdings das lange Philosophenhaar stutzen[49] und sich heimlich zum Bischof von Konstantinopel weihen ließ, um Gregor aus dem Amt zu verdrängen, musste es zum Bruch mit Gregor kommen.[50] In einem ausführlichen autobiographischen Gedicht geht Gregor auf die Maximus-Affäre ein. Doch wenn Gregor nun harte Worte für Maximus findet, lehnt er nur den Mann selbst ab, nicht jedoch dessen Philosophie. Gerne erinnert er sich an seinen kynischen Freund:

> Ein großes Ereignis für mich: ein Hund betrat meinen Hof,
> verehrend den Christus, und nicht mehr den Helden Herakles.[51]

Wie einige von Gregor geschmiedete Verse zeigen, verklärt der Bischof Leben und Denken des Diogenes zu einem zeitlos gültigen Ideal:

> Wer hat nicht gehört von jenem hundgleichen Mann aus Sinope?
> Einfach, bescheiden war er, was gibt es da noch zu sagen?
> Stets auf das rechte maßvolle Leben war er bedacht.
> Nicht Gott und nicht Hoffnung haben die strenge Regel gestiftet –
> Er selbst tat's. Nichts andres besaß er als dies: den knorrigen Stab,
> als Haus, als eigene Wohnung – ein liegendes Fass, ein leeres,
> Nahe am Marktplatz der Stadt unter freiem bläulichem Himmel,
> Schutz bietend vor Wind und jeglichem Angriff des unholden Wetters.
> Mehr wert als Schätze von Gold war ihm die enge Behausung.
> Karg und roh seine Speise und ohne Mühsal erworben.[52]

In diesem Porträt kommt nicht nur die Bewunderung des Bischofs für ein zum Idyll verklärtes heidnisches Armutsideal zum Ausdruck, nein: hier klingt auch noch etwas nach von jener verborgenen und verdrängten Geschichte, die mit dem Zusammenspiel von jüdischer Prophetie und kynischer Philosophie begonnen hat und die mit der Entstehung einer Kirche endet, deren bischöfliche Führer vom einfachen Leben des Diogenes träumen. Neben Christus bleibt auch Diogenes in ihrer Erinnerung lebendig.[53]

Doch nicht nur den Christen ist Diogenes ans Herz gewachsen. Auch die Heiden reklamieren ihn für sich, und im 4. Jahrhundert wollen manche das Lebensideal des Diogenes verwirklichen. Ein Beispiel dafür ist Iphikles, über den zwei gut verbürgte Anekdoten berichten. Die erste stammt von Kaiser Julian: Der aus gutem Hause kommende Iphikles, ein Mitschüler Julians, führte zur Verzweiflung seiner Familie das Leben eines Bettlers: Er ließ sein Haar ungepflegt und die Brust entblößt; auch im strengsten Winter trug er nur ein schäbiges Gewand.[54] Damals hat Julians Erzieher diesen jungen Mann verspottet, und Julian scheint sich diesem Spott angeschlossen zu haben – um später Iphikles als wahren Kyniker anzuerkennen. Die zweite Anekdote lässt Iphikles tatsächlich als treuen Vertreter seiner philosophischen Schule erscheinen. Kaiser Valentinian I. (364–375) kennt ihn – und erkennt den Philosophen, als dieser als Mitglied einer Delegation aus der Provinz Illyricum vor ihn tritt. Die Delegation soll dem Kaiser – nach verbreiteter Unsitte – den Dank für die Verdienste des Provinzstatthalters überbringen. Darüber befragt, wie es wirklich stehe, klärt Iphikles den Herrscher in freimütiger Rede über die Schreckensherrschaft des Statthalters auf, der angesehene Bürger quälen und ermorden ließ, während andere sich solchem Schicksal nur durch Flucht über das Meer entziehen konnten.[55] Leider ist der Bericht über die Szene unvollständig, sodass wir die Folge von Iphikles' mutigem Auftreten nicht erfahren. Gestalten wie Iphikles trugen zweifellos dazu bei, den Kynikern ein gutes Image zu verschaffen, im Unterschied zu manchen Pseudo-Kynikern, die zur Kritik herausforderten. Einer der Kritiker ist Kaiser Julian.

Julian, der letzte heidnische Herrscher der Spätantike, schätzt die kynische Philosophie. Julian (geboren 331, Kaiser 361–363 n. Chr.), christlich erzogen, erlebt schon in jungen Jahren eine Bekehrung zur Philosophie und den heidnischen Göttern. Der strengen Ethik der Kyniker ist er ebenso zugetan wie er sich für die neuplatonische Religionsphilosophie begeistert, und aus beiden will er eine neue heidnische Lehre und sogar eine heidnische Kirche[56] schaffen, ein Vorhaben, dem sein früher Tod – achtzehn Monate nach Regierungsantritt – ein jähes Ende setzen sollte. Die reichen Zeugnisse über Julians Regierungszeit zeigen uns einen Herrscher, der philosophische Abhandlungen schreibt, den Kynismus zur offiziellen Ethik erklärt und sich als Lehrer profiliert. Von Sendungsbewusstsein erfüllt, glaubt er der Einzige zu sein, der die kynische Doktrin richtig verstanden hat.

Nach Julians Regierungsantritt waren mehrere kynische Wanderphilosophen am Hof von Konstantinopel erschienen und hatten um Gehör gebeten.[57] Von ihrer angestammten Redefreiheit Gebrauch machend, wollten sie Julian die Regierungskunst lehren. Zu ihnen gehören Herakleios und Maximus Heron, der erste offenbar griechischer Herkunft und Heide, der letztere ägyptischer Herkunft und Christ. Mit keinem der beiden kann sich Julian anfreunden. Ihn stört, wie die beiden über Diogenes reden, den sie teils lächerlich machen, teils einfach falsch darstellen. Für Julian ist Diogenes eine Art Heiliger, ein frommer Freund der Götter, eine über jede Kritik erhabene Gestalt, mit der sich der Kaiser selbst identifiziert.[58]

Herakleios, dessen Vortrag Julian einmal hört, ist ihm zu aufschneiderisch, zu großspurig. Auch gehe er mit paganer Mythologie frevlerisch um. Außerdem meine er, anders als Julian, die frühen Kyniker seien in Bezug auf die Götter Agnostiker gewesen. Bei Maximus

Heron stört den Kaiser wahrscheinlich dessen christlicher Glaube und mehr noch dessen Spott über Diogenes.[59] Gegen jeden der beiden Kyniker verfasst Julian eine Abhandlung – rasch geschrieben, aber doch lehrreich, von jugendlichem Talent und philosophischer Begeisterung zeugend. Julian ist gerade dreißig Jahre alt.

Julians Abhandlung *Gegen die ungebildeten Kyniker* ist ein Schnellkurs in kynischer Philosophie: Die wahren Kyniker wollen, aller Künstlichkeit entsagend, in Übereinstimmung mit der Natur leben; nur auf diese Weise könne es gelingen, aller falschen Konvention und allen unvernünftigen Leidenschaften zu entkommen. Es gelte, die Leidenschaften dem rationalen Teil der Seele zu unterstellen und auf diese Weise zu bezwingen. Durch seine Lehrschriften will Julian die authentische kynische Philosophie erneuern und vor Verfälschung bewahren. Natürlich kann nicht jeder seinen Besitz aufgeben und Kyniker werden; doch jeder kann von den Kynikern lernen. Er kann, wie Julian selbst, bescheiden auftreten und auf verschwenderische Haushaltung verzichten. Vielleicht kündigt sich in Julians Schriften sogar die Absicht an, in der von ihm geplanten heidnischen Kirche ein eigenes kynisches Mönchtum einzurichten – ein kühnes Vorhaben von weitreichender Bedeutung, wenn es verwirklicht worden wäre.[60]

Dazu aber ist es nicht gekommen: Als Julian 363 auf einem Feldzug starb, wurde das heidnische Restaurationsprogramm nicht weiter verfolgt. Nun mussten die Christen – für lange Zeit – das kynische Erbe allein verwalten. Zu Zeiten erhielten sie jedoch Hilfe von muslimischen Gelehrten.

### *Ausklang: Jesus als Diogenes im Islam*

Wie der antike Mensch erfreut sich auch der Muslim am geschliffenen Ausspruch, an schlagfertiger Rede, überraschender Pointe und charakteristischer Verhaltensweise. Gelehrte der muslimischen Frühzeit, d.h. des 8. bis 12. Jahrhunderts, besitzen eine Vorliebe für Sammlungen von Sprichwörtern, Anekdoten und kleinen literarischen Porträts. Gesammelt werden neben den Worten berühmter Propheten und Philosophen auch kleine Erzählungen, die von deren Tun und Lassen berichten. Natürlich steht Mohammed im Mittelpunkt solcher Sammlungen, doch auch anderen Männern wird gebührende Aufmerksamkeit zuteil, nicht zuletzt Diogenes[61] und Jesus. Worte und Anekdoten dieser Männer fließen den arabischen Sammlern aus spätantiken und christlichen Quellen in reichem Maße zu, sowohl schriftlich als auch in mündlicher Tradition. Jesus und Diogenes werden besonders in jenen Kreisen geschätzt, die innerhalb des Islams den Typ des frommen Einzelgängers und Asketen favorisieren, bieten sie doch diesem Vorbild und Stütze.

Folgendes kleine Jesus-Porträt berührt sich mit dem im vorliegenden Buch entworfenen Bild:

> Jesus pflegte die Blätter der Bäume zu essen, Gewänder aus Haar zu tragen, und zu schlafen, wo immer die Nacht ihn fand. Er hatte kein Kind, das sterben, und kein Haus, das in Trümmer fallen könnte. Auch verwahrte er keine Speise vom Morgen für den Abend oder vom Abend für den Morgen. Er pflegte zu sagen: Jeder Tag sorgt für seinen eigenen Unterhalt.[62]

Plastisch sehen wir hier den sparsam gekleideten, ehelosen, von dem, was er in der Natur findet, lebenden kynischen Philosophen vor uns. Dieses Bild von Jesus als einer Diogenes-Gestalt wird ergänzt durch folgende Anekdote:

> Jesus besaß nichts außer einem Kamm und einem Becher. Einmal sah er einen Mann, der seinen Bart mit den Fingern kämmte; da warf er den Kamm weg. Einen anderen beobachtete er, wie er mit der hohlen Hand Wasser aus einem Fluss trank; da warf er auch den Becher weg.[63]

Was hier von Jesus berichtet wird, gehört nach Diogenes Laertios und anderen antiken Quellen zu den Standardanekdoten über Diogenes:

> Einmal sah er [Diogenes] ein Kind, das aus den Händen trank. Da warf er den Becher aus seinem Rucksack weg und bemerkte: Ein Kind hat mich in der Genügsamkeit übertroffen. Auch seine Schüssel warf er weg, als er ein Kind beobachtete, das seinen Teller zerbrochen hatte und nun für seinen Linsenbrei ein hohles Brotstück als Gefäß benutzte.[64]

Zweifellos bildet die Diogenes-Anekdote die Vorlage für die Erzählung von Jesu Kamm und Becher. In beiden Fällen ist von zwei überflüssigen Gegenständen die Rede: Die Verdoppelung dient der Verdeutlichung im mündlichen Vortrag; keinem Zuhörer soll die Pointe entgehen. Auch die späte Überlieferung hält es in zutreffender Weise fest: Diogenes und Jesus fühlen und handeln gleich. Sie verschmelzen zu einem einzigen Typus, zu einer einzigen Person, zu einem einzigen Vorbild.

# Epilog: Die Aktualität der kynischen Philosophie

Die kynische Philosophie ist aus dem kulturellen Gedächtnis Europas nie gänzlich verschwunden. Kein Zeitalter, in dem Diogenes vergessen worden wäre. Keine Epoche, die sich nicht an dem Denker in der Tonne ergötzt hätte. Selbst Dante (1265–1321), der Verfasser der *Göttlichen Komödie*, gedenkt seiner und weist ihm zwar keinen Platz im Himmel zu, aber er findet für ihn, wie für Sokrates, einen von Leiden fast freien Ort in einem Randbezirk der Hölle.[1] Doch Erinnerung ist eine Sache, Aneignung eine andere. Ist es möglich, sich heute – in welcher Form auch immer – die kynische Philosophie anzueignen und ihren Grundsätzen gemäß zu leben? Ist es möglich, sich ein Christentum zumindest vorzustellen, das sich auf ihr kynisches Erbe wieder besinnt? Solche Fragen zu beantworten sprengt den Rahmen der vorliegenden Studie. Um dem berechtigten Anliegen dieser Fragen jedoch nicht völlig auszuweichen, soll wenigstens gezeigt werden, wie die kynische Philosophie von modernen europäischen Denkern beurteilt wird. Bei französischen und deutschen Autoren finden wir Begeisterung für Diogenes und seine Lebensweise, aber auch – seltener – Ablehnung und Ächtung.

### *Kynische Existenz als Problem: Diderot*

Diderot (1713–1784), neben Voltaire der bedeutendste französische Philosoph und Literat des 18. Jahrhunderts, hat sich eingehend mit Diogenes und den Kynikern beschäftigt. In der von d'Alembert und ihm selbst herausgegebenen *Encyclopédie* widmet er ihnen den Artikel «Cynique, secte de philosophes anciens» (Kynik, antike Philosophenschule, 1754). Er findet anerkennende Worte für die Kyniker, wenn er sie auch aufgrund ihres fehlenden Sinnes für feine Kultur ein wenig verspottet. Lauter ehrenwerte Gesellen, wenn auch beklemmend an die bärtigen Mönche erinnernd:

**10 Diogenes und Alexander. Links Diogenes, gekennzeichnet durch Hund und Tonne, rechts, vom Restaurator ergänzt, Alexander der Große. Der Legende nach besuchte Alexander aus Neugier den Philosophen. Dieser soll dem Feldherrn zugerufen haben: «Geh mir aus der Sonne!» Das im 18. Jahrhundert stark restaurierte römische Relief zeugt vom Willen der Intellektuellen, sich mit Diogenes zu identifizieren und sich den Monarchen als selbstbewusste Persönlichkeiten gegenüberzustellen. Vielleicht zeigte das ursprüngliche Relief, wie Diogenes, aus seiner Tonne herausblickend, eine Schar von Besuchern oder Schülern belehrt. – Restauriertes römisches Relief, gezeichnet von Winckelmann, 1767.**

Drücke einigen der Zönobiten des Berges Athos einen Stab in die Hand; die Unwissenheit, die Ungehörigkeit, die Armut, den Bart, das grobe Gewand und den Bettelsack des Antisthenes haben sie bereits; verleihe ihnen einen hohen Sinn und eine gewaltige Leidenschaft für die Tugend, gepaart mit einer heftigen Abneigung gegen das Laster, und schon hast du aus ihnen eine Schule der Kyniker gemacht.[2]

**11 Diogenes als Herakles. Das dem Greis beigesellte, von einem modernen Restaurator auf die erhaltenen antiken Pfoten gestellte Tier informiert den Betrachter: Mein Herr ist Diogenes, der Hundephilosoph. Während der antike Künstler den greisen, vom Alter gebeugten Philosophen darstellen will, gestaltet Johann Joachim Winkelmann seine Zeichnung als Bild eines heroisierten Philosophen, dessen schöner Körper, an Herakles erinnernd, nur wenige Spuren des Alters erkennen lässt. – Antike Statuette, gezeichnet von Winckelmann, 1767.**

Diderot kommt in seinen Schriften immer wieder auf die kynische Lebensform zu sprechen – für ihn keine Sache der Vergangenheit, sondern eine stets gegenwärtige philosophische Option. Am liebsten wäre er selbst Kyniker, doch er weiß, wie schwer das in seinem Jahrhundert ist:

> Bei uns würde Diogenes in einer Dachkammer wohnen, nicht in einer Tonne. Er würde in keinem Land Europas eine solche Rolle spielen, wie er in Athen gespielt hat. Die unabhängige und unerschütterliche Seele, die ihm von Natur zu Eigen war, hätte er sich vielleicht bewahrt; doch hätte er einem unserer kleinen Herrscher keinesfalls wie Alexander dem Großen geantwortet: Geh mir aus der Sonne![3]

Das Thema «Diogenes und Alexander» fasziniert das 18. Jahrhundert, unterstreicht es doch die Unabhängigkeit des Intellektuellen vom Herrscher und stellt ihn diesem als eigene, Kultur und Geschichte formende Macht gegenüber. Die damals beginnende moderne Archäologie begeisterte sich für antike Diogenes-Darstellungen. Ein fragmentarisches antikes Relief, auf dem nur noch Diogenes und die Tonne zu sehen sind, wurde großzügig – und sachlich wohl zu Unrecht – als die Szene «Diogenes und Alexander» restauriert *(Abb. 10)*.

Von einem Zeitgenossen Diderots, dem deutschen Archäologen Johann Joachim Winckelmann (1717–1768), stammt die Zeichnung von einer kleinen spätantiken Diogenes-Statuette. Nackt und barfuß, von einem Hund begleitet, besitzt Diogenes nichts als einen Stock *(Abb. 11)*.

Der Zeichner hat den im Original[4] alten und aufgedunsenen Körper des Diogenes geschönt und seine Blöße gegen die Absicht des Künstlers heroisiert. Statt eines müden alten Bettlers steht nun ein Held vor uns, ein Herakles, dessen Greisenhaupt mit zerfurchter Denkerstirn in auffälligem Kontrast zu seinem fast alterslosen athletischen Körper steht. In Winckelmanns Zeichnungen spiegelt sich das Ringen seiner Zeit um Selbstbewusstsein und gesellschaftliche Stellung des Intellektuellen. Diogenes steht für den Intellektuellen, der nichts hat als seine Vernunft und doch allen überlegen ist.

Den Höhepunkt von Diderots Auseinandersetzung mit dem kynischen Thema bildet der Dialog *Le Neveu de Rameau* (Rameaus Neffe, entstanden um 1760/70).[5] Hier werden zwei soziale Typen einander gegenübergestellt. Beide sind nach französischem Sprachgebrauch *cyniques*, doch im Deutschen lassen sie sich als menschenverachtender Zyniker und dem Ideal der Bescheidenheit verpflichteter Kyniker voneinander auch sprachlich unterscheiden. Der mit Sympathie geschilderte nichtsnutzige Philosoph, mit dem sich der Ich-Erzähler unterhält, ist arm, kann sich jedoch durch Anbiederung und Verstellung als Gast bei den Reichen von Paris über Wasser halten. Er kann sich als «Rameaus Neffe» empfehlen, als Verwandter jenes Jean-Philippe Rameau (1683–1764), dessen Kompositionen den Höhepunkt der klassischen französischen Oper darstellen. Diesem intelligenten Nichtsnutz gegenüber lobt der Ich-Erzähler Diogenes, der auf äußere Güter verzichtet und sich als wahrer Philosoph nicht zu verstellen braucht. Diderot bekennt sich zum Ideal des unabhängigen Intellektuellen, der keine Kompromisse eingeht und sich seine Unabhängigkeit sozusagen erhungert. Gleichzeitig weiß er um die Versuchung, sich durch Anbiederung ein Auskommen und einen Platz in der Gesellschaft zu sichern. Diderot ist sich der prekären Existenz des Intellektuellen bewusst.

Mögen sich auch die Verhältnisse seit dem 18. Jahrhundert gewandelt haben, an seiner prekären Existenz hat sich auch nach dem Untergang des *ancien régime* und dem Versiegen der vom Adel oft großzügig gewährten Unterstützung wenig geändert. Noch heute steht der Intellektuelle zwischen kynischer und zynischer Existenz.

### *Der Kyniker als entwurzelte Gestalt: Gehlen*

Zwei Jahrhunderte nach Diderot glaubt der deutsche Soziologe Arnold Gehlen (1904–1976), Leben und Denken der Kyniker mit Hilfe soziologischer Theorie genauer erfassen zu können. Ausgangspunkt ist seine Institutionenlehre, die sich als eine Tragödie in drei oder vier Akten beschreiben lässt.

Der erste, am Anfang der menschlichen Geschichte stehende Akt schildert die Entstehung der die Gesellschaft tragenden archaischen Institutionen – Ehe, Familie und Staat. In ihnen findet die Gesellschaft die ihr gemäße Form. Der zweite Akt zeigt die Entstehung sekundärer Kultursysteme wie Philosophie, Kunst und Literatur. Dem kulturellen Leben liegt ein Mechanismus zugrunde, den Gehlen mit dem Begriff der «Entlastung durch Institutionen» beschreibt: Die archaischen Institutionen wie Ehe und Staat entlasten den Einzelnen von der Aufgabe, stets neue Entscheidungen zu treffen; durch die Entlastung wird er für die Schaffung der sekundären Kultursysteme frei. Dritter Akt: Die im Innern der Institution selbst angelegte Tragik wird zunehmend deutlich. Die Intellektuellen – jene Schicht, der die Gesellschaft Philosophie und Literatur usw. verdankt – suchen Halt nicht in den archaischen Institutionen, sondern in sich selbst, in ihrem subjektiven Bewusstsein. Den Werten der Institutionen – wiederum: Ehe, Familie, Staat – entfremden sie sich zunehmend, indem sie diesen nur begrenzte Geltung zubilligen. Sie untergraben deren Autorität und tragen so zu deren Schwächung bei. Sie lehnen es ab, institutionelle Verantwortung zu übernehmen. Man könnte sich noch einen vierten Akt hinzudenken, der – in einer Art konservativer Revolution – die Rückkehr zur Macht der Institutionen schildert.

Dieses sozialgeschichtliche Entwicklungsmuster gilt nicht nur für die Menschheit insgesamt; es lässt sich auch in der Geschichte des alten Griechenland beobachten. Dem ersten Akt ist die Entstehung der Polis zuzuordnen, die dem Griechen eine feste Lebensordnung vorgab. Der zweite Akt ist mit jenem Zeitalter identisch, das die Philosophie und deren Leitgestalt Sokrates hervorbrachte. Das Verhältnis des Sokrates, des Urbilds der Intellektuellen, zur attischen Gesellschaft war gespannt, er galt als ordnungsgefährdend. Die Polis konnte sich von Sokrates befreien, indem sie ihn zum Trinken des Schierlingsbechers verurteilte. Der dritte Akt, die Auflösung der Polis, enthält zwei parallele Entwicklungen: die Zerstörung der sich selbst verwaltenden autonomen Polis durch deren Eingliederung in größere politische Zusammenhänge und die Bildung einer der Polis entfremdeten Schicht entwurzelter Intellektueller. Dafür sind die Kyniker ein besonders gutes Beispiel. Aus dem Zusammenbruch der griechischen Polis retten sich die Kyniker in ihren Individualismus und Kosmopolitismus. Den Herrschern stellen sie sich als Berater zur Verfügung. Bekannt für sein Lob gesellschaftlicher Institutionen, bewertet Gehlen die kynische Lebensphilosophie negativ:

> Der kynische Weise nun begab sich in den Naturzustand zurück, in die große Entlastung von der Verantwortung, und damit in den unnatürlichen Zustand des Parasitismus. Da er außerhalb von Staat, Geschichte und Geschäften nach Prinzipien leben musste, von nichts mehr gehalten, entwickelte er folglich eine Gesinnung und damit propagandistische Neigungen. Hier fand er wie ein Rundfunk-Intendant die Motive, um sie den Regierenden ins Ohr zu träufeln. Der König erhielt seine Aufgabe gestellt, nämlich für die Wohlfahrt der Untertanen zu sorgen, und dabei ergab sich ganz von selbst die Mission des Philosophen, der Berater zu sein, der Seelenlenker und Guru.[6]

Seelenlenker und Gurus sind zweifelhafte Gestalten, glauben sie doch, einer Gesellschaft Ratschläge geben zu können, von der sie sich selbst fernhalten. Gehlen wünscht sich offenbar den Mann des Geistes, der zugleich bereit ist, politische Entscheidungen zu treffen und gesellschaftliche Verantwortung zu übernehmen: einen Mann, der handelt und nicht nur redet.

Gehlen gilt als konservativer Denker. Wie alle Konservativen kann er sich mit Diogenes nicht anfreunden. Schon Oswald Spengler klagt im *Untergang des Abendlandes* (1918): «Die Moral der Kyniker, der Stoa, Epikurs, das allgemeine hellenische Ideal der Sophrosyne [Mäßigung] und Ataraxia [Gemütsruhe], Diogenes in seinem Fasse, der *theôría* huldigend – das alles ist verkappte Feigheit vor allem Schweren und Verantwortungsvollen.»[7] Also Flucht vor den Aufgaben, die das Leben stellt. – Oder, wie andere sagen, Flucht in die Freiheit?

### *Diogenes als Vorbild des freien Menschen: Popper, Foucault, Sloterdijk*

Führenden Philosophen erscheint Diogenes als Urbild und Vorbild des wahren freien Menschen. In diesem Sinn argumentiert das Buch *Die offene Gesellschaft und ihre Feinde* (1945).

Autor dieses Werks ist Karl Popper (1904–1994), der wegen seiner jüdischen Herkunft seine österreichische Heimat im Jahr 1937 verlassen musste. In der Emigration setzt er sich mit den geistigen Grundlagen des Nationalsozialismus auseinander. Sein Buch gilt als Klassiker der unmittelbar nach dem Zweiten Weltkrieg erschienenen antifaschistischen Literatur. Popper findet die Grundlagen des Faschismus in der griechischen Philosophie, speziell im Denken Platons. Tatsächlich haben sich Theoretiker des deutschen Nationalsozialismus bisweilen auf Platon berufen und die NSDAP als jene Partei gepriesen, die Platons Staatsdenken in die Realität umsetzt.[8] Popper lenkt den Blick weit zurück in die Geschichte, auf eine Zeit, die er als die «Große Generation» Athens bezeichnet: die Zeit von etwa 450 bis 350 v. Chr. Diese Epoche erlebt den Zusammenbruch der alten geschlossenen Gesellschaft und die Erosion ihrer traditionellen magischen Grundlagen; sie erlebt gleichzeitig zwei philosophische Versuche, das Gemeinwesen wiederherzustellen. Der eine, so Popper, ziele auf die Gründung eines offenen, demokratischen Gemeinwesens, der andere auf die Wiederherstellung eines geschlossenen, stammesmäßig organisierten und straff geführten Staates. Das demokratische Gesellschaftsideal wird von Perikles, Sokrates und den Kynikern vertreten, dem Ideal des geschlossenen Staates huldigt Platon. Popper lehnt das platonische Staatsmodell ab; er will den «Zauber Platons» brechen.

Die Kyniker repräsentieren die von Popper favorisierte pragmatische, antispekulative, antiautoritäre, demokratische Denkrichtung. Bemerkenswert ist Poppers Hinweis auf den kynischen Einfluss auf das entstehende Christentum:

Der Konflikt zwischen der platonisch-aristotelischen Spekulation und dem Geist der Großen Generation, dem Geist des Perikles, des Sokrates und des Demokrit, lässt sich durch alle Zeiten verfolgen. Dieser Geist wurde von der Bewegung der Kyniker mehr oder weniger rein aufbewahrt; wie die frühen Christen predigten sie die Brüderlichkeit der Menschen, die sie mit einem monotheistischen Glauben an die Vaterschaft Gottes verbanden. Das Weltreich Alexanders wie auch das des Augustus wurde durch diese Ideen beeinflusst, die zuerst im Imperium des perikleischen Athen Gestalt angenommen hatten und die durch den Kontakt zwischen dem Westen und dem Osten stets von neuem angeregt worden waren. Es ist sehr wahrscheinlich, dass diese Ideen und vielleicht die kynische Bewegung selbst auch die Entstehung des frühen Christentums beeinflusst haben. Zu Beginn stand das Christentum wie auch die kynische Bewegung im Gegensatz zum gelehrten platonisierenden Idealismus und Intellektualismus der schreibenden Autoren, der Schriftgelehrten. «Du hast diese Dinge vor den Weisen und Klugen verborgen und sie den Kindern geoffenbart.»[9]

Poppers Hinweis auf die frühen Christen als Vertreter der nicht von einem Regelwerk beengten Gesellschaft lässt sich an der jesuanischen Vorstellung vom «Reich Gottes» verdeutlichen: Während in Platons Idealstaat alles aufs Genaueste geregelt ist, entwirft Jesus weder für Gottesreich noch Kirche eine Staatsverfassung.[10] Gottesreich und Kirche sind im Sinne von Popper nicht als «geschlossene», sondern als «offene» Gesellschaften zu begreifen, nämlich als solche, in denen weder Zwang noch Konformitätsdruck herrschen. Sie wären dem Kynismus, nicht dem Platonismus zuzuordnen.

Das Konzept der «offenen Gesellschaft» beschäftigt auch den französischen Philosophen Michel Foucault (1926–1984).[11] Ähnlich wie Popper untersucht er die kulturellen Kräfte, die das Individuum prägen und dessen Denken und Sein in bestimmte Bahnen lenken. In seiner letzten, im Jahr 1983 am Collège de France in Paris gehaltenen Vorlesungsreihe erörtert Foucault das Verhältnis von Philosophie und Politik. Philosophie muss praktisch werden, konkrete Folgen für das Leben haben. Das bloße Weiterdenken von theoretischen Fragen, die innerhalb der Geschichte der Philosophie aufgeworfen worden sind, sei unfruchtbar. Tatsächlich war Foucault ein eminent engagierter Zeitgenosse: Er unterhielt Kontakte zur politischen Opposition in Brasilien und zu sowjetischen Dissidenten, setzte sich in Polen für die Gewerkschaftsbewegung ein, gründete eine Informationsgruppe über Gefängnisse in Frankreich und prangerte die Unterdrückung des persischen Volkes durch das Schah-Regime an. Doch wie ist das

Verhältnis von Philosophie und Politik zu bestimmen? Foucault unterscheidet ein «kongruentes» und ein «korrelatives» Modell. Nach dem ersteren werden Philosophie und Politik zur Deckung (Kongruenz) gebracht. Dabei macht die Philosophie der Politik Vorschriften, rechtfertigt bestimmte Entscheidungen und gibt ihr Rückendeckung; hier erscheint die Politik als ausführendes Organ der Philosophie. Nach dem von Platon vertretenen Kongruenzmodell soll die Philosophie als die wahre Herrscherin im politischen Leben auftreten. Dieses Modell lehnt Foucault ab. Das von ihm favorisierte korrelative Modell versteht Politik und Philosophie als jeweils unabhängige gesellschaftliche Institutionen, die allerdings miteinander ins Gespräch – in Korrelation – zu bringen sind. Dabei fällt dem Philosophen die Rolle des widerstrebenden Außenseiters zu, der sich der Indienstnahme verweigert und, auf seiner Unabhängigkeit und Unkäuflichkeit beharrend, vom freien Wort Gebrauch macht. An dieser Stelle kommt die kynische Philosophie ins Spiel: Das unübertroffene Vorbild für das richtige – eben korrelative – Verhalten des Philosophen gegenüber dem Politiker ist kein anderer als Diogenes.

Foucault greift auf Diogenes-Anekdoten zurück und referiert sie ausführlich.[12] Von Philipp von Makedonien befragt, wer er eigentlich sei, hat Diogenes geantwortet: «Ein Erkunder deiner Unersättlichkeit.» Foucault hebt den Freimut des Kynikers hervor. *Le franc-parler*, wie er das griechische Wort *parrhêsía* wiedergibt, besteht in zweierlei: einmal in der Lebensweise des Philosophen, der sich als Hund stilisiert und damit außerhalb aller vom Staat auferlegten Konventionen stellt; dann aber auch in der Beleidigung und Anprangerung der Macht. Gegenüber der Macht, die er als solche akzeptiert, fühlt sich Diogenes frei. Offen und mit Nachdruck sagt er, was er selbst ist, was er will, was er braucht, was wahr und was falsch, was gerecht und was ungerecht ist. Kynische Existenz befreit sich von allen dem Menschen auferlegten Konventionen; die Zivilisation abstreifend, kehrt der Philosoph zum ursprünglichen Menschsein zurück und kann zum widerspenstigen Dialogpartner der Politik werden.

Im selben Jahr 1983, in dem Foucault seine Vorlesungen hält, veröffentlicht der deutsche Philosoph Peter Sloterdijk (geb. 1947) eine *Kritik der zynischen Vernunft.* Im Lebensideal der Kyniker entdeckt er das Ideal der Studenten und Intellektuellen seiner eigenen Generation – jener inzwischen legendären Generation von 1968, die gegen den US-amerikanischen Krieg in Vietnam protestierte, die patriarchalischen Verhältnisse an den Universitäten kritisierte, ein außerparlamentarisches politisches Mandat aller Intellektuellen forderte und als «Blumenkinder» oder «Hippies» sich der Arbeitswelt zu entziehen suchte. Sloterdijk hebt die Distanz des Kynikers zu den bestehenden gesellschaftlichen Verhältnissen hervor. Dieselbe Distanz zeichne auch den heutigen Intellektuellen aus, der sein Vorbild in der kynischen Überlieferung finden könne: Marginale Stellung im wirtschaftlichen und politischen Leben sowie den Willen zu freimütiger Kritik zeichnen den antiken Kyniker wie den heutigen Intellektuellen aus. Sie sind wesensverwandt. Philosophiegeschichtlich zieht Sloterdijk eine Linie von Diogenes bis zu Paul Feyerabend (und sich selbst):

> Obwohl Diogenes keine eigentlichen Schüler annahm, wurde sein Lehrimpuls, wenn auch unterschwellig, zu einem der mächtigsten der Geistesgeschichte. [...] Er, der Impulsgeber des Kynismus, war derjenige, der die ursprüngliche Verbindung zwischen Glück, Bedürfnislosigkeit und Intelligenz in die westliche Philosophie brachte – ein Motiv, das sich in allen *vita simplex*-Bewegungen der Weltkulturen findet. Als Urhippie und Proto-Bohemien hat Diogenes die europäische Tradition des intelligenten Lebens mitgeprägt. [...] Als Antitheoretiker, Antidogmatiker, Antischolastiker sendet er einen Impuls aus, der überall wiederkehrt, wo Denker sich um eine «Erkenntnis für freie Menschen», auch frei von Schulzwängen, bemühen, und damit eröffnet sich eine Reihe, in der Namen wie Montaigne, Voltaire, Nietzsche, Feyerabend u. a. auftauchen.[13]

Sloterdijks Buch versteht sich als Aufruf, den Impuls des Diogenes gerade heute wieder aufzunehmen. Seine Begeisterung für die *vita simplex* («das einfache Leben») und für das offene, frei geäußerte Wort zielt auch darauf, der Philosophie ein vernachlässigtes Ziel zurückzugeben – das Ziel, zum intelligenten Leben anzuleiten.

Jeder der genannten Denker – Popper, Foucault und Sloterdijk – macht Diogenes zum symbolischen Vertreter einer menschlichen Existenzweise, die sich von einer anderen Existenzform grundsätzlich unterscheidet. Bei Popper ist Diogenes Vertreter der offenen Gesellschaft, wie Platon die geschlossene Gesellschaft repräsentiert; bei Foucault ist er der Philosoph, der dem durch Alexander verkörperten politischen Machtmenschen gegenübertritt; bei Sloterdijk vertritt Diogenes den freien Menschen, der die Regeln der bürgerlichen

Gesellschaft ebenso missachtet wie er sich den Schulzwängen etablierter philosophischer Richtungen verweigert. Mit Diogenes und Jesus kommt eine alternative Existenzweise in den Blick, die für die Gesellschaft eine ständige Herausforderung darstellt. Ihr Leben gehorcht anderen Gesetzen als den üblichen. Sie verkörpern weniger eine Gesetzesethik als eine Vorbildethik, weniger eine statische Moral der Konvention als eine dynamische Moral des Vorbildes.[14] Sie wirken mehr durch ihr unverwechselbares Sein als durch eine scharf umrissene Lehre. Sie sind Gestalten des sozialen Experiments und der pulsierenden Unruhe, Gestalten, die sich dem Gedächtnis der westlichen Welt als maßgebende Menschen eingeprägt haben. Es ist schwer, sich ihrer Faszination zu entziehen.

# Anhang

## Lebensdaten kynischer Philosophen

### *Kyniker*

Nachstehend aufgeführt sind die in der vorliegenden Studie erwähnten kynischen Philosophen.[1]

*Antisthenes*, ca. 445–365 v. Chr. Lebte in Athen. Schüler des Sokrates, Lehrer des Diogenes. Gilt manchen als eigentlicher Begründer der kynischen Philosophie.

*Aristippos* aus Kyrene, ca. 435–355 v. Chr. Der dem Genuss nicht abgeneigte Lebenskünstler war kein Kyniker, doch haben ihn manche der antiken Philosophen unter die Kyniker gezählt (Philon, *De plantatione* 151; Lukian, *Leben des Demonax* 62).

*Bion* von Borysthenes (ein Ort am Fluss Dnjepr), ca. 335–245 v. Chr. Der freigelassene Sklave, offenbar ein glänzender Redner, gilt als Erfinder der kynischen Moralpredigt (Diatribe).

*Chaireas*, unbekannten Datums 3.–1. Jahrhundert v. Chr. Lebte in Alexandrien. Er wird einmal von Philon erwähnt (*Quod omnis probus liber sit* 125).

*Crescens*, bezeugt ca. 154/65 n. Chr. Lebte in Rom. Gegner des christlichen Philosophen Justin des Märtyrers.

*Demetrius* von Korinth, 1. Jahrhundert n. Chr. Lebte in Rom. Mit dem Philosophen Seneca (gest. 65 n. Chr.) befreundet.

*Demonax* von Zypern, ca. 70–170 n. Chr. Lebte in Athen. Der Schriftsteller Lukian von Samosata bewunderte ihn und zeichnete seine Lebensgeschichte auf.

*Diogenes* von Sinope, ca. 403–323 v. Chr. Lebte als Fremder in Athen und Korinth. Die emblematische Figur des in einer Tonne lebenden Kynikers.

*Diogenes der Sophist* wirkte um 75 n. Chr. in Rom.

*Dion* von Prusa, genannt *Chrysostomos*, ca. 40–112 n. Chr. Griechischer Redner, dem Kynismus nahestehend. Lebte in Rom.

*Epiktet*, ca. 50–125 n. Chr. Der aus Hierapolis in Phrygien (Kleinasien) stammende stoische Philosoph stand dem Kynismus nahe. Er wirkte in Rom, später in Nikopolis (Griechenland).

*Favorinus*, ca. 80–150 n. Chr. Stammte aus Gallien, lebte in Rom.

*Herakleios*. Als er 363 n. Chr. in Konstantinopel vor Kaiser Julian eine (nicht erhaltene) Rede über die wahre Regierungskunst hielt, antwortete der Kaiser mit einer Schrift *Gegen den Kyniker Herakleios*.

*Heras*. Lebte in Rom. Auf Anordnung des Kaisers Vespasian im Jahr 75 n. Chr. enthauptet.

*Hipparchia* aus Maroneia, 4./3. Jahrhundert v. Chr. Von der Philosophie des Krates angezogen, heiratete sie diesen.

*Iphikles*, Zeitgenosse der Kaiser Julian und Valentinian I. (Lebensdaten 331–363 und 321–375 n. Chr.).

*Kerkidas* von Megalopolis, ca. 290–220 v. Chr. Politiker und Versdichter.

*Krates* von Theben, ca. 365–285 v. Chr. Blütezeit um 325 v. Chr. Schüler des Diogenes. Verheiratet mit Hipparchia.

*Lukian* von Samosata, ca. 120–190 n. Chr. Selbst kein Kyniker, wohl aber ein Bewunderer echter kynischer Gestalten wie Demonax, dem er eine Biographie widmet.

*Meleagros*, ca. 130–60 v. Chr. Stammte aus Gadara im Ostjordanland, lebte in Tyrus und auf der Insel Kos.

*Menippos*, ca. 320–250 v. Chr. Der aus Gadara (Ostjordanland) stammende phönizische Sklave wurde freigelassen und Schüler des Krates. Er gilt als Begründer einer bestimmten Art von satirischer Literatur («menippeische Satire»).

*Monimos* von Syrakus, 4. Jahrhundert v. Chr. Schüler des Diogenes.

*Musonius Rufus*, ca. 30–100 n. Chr. Der in Rom lebende, den Kynikern nahestehende stoische Philosoph wurde mehrmals aus Rom verbannt, zum ersten Mal 65 n. Chr.

*Oinomaos*, frühes 2. Jahrhundert n. Chr. Der in Gadara im Ostjordanland lebende Grieche war mit dem jüdischen Gelehrten Rabbi Meïr befreundet. Bekannt für seine Kritik am griechischen Orakelwesen.

*Onesikritos* von Astypalaia, ca. 380–300 v. Chr. Schüler des Diogenes, Begleiter Alexanders des Großen auf seinem Feldzug nach Indien.

*Phokion*, 4. Jahrhundert v. Chr. Lebte in Athen. Politiker, Schüler des Diogenes.

*Teles*, um 250 v. Chr. Griechischer Wanderprediger, bekannt durch seine Diatriben.

### *Jüdische und christliche Kyniker*

Die nachstehend aufgeführten Personen lassen sich – versuchsweise – als jüdische und christliche Kyniker oder Sympathisanten der kynischen Lebensweise in Anspruch nehmen. Die Begründung ist dem Text der vorliegenden Studie zu entnehmen.

*Bannus*, um 50 n. Chr. Der von Flavius Josephus (*Vita* 11–12) erwähnte jüdische Asket wird zwar nicht Kyniker genannt, aber als solcher beschrieben.

*Jesus*, ca. 5 v. – 27/35 n. Chr. Viele seiner in den Evangelien überlieferten Aussprüche lassen kynisches Gedankengut erkennen.

*Jesus, Sohn des Ananos*, gest. 70 n. Chr. Der von Flavius Josephus (*Jüdischer Krieg* VI, 300–309) erwähnte Prophet weist kynische Züge auf.

*Johannes der Täufer*, gest. um 30 n. Chr. Hingerichtet auf Veranlassung von Herodes Antipas. Seine asketische Lebensweise lässt ihn als jüdischen Kyniker erscheinen.

*Kohelet*, um 200 v. Chr. Das Buch Kohelet, Bestandteil des Alten Testaments, enthält kynisches Lehrgut. Kohelet ist der Beiname eines Weisheitslehrers.

*Maximus Heron* von Alexandria, um 360–80 n. Chr. in Konstantinopel lebend. Kyniker und zugleich Christ, von Kaiser Julian gerügt, eine Zeit lang mit Bischof Gregor von Nazianz befreundet.

*Peregrinus Proteus*, ca. 100–165 n. Chr. Grieche. Zunächst Leiter einer christlichen Gemeinde in Palästina, später das Römische Reich durchwandernder Kyniker.

*Philon* von Alexandrien, ca. 20 v. – 50 n. Chr. Der jüdische Philosoph darf als Sympathisant der griechischen Kyniker gelten, besonders aufgrund seiner Schrift *Quod omnis probus liber sit* (Jeder gute Mensch ist frei).

## Antike Zeugnisse über den Kynismus

Die wichtigsten für die vorliegende Darstellung ausgewerteten Quellen werden nachstehend kurz vorgestellt, in chronologischer Reihenfolge. Eine Beurteilung der historischen Quellenlage ist am Schluss angefügt.

### *Xenophon*

Der vielseitig begabte, schriftstellerisch und militärisch tätige Xenophon (ca. 430–354 v. Chr.) ist in der antiken Welt weit herumgekommen. In Athen aufgewachsen, lebt er dennoch in der Nähe von Sparta, für dessen Kultur er sich begeistert und auf dessen Seite er gegen Athen kämpft. Später finden wir ihn in persischen Diensten im Söldnerheer des Kyros. Er kennt und schätzt Sokrates. In seinem *Gastmahl* (*Symposion*, ca. 360) lässt er neben Sokrates auch den Kyniker Antisthenes als Gast und Gesprächsteilnehmer auftreten. Auf die Frage, worauf er besonders stolz sei, antwortet Antisthenes: «Auf meinen Reichtum.» Sein Reichtum besteht in der Armut. Der wahre Reichtum liegt in der Seele des Menschen, nicht in seinem äußeren Besitz. Dieser ist bescheiden, doch immerhin besitzt Antisthenes nach Xenophons Darstellung ein eigenes Haus in Athen, das ihm Schutz bietet. Der größte Gewinn der Armut aber besteht in der Muße: «Mein erlesenster Besitz ist, wie ihr wisst, meine Muße. Sie erlaubt mir, das Sehenswerte zu sehen und das Hörenswerte zu hören und, was mir am meisten bedeutet, nach Belieben ganze Tage mit Sokrates zu verbringen.»

Warum lässt Xenophon nicht auch Diogenes auftreten? Diese Frage lässt sich leicht beantworten: Das Gastmahl, von dem der Verfasser berichtet, feiert den Sieg eines attischen Athleten im Jahre 422 v. Chr. Damals ist Sokrates etwa siebenundvierzig, Antisthenes etwa dreiunddreißig Jahre alt; Diogenes ist noch nicht geboren.

Xenophon selbst berichtet nicht als Augenzeuge (obwohl er dies angibt), sondern als frei gestaltender Literat; zum Zeitpunkt des Gastmahls war er erst acht Jahre alt.

*Einzelausgabe*: Xenophon, *Das Gastmahl*. Griechisch und deutsch. Übersetzt von E. Stärk, Stuttgart 1986.
*Anthologien*: Malte Hossenfelder, *Antike Glückslehren*, Stuttgart 1996, S. 14–15; Georg Luck, *Die Weisheit der Hunde*, Stuttgart 1997, S. 40–41, 62–65.

## Aristoteles

Der aus Stageira (Makedonien) stammende Philosoph (384–322 v. Chr.) wirkt in Athen, zunächst in der Akademie des Philosophen Platon, um dann jedoch um 335 eine eigene Schule zu gründen. Zwei knappe Bemerkungen in Schriften des Aristoteles lassen dessen Wissen um die Kyniker erkennen. In seiner *Politik* verweist Aristoteles auf eine Fabel des Antisthenes, in der es um einen Disput zwischen Löwen und Hasen in einer Versammlung der Tiere geht: Die Forderung der Hasen nach Gleichberechtigung für alle stößt auf den Widerstand der Löwen.[1] Für die kynische Philosophie aufschlussreicher ist die *Rhetorik* (ca. 340 v. Chr.) des Aristoteles. Dort findet sich folgender Satz: «Der Hund hieß die Kneipen attische Gemeinschaftsmahle.»[2] Als *philítia* oder *phidítia* werden die kargen Mahlzeiten in Sparta bezeichnet, zu denen sich die Spartiaten an jedem Abend in Gruppen von etwa fünfzehn Mann treffen.[3] Gereicht wird u. a. die «schwarze Suppe», eine als nicht gerade schmackhaft geltende Blutsuppe. Damit erhält der rätselhafte Spruch vielleicht die Bedeutung: «Was in Sparta die Gemeinschaftsmahle sind, sind in Athen die (Mahlzeiten in) Kneipen.» Möglicherweise hat «der Hund» die einfache und strenge Lebensweise der Spartaner geschätzt und empfohlen. Gegenüber den noblen Mahlgemeinschaften der Spartaner fallen die Mahlzeiten in den attischen Kneipen ab und haben, wie Wirthäuser überhaupt, einen schlechten Ruf. Man hat gefragt, ob «der Hund» die Einführung spartanischer Einrichtungen in Athen anregen will, sich hinter dem Spruch also ein politisches Programm verbirgt. Und überhaupt: Wer ist «der Hund»? Marie-Odile Goulet-Cazé[4] schlägt vor, in dem Hund Antisthenes zu sehen, doch gewöhnlich denken die Kommentatoren an Diogenes.

Als Aristoteles seine *Rhetorik* schreibt, lebt Diogenes noch. Wir haben es also mit einem gut verbürgten zeitgenössischen Zeugnis zu tun.

*Einzelausgaben*: Aristoteles, *Rhetorica*. Hg. von Rudolf Kassel, Berlin 1976 (griechisch); ders., *Rhetorik*. Übersetzt von Franz G. Sieveke, München 1980; ders., *Rhetorik*. Übersetzt und erläutert von Christoph Rapp, Berlin 2002.
*Anthologie*: Georg Luck, *Die Weisheit der Hunde*, Stuttgart 1997, S. 46 (*Politik*), 132 (*Rhetorik*).

## Teles

Im 5. Jahrhundert n. Chr. kompilierte der Grieche Johannes Stobaios (aus Stoboi in Makedonien) ein umfangreiches Werk, das Auszüge aus der gesamten griechischen Literatur enthält. Etwa fünfhundert Autoren sind berücksichtigt. Darunter befinden sich auch Stücke aus den von der modernen Forschung als Diatriben bezeichneten Moralpredigten des Kynikers Teles, der um 250 v. Chr. gewirkt haben mag. Die von Johannes Stobaios aufgenommenen Auszüge machen den Eindruck von Trostpredigten. Sie leiten dazu an, sich mit Armut, Heimatverlust durch Verbannung, Verlust von Freunden durch Tod und Ähnlichem ohne Groll abzufinden. Für solche Haltung beruft sich Teles auf das strenge männliche Ethos der Spartaner, auf Sokrates, Krates und Diogenes. Die Botschaft ist: Der Mensch muss sich im Unglück ohne Murren an die Umstände anpassen und die ihm zugeteilte Rolle in heiterer Ruhe spielen.

Ulrich von Wilamowitz-Moellendorff (1838–1931), der Entdecker des Teles, würdigt dessen Werk nicht als das eines genialen Denkers, sondern als eines zufällig bekannten Mannes, der, wie viele Philosophen seiner Zeit, sich eines neuen Mediums bediente: der philosophischen, sich an ein breites Publikum richtenden Erbauungsrede. «Der Kyniker Teles ist der älteste kenntliche Vorfahr des geistlichen Redners, der heute, in welcher Kirche es auch sei, das Wort der Schrift auslegt und durch fromme Betrachtung die Herzen seiner Hörer stärkt und erbaut. [...] Es ist die philosophische Predigt, die Rede des Kynikers oder Platonikers, die auf die Kanzel emporsteigt.»[5]

*Werke*: Teles, *Teletis Reliquiae*. Hg. von Otto Hense. 2. Aufl. Tübingen 1909 (griechisch); *Teles the Cynic Teacher*. Übersetzt von Edward N. O'Neil. Missoula, Mont. 1977 (griechisch und englisch); P. P. Fuentes Gonzáles, *Les Diatribes de Télès*, Paris 1998 (griechisch und französisch).
*Anthologien*: Epiktet, Teles, Musonius, *Ausgewählte Schriften. Griechisch-deutsch*. Übersetzt von Rainer Nickel, München 1994, S. 269–294;
Léonce Paquet, *Les Cyniques grecs*, Paris 1992, S. 172–201; Georg Luck, *Die Weisheit der Hunde*, Stuttgart 1997, S. 256–286; Klaus Döring, *Die Kyniker*, Bamberg 2006, S. 46–48.

## *Papyrus Herculanensis 339*

In seinem Werk *Über die Stoiker* (*Perí Stoikôn*) setzt sich der epikureische Philosoph Philodemos (ca. 110–40 v. Chr.) auch mit einer nicht überlieferten satirischen staatsphilosophischen Schrift auseinander: der *Politeía* (Der Staat) des Kynikers Diogenes von Sinope. Im 18. Jahrhundert wurden Reste der Bibliothek des Philodemos in Herculaneum (bei Neapel) gefunden, darunter auch Papyrus Herculanensis 339, ein Fragment aus *Perí Stoikôn* mit einer kurzen Notiz über das Buch des Diogenes. Philodemos lässt keinen guten Faden an den Spinnereien des Diogenes, der Regeln für ein Staatswesen aufstellt, dessen Bürger ausnahmslos Kyniker sind. Ob das von Philodemos kritisierte Werk allerdings wirklich von Diogenes stammt, lässt sich nicht sicher sagen. Es könnte sich um ein in kynischem Geist geschriebenes Werk aus späterer Zeit handeln.

*Einzelausgaben*: Gabriele Giannantoni (Hg.), *Socratis et Socraticorum Reliquiae*, Neapel 1990, Bd. 2, S. 284–287 (griechisch); Tiziano Dorandi, Filodemo. Gli Stoici (P. Herc. 155 e 339), in: *Cronache Ercolanesi* 12 (1982), S. 91–133 (griechisch und italienisch); Suzanne Busson, La Politeia de Diogène le Cynique, in: Gilbert Romeyer Dherbey und Jean-Baptiste Gourinat (Hg.), *Socrate et les Soctratiques*, Paris 2001, S. 411–430, hier 412–413 (französisch).
*Anthologie*: Georg Luck, *Die Weisheit der Hunde. Texte der antiken Kyniker*, Stuttgart 1997, S. 106–108.

## *Kynikerbriefe*

In der hellenistisch-römischen Zeit war die Produktion fiktiver Briefe eine beliebte Schulaufgabe; auch gestalteten manche Schriftsteller unterhaltsame Romane als lockere Folgen von Briefen.[6] Einen derartigen Briefroman bildet das Korpus der Kynikerbriefe. Es enthält u.a. 51 Briefe des Diogenes von Sinope, 36 Briefe des Krates von Theben und 35 Briefe von Sokrates und seinen Schülern. Keiner der Kynikerbriefe geht auf den angegebenen Verfasser zurück. Die ältesten Stücke – 10 Anacharsis zugeschriebene Briefe – scheinen aus dem 3. Jahrhundert v. Chr. zu stammen, die anderen aus der Zeit zwischen dem 1. Jahrhundert v. Chr. und dem 3. Jahrhundert n. Chr. In allen Briefen tritt uns kynischer Geist entgegen – teils als philosophische Selbstbesinnung, teils als Propaganda zugunsten der kynischen Schule. Manche der Sokratiker-Briefe lassen der Religion gegenüber eine aufgeschlossene Haltung erkennen: Sokrates opfert einen Hahn dem Asklepios (Brief 14,9), Xenophon baut einen Tempel (Briefe 18 und 19), Sokrates nimmt sich Gott zum Vorbild (Brief 6,4) und folgt göttlichem Auftrag (Brief 1,2 und 1,7).

*Ausgaben*: Abraham J. Malherbe (Hg.), *The Cynic Epistles: A Study Edition*, Atlanta, Ga. 1977 (griechisch und englisch); Eike Müseler, *Die Kynikerbriefe. Kritische Ausgabe mit deutscher Übersetzung*, Paderborn 1994 (enthält nur die Diogenes und Krates zugeschriebenen Briefe).
*Anthologie*: Georg Luck, *Die Weisheit der Hunde. Texte der antiken Kyniker*, Stuttgart 1997, S. 173–193 (die Diogenes zugeschriebenen Briefe); S. 220–216 (die Krates zugeschriebenen Briefe); 288–300 (Anacharsis, Heraklit, Sokrates, Herakleides und Antisthenes zugeschriebene Briefe).

## Dion von Prusa

Der griechische Philosoph Dion (ca. 40–112 n. Chr.), aus der kleinen Stadt Prusa in Bithynien (Kleinasien) stammend, lebte in Rom. Er ist vor allem als Redner hervorgetreten, was ihm den Beinamen Chrysostomos (Goldmund) eintrug. In einigen in der Zeit um 100 n. Chr. aufgezeichneten Reden kommt er auf Diogenes und die Kyniker zu sprechen, deren Denken er schätzt: *Von der Herrschaft* (4. Rede); *Diogenes oder Von der Tugend* (8. Rede); *Diogenes oder Die Isthmischen Spiele* (9. Rede); *Diogenes oder Über Sklaven* (10. Rede). Aus der alten Anekdote über die Begegnung von Alexander dem Großen mit Diogenes spinnt Dion ein langes Zwiegespräch zwischen den beiden. Diogenes belehrt den Herrscher über seine Pflichten. Auch die Rede *Von der Verbannung* (13. Rede) mag kynischen Stoff enthalten.

Obwohl kein besonders origineller Denker, hat Dion zum idealisierten Kynikerbild beigetragen, das seit dem 2. Jahrhundert n. Chr. im Römischen Reich verbreitet ist. Die kynische Ethik gilt als vorbildlich.

*Werke*: Dion Chrysostomos, *Sämtliche Reden*. Übersetzt von Winfried Elliger, Zürich 1967.
*Anthologien*: Gabriele Giannantoni (Hg.), *Socratis et Socraticorum Reliquiae*, Neapel 1990, Bd. 2, S. 465–500 (griechisch); Georg Luck, *Die Weisheit der Hunde. Texte der antiken Kyniker*, Stuttgart 1997, S. 56–61, 310–343.

## *Epiktet*

Der griechische Philosoph Epiktet (ca. 55–135 n. Chr.), der stoischen Schule zugehörig, steht der kynischen Philosophie nahe. Er selbst hat nichts geschrieben, doch sein Schüler Arrian hat die Vorträge (als *Diatribai* oder *Dissertationes* zitiert) seines Meisters aufgezeichnet und veröffentlicht. Ein Vortrag Epiktets – die *Dissertatio* III, 22 – ist der Darstellung und Verteidigung des kynischen Denkens gewidmet. Es handelt sich hierbei um eine sehr kunstvoll aufgebaute Rede: Epiktet erklärt einem jungen Mann, was es heißt, ein Kyniker zu sein; innerhalb seiner Unterweisung ist als Beispiel für kynische Tätigkeit eine Diatribe eingefügt, die zeigt, wie der Philosoph die Laien zu unterweisen hat. Auch andere Vorträge Epiktets sowie das *Handbüchlein* (*Encheiridion*), sein bekanntestes Werk, enthalten ebenfalls kynisches Lehrgut. Von allen in dieser Übersicht genannten Schriften – von Xenophons *Gastmahl* bis Kaiser Julians Rede *Gegen die unwissenden Kyniker* – gibt es nur ein einziges Werk, das noch heute im Philosophiestudium regelmäßig gelesen wird: Epiktets *Handbüchlein*. Hier lernen wir eine strenge, auf Unerschütterlichkeit und innere Ruhe abzielende Lebenshaltung kennen. Sie macht der Kern dessen aus, was die Kyniker ihre Schüler zu lehren versuchen. Wer Philosoph sein will, muss sich an die Regeln des *Handbüchleins* halten; wer dies nicht vermag, bleibt ein «gewöhnlicher Mensch» (*idiôtês*).

*Einzelausgaben:* Epiktet, *The ‹Enchiridion› of Epictetus and Its Three Christian Adaptations. Transmission and Critical Editions.* Hg. von Gerard Boter, Leiden 1999 (griechischer Text des Handbüchleins in textkritischer Ausgabe); ders.,

*Handbüchlein der Moral.* Griechisch/Deutsch. Übersetzt von Kurt Steinmann, Stuttgart 1992; ders., *Anleitung zum glücklichen Leben – Encheiridion.* Griechisch–deutsch. Übersetzt von Rainer Nickel, Düsseldorf 2006.
*Anthologien:* Epiktet, *Vom Kynismus.* Hg. und übersetzt von Margarethe Billerbeck, Leiden 1978 (Vorträge III, 22); ders. u. a., *Ausgewählte Schriften.* Griechisch–deutsch. Übersetzt von Rainer Nickel, Zürich 1994; Epiktet, Teles und Musonius, *Wege zum glückseligen Leben.* Übersetzt von Wilhelm Capelle, Zürich 1948; Epiktet, *Handbüchlein der Moral und Unterredungen.* Hg. von Heinrich Schmidt, 11. Aufl., Stuttgart 1984, S. 89–103 (Vorträge III, 22); Georg Luck, *Die Weisheit der Hunde. Texte der antiken Kyniker,* Stuttgart 1997, S. 344–360 (Vorträge III, 22).
*Zusammenfassung:* Paul Wendland, *Die hellenistisch-römische Kultur in ihren Beziehungen zum Judentum und Christentum,* Tübingen 1912, S. 88–91 (Vorträge III, 22).

## Lukian

Lukian (ca. 120–190 n. Chr.), Syrer aus Samosata und glänzender Stilist, trat vor allem als Verfasser satirischer Schriften hervor. Aus Lukians bunter Welt ist der Kyniker – manchmal bewundert, manchmal verachtet – nicht wegzudenken: (1) Die Erzählung *Die Reise in die Unterwelt oder der Tyrann* (*Cataplus*) verdeutlicht kynische Ethik, indem sie das Jenseitsschicksal eines Reichen und eines Armen einander gegenüberstellt. (2) *Die Versteigerung der Philosophen* (*Vitarum auctio*) enthält einen Abschnitt über Diogenes. (3) *Das Leben des Demonax* (*Demonactis vita*) bietet Aussprüche, Anekdoten und Lebensgeschichte des von Lukian bewunderten Kynikers Demonax; diese Schrift hat in der modernen Forschung viel Aufmerksamkeit erfahren – nicht nur, weil sie das Leben eines liebenswürdigen Philosophen schildert, sondern vor allem, weil sie ein nichtchristliches Gegenstück zu den Evangelien darstellt. (4) Im Dialog *Die entlaufenen Sklaven* (*Fugitivi*) verspottet Lukian kynische Pseudo-Philosophen. (5) *Das Lebensende des Peregrinus Proteus* (*De morte Peregrini*) schildert das Leben eines christlichen Kynikers, der dem Verfasser als Scharlatan gilt. (6) Die humorvolle Diatribe *Wie man Geschichte schreiben soll* (*Quomodo historia conscribenda sit*) wendet sich an Historiker. Der wahre Historiker ist furchtlos, unbestechlich, unabhängig, ein Freund der freimütigen Rede (*parrhêsía*) und der Wahrheit, ein gerechter, allen wohlwollender Richter, keinem König untertan, ein Fremdling ohne Vaterland, der in seinem Urteil auf keinen Rücksicht nehmen muss – eben ein kynischer Philosoph. (7) *Der Kyniker* (*Cynicus*), Lukian zugeschrieben, aber wohl nicht von ihm stammend, zeigt Licht- und Schattenseiten der kynischen Existenz.

*Werke*: *Lucian with an English Translation*. Hg. von Austin M. Harmon u. a., 8 Bde., London 1913–1967.
*Einzelausgaben*: Lucianus, *Vitarum auctio – Piscator*. Hg. von J. B. Itzkowitz, Stuttgart 1992 (griechisch); Lukian, *Wie man Geschichte schreiben soll*. Griechisch und deutsch. Übersetzt von H. Homeyer, München 1965; Lukian, *Der Tod des Peregrinos. Ein Scharlatan auf dem Scheiterhaufen*. Hg. und übersetzt von Peter Pilhofer u. a., Darmstadt 2005.
*Anthologien*: Peter Guyot und Richard Klein (Hg.), *Das frühe Christentum bis zum Ende der Verfolgungen. Eine Dokumentation*, Darmstadt 1994, Bd. 2, S. 204–207 (*De morte Peregrini* 11–13); Pseudo-Lukian, Cynicus, in: Arthur O. Lovejoy und George Boas, *Primitivism and Related Ideas in Antiquity*, Baltimore 1935, S. 136–145 (griechisch und englisch); Georg Luck, *Die Weisheit der Hunde. Texte der antiken Kyniker*, Stuttgart 1997, S. 83–87 (*De vitarum auctio* 6–11), 381–404 (*Demonactis vita*, *Cynicus*); Charles K. Barrett und Claus-Jürgen Thornton (Hg), *Texte zur Umwelt des Neuen Testaments*, 2. Aufl., Tübingen 1991, S. 112–113 (*Fugitivi* 14–21).
*Nacherzählung*: Nils Neumann, *Lukas und Menippos*, Göttingen 2008, S. 213–217 (*Cataplus*).

### Oinomaos

Dieser Kyniker des 2. Jahrhunderts n. Chr. stammt aus der Stadt Gadara (in Palästina, östlich des Jordans gelegen). Über sein Leben wissen wir nichts, doch einige Stücke seiner satirischen Schrift *Die Entlarvung der Gaukler* sind erhalten, weil sie der Kirchenvater Eusebius in seiner *Wegbereitung des Evangeliums* (*Praeparatio evangelica*, ca. 315/20 n. Chr.) ausführlich zitiert. Oinomaos überschüttet die griechischen Orakel, besonders das angesehene Orakel von Delphi, mit beißendem Spott: Nichts als Schwindel! An den dummen Sprüchen der Orakel sei nichts Göttliches zu finden. Wir dürfen in Oinomaos keinen Atheisten sehen; seine Freundschaft mit Rabbi Meïr lässt ihn als monotheistischen Verehrer von Zeus erscheinen.

*Einzelausgaben*: Jürgen Hammerstaedt, *Die Orakelkritik des Kynikers Oenomaus*, Frankfurt 1988, S. 71–108 (griechisch); Eusèbe de Césarée, *La Prépara-*

*tion évangélique. Livres V, 18–36 – VI* (*SChr* 266), Paris 1980 (griechisch und französisch).
*Anthologien*: Georg Luck, *Die Weisheit der Hunde. Texte der antiken Kyniker*, Stuttgart 1997, S. 406–429; Klaus Döring, *Die Kyniker*, Bamberg 2006, S. 66–67.

## Diogenes Laertios

Wohl zu Beginn des 3. Jahrhunderts n. Chr. schrieb dieser sonst unbekannte Grieche eine Geschichte der griechischen Denker: *Leben und Lehre der Philosophen. Ein Handbuch* (*Philosóphôn bíôn kai dogmátôn synagôgê*). Das Handbuch entstand in einer Zeit des Sammelns literarischer und kultureller Schätze der Vergangenheit, an der man Halt und Orientierung suchte.[7] Daher ist Diogenes Laertios nicht an der Philosophie seiner eigenen Zeit interessiert, sondern, wie andere Autoren seiner Epoche, an der Vergangenheit. In dem nach Schulen gegliederten Werk ist das 6. Buch ausschließlich kynischen Denkern gewidmet. Behandelt werden Antisthenes, Diogenes und Krates sowie – weit weniger ausführlich – sechs weitere Denker. Außerhalb des 6. Buches, nämlich im 4. Buch, wird ein weiterer Kyniker vorgestellt: Bion von Borysthenes, den der Autor der Schule Platons zuordnet. Leben und Lehre der Kyniker werden anhand von Anekdoten erläutert, die bis heute das Bild dieser Philosophen bestimmen. Die – durchweg verlorenen – Schriften der Kyniker werden aufgezählt, ihr Inhalt jedoch nicht referiert. Über Diogenes, die markanteste und anekdotenreichste Gestalt, wird am ausführlichsten berichtet. Der Berichterstatter versäumt keine Gelegenheit, auch auf den unübersehbaren Humor der Kyniker hinzuweisen.

*Werke*: Diogenes Laertius, *Vitae philosophorum*. Hg. von Miroslav Marcovich, Stuttgart 1999, Bd. 1, S. 375–443 (griechisch); ders., *Leben und Meinungen berühmter Philosophen*. Übersetzt von Otto Apelt, 3. Auflage, Hamburg 1990, Bd. 1, S. 293–349; ders., *Leben und Lehre der Philosophen*. Übersetzt von Fritz Jürß, Stuttgart 1998.
*Kommentare:* Diogène Laërce, *Vies et doctrines des philosophes illustres*. Übersetzt und kommentiert unter der Leitung von Marie-Odile Oulet-Cazé, 2. Aufl., Paris 1999; Isabelle Gugliermina, *Diogène Laërce et le cynisme,* Paris 2006.

## Kaiser Julian

Kaiser Julian (im Amt 361–363 n. Chr.) wird von seinen Gegnern als «der Abtrünnige» bezeichnet, weil er die zunehmend christlich geprägte Gesellschaft des spätrömischen Reiches zum Heidentum zurückführen wollte. Er schrieb zwei Abhandlungen über die kynische Philosophie: *Gegen den Kyniker Herakleios* (dem er die Verfälschung der wahren kynischen Lehre vorwirft) und *Gegen die unwissenden Kyniker*. Der Kaiser unterstützt das von Dion von Prusa und Epiktet im 2. Jahrhundert propagierte Lob der Kyniker, zeichnet ein idealisiertes Bild kynischer Philosophen und empfiehlt deren Ethik.

*Werke*: L'Empereur Julien, *Oeuvres complètes*. Hg. von Gabriel Rochefort, Paris 1963, Bd. 2/1, S. 43–90 (*Gegen den Kyniker Herakleios*), S. 44–173 (Gegen die unwissenden Kyniker; griechisch und französisch); *Kaiser Julians philosophische Werke*. Übersetzt von Rudolf Asmus, Leipzig 1908, S. 45–80 (*Gegen die unwissenden Kyniker*), S. 81–128 (*Gegen den Kyniker Herakleios*).
*Einzelausgabe*: Giuliano Imperatore, *Contro i Cinici ignoranti*. Hg. von C. Prato und D. Micalella, Lecce 1988 (*Gegen die unwissenden Kyniker*, griechisch und italienisch).
*Anthologie*: Georg Luck, *Die Weisheit der Hunde. Texte der antiken Kyniker*, Stuttgart 1997, S. 445–465.

## Zur Quellenlage

Man pflegt die Geschichte des antiken Kynismus in drei Epochen einzuteilen; diesen sind folgende Quellen zuzuordnen:

*Klassische Zeit* (um 400 v. Chr.): Unmittelbare Quellen sind nicht vorhanden; in Frage kommen jedoch Xenophon und Aristoteles. Denken und Leben der frühen Kyniker müssen aus späteren Zeugnissen erschlossen werden.

*Hellenistische Zeit* (3. und 2. Jahrhundert v. Chr.): Die einzige unmittelbare Quelle ist Teles, doch auch die älteren Stücke der Kynikerbriefe kommen als Zeugnisse in Frage.

*Römische Kaiserzeit* (ab 1. Jahrhundert n. Chr.): Gut bekannt sind kynisches Lebensideal und Denken aus der römischen Kaiserzeit. Die entsprechenden Zeugnisse datieren aus der Zeit zwischen dem ausgehenden 1. Jahrhundert n. Chr. (Dion von Prusa, Epiktet) und dem 4. Jahrhundert n. Chr. (Kaiser Julian). Aus dieser Epoche stammen auch die ausführlichen Zitate aus dem Werk des Kynikers Oinomaos, aufbewahrt im Werk des Kirchenvaters Eusebius, sowie Lukians Biographie des Kynikers Demonax. Aus der römischen Kaiserzeit datiert auch das philosophiehistorische Handbuch des Diogenes Laertios.

Historische Aussagen über die Frühzeit des Kynismus lassen sich nur aufgrund späterer Überlieferungen machen, denen die Historiker größeres oder geringeres Vertrauen entgegenbringen. Eine besondere Herausforderung bildet die Gestalt des Diogenes. Der Althistoriker Eduard Schwartz zum Beispiel hält nur jene Berichte für authentisch, die von Diogenes' Aufenthalt in Athen handeln; alle Erzählungen, die ihn auch in Korinth auftreten lassen, gelten ihm als legendär.[8] Demnach wäre Diogenes nie Hauslehrer in Korinth gewesen, und auch Alexander dem Großen hätte er nie das Wort «Geh mir aus der Sonne» zugerufen. Die berühmte Anekdote von Diogenes' Begegnung mit Alexander sei schon deshalb suspekt, weil Alexander, als er in Korinth war, sich erst anschickte, die Welt zu erobern. Sein Erfolg sei damals noch nicht vorauszusehen gewesen – doch die Legende liebt es, eine Begegnung des machthungrigen Welteroberers mit dem auf alle Macht verzichtenden Philosophen zu inszenieren. Andererseits: Warum sollte Alexander, den immerhin der Philosoph Aristoteles eine Zeit lang unterrichtet hatte, sich nicht für Diogenes interessiert haben? Historiker wie Robin Lane Fox und Alexander Demandt teilen die Skepsis von Eduard Schwartz nicht; anders als Schwartz halten sie eine Begegnung von Alexander und Diogenes für möglich.[9] Die historische Kritik mag jedoch auf sich beruhen: Das meiste, was nicht echt ist, ist jedenfalls gut erfunden. Weit davon entfernt, das Charakterbild der kynischen Philosophen zu verwischen, haben fiktive Geschichten und Aussprüche deren Profil verdeutlicht und interpretiert.

## Abkürzungen

| | |
|---|---|
| CSEL | Corpus Scriptorum Ecclesiasticorum Latinorum |
| DL | Diogenes Laertios, Leben und Lehre der Philosophen |
| LIMC | Lexicon iconographicum mythologiae classicae. Hg. von John Boardman u. a. |
| Luck | Georg Luck, Die Weisheit der Hunde. Texte der antiken Kyniker in deutscher Übersetzung mit Erläuterungen. Stuttgart 1997. |
| PG | Patrologiae Graecae cursus completus. Hg. von Jacques-Paul Migne |
| PL | Patrologiae Latinae cursus completus. Hg. von Jacques-Paul Migne |
| SChr | Sources chrétiennes |

# Anmerkungen

## *Einleitung*

1 Jaspers, *Vom Ursprung und Ziel der Geschichte*, S. 80.
2 Smith, Palestinian Judaism in the First Century, S. 104.
3 DL VI, 23 berichtet offenbar die ursprüngliche, attische Anekdote. Davon abgeleitet ist die legendäre Nachricht, Diogenes habe, als er in Korinth lebte, ebenfalls in einer Tonne gehaust.
4 DL VI, 43.
5 DL VI, 63 (Luck, S. 105). Vgl. Moles, Cynic Cosmopolitanism.
6 DL VI, 38 (übersetzt nach F. Jürß).
7 Plutarch, *Moralia/De Alexandri magni fortuna aut virtute* 329 B.
8 DL VI, 84.
9 Droysen, *Geschichte des Hellenismus*, Bd. 3, S. 20.
10 Droysen, *Geschichte des Hellenismus*, Bd. 3, S. 23.
11 Droysen, *Geschichte des Hellenismus*, Bd. 3, S. XXII.
12 Theißen und Merz, Der *historische Jesus*, S. 319.
13 Bousset, *Jüdisch-christlicher Schulbetrieb*, S. 153.
14 Heinemann, *Philons griechische und jüdische Bildung*, S. 147 Anm. 1.
15 Wilamowitz-Moellendorff, Der kynische Prediger Teles; Bultmann, *Der Stil der paulinischen Predigt*.
16 Crossley, *Jesus in an Age of Terror*.

Erster Teil

## *Der Gottesmann*

Jesus als elijanischer Prophet

### *1 Die Schule des Propheten Elija*

1 Gunkel, *Elias, Jahve und Baal*, S. 46.
2 1 Kön 18,36–37.
3 2 Kön 4,10–11; 5,9; 6,1–2.32; 13,7.
4 2 Kön 13,7.

5 Zur Lokalisierung Tischbes im Gebiet um Pella oder Gerasa vgl. Schwemer, Elija als Araber, S. 138–143.
6 Menander von Ephesus, angeführt von Josephus, *Jüdische Altertümer* VIII, 324.
7 Elija tritt zuerst 1 Kön 17 auf, Elischas Ende wird 2 Kön 13 berichtet.
8 Pfeiffer, *Introduction to the Old Testament*, S. 403–409.
9 Martyrium Jesajas II, 9–11 (Hammershaimb, Das Martyrium Jesajas, S. 27; Schneemelcher, Hg., *Neutestamentliche Apokryphen*, Bd. 2, S. 550).
10 Mehrfach in 2 Kön 1,1–18.
11 Fünfzig Prophetensöhne werden 2 Kön 2,7 erwähnt, fünfzig Mann aus der Staatsverwaltung 2 Kön 1,9. 11. 13.
12 1 Kön 18,13.
13 Vgl. die Tötung der Propheten Baals (1 Kön 18,40).
14 2 Kön 5,26.
15 1 Kön 19,3; 2 Kön 5,20.
16 2 Kön 4,8–11.
17 Buber, Elija: Ein Mysterienspiel.
18 2 Kön 4,42.
19 2 Kön 5,19–27.
20 2 Kön 8,9.
21 Sweeney, *I & II Kings*, S. 318.
22 2 Kön 3,15.
23 Das zeigen die levitischen Psalmen: Ps 16,10; 49,16.
24 Flower, *The Seer in Ancient Greece*, S. 215–226; Levison, *Filled with the Spirit*, S. 155–157.
25 Giebel, *Das Orakel von Delphi*, S. 14–15.
26 Platon, *Phaidros* 244 A. Weitere Belege bei Krämer, *Prophêtês*, S. 786–787; Suárez de la Torre, Delphes, S. 28–29.
27 Dtn 18,17–18, nach dem hebräischen Text.
28 Zum Saitenspiel vgl. 2 Kön 3,15–16; zur Erdspalte in Delphi vgl. Fontenrose, *The Delphic Oracle*, S. 197–203; Flower, *The Seer in Ancient Greece*, S. 226–227.
29 Pseudo-Kallisthenes, *Historia Alexandri Magni* 3,3 (Pfister, *Das Leben Alexanders*, S. 2).
30 Pseudo-Kallisthenes, *Historia Alexandri Magni* 4,3 (Pfister, *Das Leben Alexanders*, S. 2).
31 Kügler, *Pharao und Christus?*, S. 176–182.
32 Keel, *Die Welt der altorientalischen Bildsymbolik*, S. 224–233.

### 2 Leben in der Nachfolge Elijas und Elischas

1 Pfeiffer, *Introduction to the Old Testament*, S. 404; Buber, *Der Glaube der Propheten*, S. 109.

2 *Vitae prophetarum* 21,2–3 (Schwemer, *Studien zu den frühjüdischen Prophetenlegenden*, Bd. 2, S. 224).
3 Apg 8,10.
4 Überliefert bei Origenes, *Contra Celsum* VII, 9 (*Acht Bücher gegen Celsus*, Bd. 2, S. 218–219).
5 Alle nachweisbaren antiken Träger dieses Namens scheinen aus dieser Gegend zu stammen; vgl. Jacques Fontaine, in: *SChr* Bd. 135, S. 994–995.
6 Sulpicius Severus, *Vita sancti Martini* 23 (Sulpicius Severus, *Schriften*, S. 47–48).
7 Sulpicius Severus, *Dialogi* 2,13 (*CSEL* Bd. 1, S. 195–197; Sulpicius Severus, *Schriften*, S. 120–122); ders., Vita sancti Martini 21 (Sulpicius Severus, Schriften, S. 44–45).
8 Auf das Wort des Propheten fällt Feuer vom Himmel und verzehrt die zu Elija gesandten Krieger des Königs; 1 Kön 2,10.
9 Bieler, *Theios anêr. Das Bild des «göttlichen Menschen» in Spätantike und Frühchristentum.*
10 Sir 48,10.
11 Der Vorschlag, die Gestalt auf der Münze als Elija (und nicht Jahwe) zu identifizieren, stammt von Schwemer, *Studien zu den frühjüdischen Prophetenlegenden*, Bd. 2, S. 255–256.
12 Zu Elija als Nothelfer vgl. Öhler, *Elia im Neuen Testament*, S. 139–141.
13 Zu Honi: Mischna, Taanit 3,8 (Krupp, Hg., *Die Mischna. Festzeiten*, S, S. 218–219; Barrett u. a., Hg., *Texte zur Umwelt des Neuen Testaments*, S. 224–225). Weiteres bei Vermes, *Jesus the Jew*, S. 51–60; Lichtenberger, Elia-Traditionen bei vor- bzw. frührabbinischen Wundertätern.
14 Josephus, *Jüdische Altertümer* XIV, 22.
15 1 Kön 18,32.
16 Mischna, Berachot 5,5 (Holtzmann, *Berakot*, S. 72–73).
17 Babylonischer Talmud, Taanit 24b, 25a (*Der babylonische Talmud*, Bd. 3, S. 723).
18 Hinzu kommt als 30. Beleg Lk 9,54, nach der Lesart von Codex Bezae und Codex Alexandrinus. An dieser Stelle wird aus der Elijaerzählung wörtlich zitiert (2 Kön 1,10.12).
19 Lk 9,54 zitiert 2 Kön 1,10.12
20 *Das Neue Testament. Griechisch und deutsch, hg. von Nestle und Aland*, verzeichnet die Anspielungen auf alttestamentliche Texte in einem Anhang; dabei werden ausgewiesen: bei Markus 12 Anspielungen auf 1 Kön 17–2 Kön 13; bei Matthäus 17 Anspielungen, bei Lukas 22 Anspielungen, bei Johannes 6 Anspielungen.
21 Zu Lukas vgl. Brodie, *Proto-Luke: The Oldest Gospel Account*; zu Markus vgl. Roth, *Hebrew Gospel*; Pellegrini, *Elija: Wegbereiter des Gottessohnes*; Majoros-Danowski, *Elija im Markusevangelium*; Becker, Elija redivivus im Markus-Evangelium?
22 Öhler, *Elia im Neuen Testament*, S. 48–69. 154–163. 292.

23 1 Kön 19,19–21.
24 Vgl. Sach 13,3.
25 Lk 14,26.
26 Mt 3,4; Mk 1,6.
27 2 Kön 1,8; die Wiedergabe ist unsicher. Für «Fellmantel» entscheidet sich Bender, *Die Sprache des Textilen*, S. 126–127. Die Septuaginta übersetzt: Elija war «ein (lang)haariger Mann mit ledernem Lendenschurz». Zur Diskussion vgl. Häfner, Der «härene Mantel» als Prophetentracht?; Tilly, Die Tracht des Propheten.
28 Die Tradition kennt nicht namentlich genannte Glaubenszeugen, die Ziegen- und Schafsfelle trugen (Hebr 11,37); doch wird solche Kleidung auch ausdrücklich Elija und Elischa zugeschrieben (1 Klemens 17,1; Lindemann, *Die Clemensbriefe*, S. 63).
29 Hebr 11,37.
30 2 Kön 5,26.
31 1 Kön 19,19–20.
32 2 Kön 2,8.14.
33 2 Kön 4,29–31.
34 Mt 9,20–21; 14,36; Mk 6,56; Lk 8,44.
35 Die Überlieferung von der räumlichen Nähe der Taufstelle (Joh 1,28) und dem Ort von Elijas Entrückung ist alt. Beim Pilger von Bordeaux (333 n. Chr.) heißt es: Vom Toten Meer «bis zum Jordan, wo der Herr von Johannes getauft worden ist, sind es fünf Meilen. Dort, oberhalb des Flusses, befindet sich eine Anhöhe am jenseitigen Ufer: die Stelle, wo Elija in den Himmel entrückt wurde» (*Itinerarium* 19; *CSEL* Bd. 39, S. 24). Vgl. Riesner, *Bethanien jenseits des Jordan*, S. 19–32.
36 Mk 1,12.
37 1 Kön 19,5–7.
38 1 Kön 19,8; vgl. Mk 1,13; Mt 4,2.
39 2 Kön 2,5.7.
40 Lk 11,1; Mt 14,12.
41 Mt 4,18–22.
42 1 Kön 19,19–21.
43 Mk 1,16–20.
44 Lk 9,59–62.
45 Lk 6,12–15.
46 Lk 6,14; Mt 10,2; 16,18.
47 1 Kön 18,30–32, wo die Septuaginta allerdings das Wort *líthos,* «Stein», verwendet (nicht *pétros*).
48 Lk 10,4; vgl. 2 Kön 4,29.
49 Lang, Grußverbot oder Besuchsverbot?
50 Mt 16,18.
51 Lk 9,58.
52 1 Kön 17,9.
53 2 Kön 4,8–11.

54 Lk 8,3–4; Mk 15,41.
55 Lk 5,29; 7,36–50; 10,38.
56 Lk 1,17.
57 Mk 9,11–13.
58 Mk 6,15; Lk 9,8.19.
59 Lk 4,18, mit Anspielung auf 1 Kön 19,16.
60 Lk 4,24–26.
61 Mk 9,3. Zum sekundären Charakter der Erwähnung des Mose vgl. Katz, Jesus als Vorläufer des Christus, S. 225–226.
62 Rothschild, *Baptist Traditions and Q*, S. 133–154.
63 2 Kön 2,11–12.
64 2 Kön 6,17.
65 1 Kön 18,37.
66 Mt 3,2.11; Mk 1,4.
67 Mt 4,17; Mt 1,15.
68 2 Kön 6,21–23.
69 Mal 3,24 (hebräischer Text).
70 Mal 3,24 nach der Septuaginta.
71 Mt 5,9.
72 2 Kön 5,14.
73 Vgl. die Deutung der Naaman-Episode durch Zucconi, Aramean Skin Care.
74 Mk 1,11.
75 1 Kön 17,8–16.
76 Mt 14,13–21; 15,32–39. Außerhalb der Evangelien ist die aramäische Namensform Kêfâ, gräzisiert Kêphas («Stein»), mehrfach belegt: Gal 1,18; 1 Kor 1,12; Joh 1,42 (und öfter).
77 2 Kön 4,42–44. Vgl. auch die Erwähnung der «Gerstenbrote» Joh 6,9.
78 1 Kön 17,17–24.
79 2 Kön 4,18–37.
80 Lk 7,11–17.
81 Lk 7,15; 1 Kön 17,23.
82 Mk 1,40–42; 2 Kön 5.
83 1 Kön 17,8–16; 2 Kön 5.
84 Mt 8,5–13; 15,21–28.
85 Mt 10,8.
86 2 Kön 5,16. Der Diener Elischas, der den geheilten Naaman um eine Gabe bittet und diese erhält, wird von seinem Herrn bestraft (2 Kön 5,19–27).
87 2 Kön 1,9–12.
88 Lk 9,51–56.
89 Mk 15,35; Mt 27,47.
90 Öhler, *Elia im Neuen Testament*, S. 139–141, 147.
91 2 Kön 2,1–18.
92 Diodorus Siculus, *Bibliothek* IV, 38,5. Vgl. Flinterman, Apolonius' Ascension.
93 Mk 16,1–8. Zur Entrückung Jesu aus dem Grab vgl. Collins, Ancient Notions of Transferal; Smith, *The Post-Mortem Vindication of Jesus*, S. 159–166. Das

Buch von Smith enthält viel religionsgeschichtliches Material zu den Themen Entrückung, Himmelfahrt und Apotheose.

94 Lk 24,50–51.

95 2 Kön 2,11.

96 2 Kön 2,9–10.

97 Lk 24,49; Apg 2,1–4.

98 2 Kön 2,10.

99 Nur Paulus spricht, wenn auch selten, ausdrücklich vom «Geist Jesu Christi» (Röm 8,9; Gal 4,6; Phil 1,19). Legt man die Gleichung Geist = Geist Jesu Christi zugrunde, dann lässt sich sagen, Paulus fühle sich von Christi Geist besessen, vgl. Williams, *The Spirit World in the Letters of Paul the Apostle*, S. 205–217.

100 Dieser Wandel ist Thema der Studie von Levison, *Filled with the Spirit*.

101 Mal 3,23; oft wiederholt in der Mischna, zum Beispiel: Bestimmte Dinge, die gefunden werden, sind aufzubewahren, «bis Elija kommt» und entscheidet, was damit geschehen soll; Mischna, Baba Mezia 2,9 (Krupp, Hg., *Die Mischna. Schädigungen*, S. 49).

102 Mt 24,30; vgl. 1 Thess 3,13: «wenn Jesus, unser Herr, mit allen seinen Heiligen (wieder)kommt».

103 Assmann, Zitathaftes Leben.

104 Öhler, *Elia im Neuen Testament*, S. 103–110; Hengel und Schwemer, *Jesus und das Judentum*, S. 317–318.

105 Meier, From Elijah-like Prophet to Royal Davidic Messiah, S. 46.

Zweiter Teil

## *Der Hund des Himmels*

Jesus als kynischer Pilosoph

1 «Hund des Himmels» spielt auf das Sternbild des bereits von den Griechen so genannten Großen Hundes an. Der Ausdruck «Sohn des Zeus» ist eine wörtliche Wiedergabe des Namens «Diogenes». Den Vers des Kerkidas zitiert DL VI, 77. – Vgl. auch Kynikerbrief Diogenes Nr. 7, 1 (Müseler, *Kynikerbriefe*, S. 8; Luck, S. 174–175): «Man nennt mich Hund des Himmels, nicht der Erde, weil ich jenem (Sternbild) gleiche, denn ich lebe nicht nach dem Schein, sondern nach der Ordnung der Natur, frei unter Zeus. Ihm schreibe ich das Gute zu, nicht meinem Nächsten.»

### *3 Die kynische Schule und ihr jüdischer Zweig*

1 Schlange-Schöningen, Reiche Sophisten – arme Philosophen?

2 Platon, *Symposion* 215D–216A.

3 Platon, *Apologie des Sokrates* 32 B–D.

4 Platon, *Apologie des Sokrates* 30 E.
5 Hofmann, *Platon*, S. 86.
6 Cancik, Kultur-, Religions-, Institutionsgeschichte in der antiken Geschichtsschreibung, S. 20–21; Scholz, *Der Philosoph und die Politik*, S. 14–24.
7 Xenophon, *Symposion* IV, 34–44 (Luck, S. 62–64).
8 So die Charakterisierung durch Strohmaier, Besprechung von Overwien, S. 402.
9 Diogenes uriniert öffentlich: DL VI, 46.
10 Kindstrand, *Bion von Borysthenes*, S. 63–67. Ähnlich Niehues-Pröbsting, *Der Kynismus des Diogenes*, S. 166.
11 Scholz, Popularisierung philosophischen Wissens im Hellenismus, S. 37 (Liste der Autoritäten, die der Kyniker Teles um 240/230 v. Chr. nennt).
12 Petronius, *Satyricon* 71.
13 Russell, *Wisdom of the West*, S. 106.
14 Teles, *Reliquiae* 10–11 (Luck, S. 260–261). Teles gilt als von seinem Lehrer Bion abhängig.
15 Plutarch, *Moralia/De tranquilitate animi* IV 466 E.
16 DL VI, 90.
17 Philon, *De plantatione* 151; Lukian, *Leben des Demonax* 62 (Luck, S. 393). Vgl. auch DL VI, 32. Zum milden, aristippischen Kynismus vgl. Fiore, Example in the Socratic Letters, S. 116–126.
18 Wendland, Philo und die kynisch-stoische Diatribe, S. 65.
19 Epiktet, *Vorträge* I, 12, 21.
20 So das Urteil von Bonhöffer, *Die Ethik des Stoikers Epiktet*, S. 41.
21 Dion von Prusa, *Rede* II, 77.
22 Josephus, *Gegen Apion* I, 176–182.
23 Beide Auffassungen werden Antisthenes zugeschrieben: Philodemos, *De pietate* 7 A (Luck, S. 71); Theodoretos, *Graecarum affectionum curatio* I, 75 (Paquet, *Les Cyniques grecs*, S. 54).
24 Hammerstaedt, Der Kyniker Oenomaus von Gadara, S. 2836–2839; vgl. auch Luz, Abnimos, Nimos, and Oenomaus; Goulet-Cazé, Oinomaos de Gadara, S. 753–755.
25 Überliefert von Eusebius, *Praeparatio evangelica* V (Luck, S. 406–429).
26 Genannt werden: Menippos (3. Jh. v. Chr.), Meleagros (135–50 v. Chr.) und Oinomaos (2. Jh. n. Chr.) von Gadara. Luz, The Cynics of the Decapolis and Eretz Israel. – Auch wenn es in Gadara keine kynische «Schule» gegeben haben mag, so ist doch auf einen historisch bedeutsamen Tatbestand zu verweisen: Phönizien und Randbereiche von Palästina waren in hellenistischer Zeit eine Kulturlandschaft, die zahlreiche Philosophen hervorbrachte und zum Ursprung der stoischen Schule wurde. Mathys stellt eine Liste von 16 Philosophen aus dieser Landschaft zusammen: Mathys, *Das Astarte-Quadrat*, S. 141–145.
27 Malherbe, Self-Definition among the Cynics, S. 12.
28 Zum Verbot von Grundbesitz und zur Missachtung verwandtschaftlicher Beziehungen der Leviten vgl. Num 18,20; Dtn 33,9; zur Armut vgl. Dtn 14,27.

29 Hinweise auf kynische Themen bei Kohelet geben Levy, *Das Buch Qoheleth*, S. 11–25; Amir, Doch ein griechischer Einfluss auf das Buch Kohelet?; Lohfink, Das «Poikilometron».

30 Koh 9,4.

31 Koh 9,7–9.

32 DL VI, 86.

33 *Tò gàr hypolêphthèn typhon eînai pân éphê*: Menander, zitiert in DL VI, 83.

34 *Typhon tà pánta*: Sextus Empiricus, *Gegen die Mathematiker* VII, 48 (Paquet, *Les Cyniques grecs*, S. 133).

35 Stobaios, *Anthologion* II, 31, 88 (Stobaeus, *Anthologium*, Bd. 2, S. 216; Luck, S. 227).

36 Philon, *Quod omnis probus liber sit* 20.

37 Philon, *Quod omnis probus liber sit* 121–125 und 157 (Luck, S. 81–82, 145).

38 Belege bei Schmidt, *Hostility to Wealth*, S. 82–84; vgl. auch Wendland, Philo und die kynisch-stoische Diatribe.

39 Philon, *De plantatione* 151.

40 Philon, *De plantatione* 167.

41 Philon, *De specialibus legibus* II, 41–261.

42 Philon, *De specialibus legibus* II, 42.

43 Plutarch, *Moralia/De tranquilitate animi* XX 477 C (Luck, S. 118).

44 Heinemann, *Philons griechische und jüdische Bildung*, S. 97–154.

45 Najman, A Written Copy of the Law of Nature.

46 Josephus, Vita 11–12 (*Aus meinem Leben*, S. 26–27).

47 Der dreijährige Aufenthalt bei Bannus mag die dreijährige Ausbildung jüdischer Pagen am babylonischen Hof (nach Dan 1,5) spiegeln. Hata meint, Josephus habe einen – nicht belegten, weil bewusst verschwiegenen – mehrjährigen Aufenthalt als römischer Söldner durch die erfundene Bannus-Geschichte ersetzt: Hata, Imagining Some Dark Periods in Josephus' Life, S. 311–312. Vgl. auch Stern, Life of Josephus, S. 74–76.

48 DL VI, 23.

49 DL VI, 34.

50 Möglicherweise lassen sich weitere solcher Gestalten finden. In Frage kommt Judas der Galiläer, Anführer einer philosophischen Sekte. «In der Zeit der Volkszählung» (um 7 n. Chr., Apg 5,37) durchzieht er das Land, ruft zum Boykott der Steuerzahlung und überhaupt zum Widerstand gegen die römische Besatzung Palästinas auf; in den Auseinandersetzungen findet er den Tod. Ein kynischer Hintergrund wird erwogen von Theißen, Jesus as an Itinerant Teacher, S. 109–116.

51 Fischel führt die entsprechenden Überlieferungen zwar auf hellenistischen Einfluss zurück, will sie jedoch nicht als Quellen für den historischen Hillel gelten lassen. Vgl. Fischel, Cynics and Cynicism; ders., Studies in Cynicism and the Ancient Near East; Mack, *A Myth of Innocence*, S. 179, Anm. 6.

52 Boyarin, *Socrates and the Fat Rabbis*; ders., Hellenism in Jewish Babylonia.

53 Mt 11,18–19; Lk 7,34. Den Vorwurf hält die älteste Schicht der Überlieferung fest: Hoffmann u. a. (Hg.), *Die Spruchquelle Q*, S. 50–51.

54 Lk 7,36–50.
55 Kelsos bei Origenes, *Contra Celsum* VI, 75 (*Acht Bücher gegen Celsus*, Bd. 2, S. 199). – Die apokryphen Johannesakten beschreiben Jesus als «ziemlich kahlköpfig, aber mit herabwallendem Bart» (Johannesakten 89 in: Schneemelcher, Hg., *Neutestamentliche Apokryphen*, Bd. 2, S. 164).
56 Chilton, *Rabbi Jesus*, S. 138.
57 Kretschmer, *Körperbau und Charakter*, S. 375.

### 4 Die kynische Lebensform

1 DL VI, 41.
2 Kynikerbrief Diogenes Nr. 30, 1 (Müseler, *Kynikerbriefe*, S. 38; Luck, S. 183).
3 «Siehst du dort oben [...] das kleine Tor und vor dem Tor einen Weg, der nicht stark begangen wird? Nur wenige beschreiten den unwegsamen Pfad, ist er doch uneben und steinig, wie es scheint. [...] Da ist, wie es scheint, ein hoher Berg mit äußerst schmalem Aufweg, und zu beiden Seiten ein steiler Abhang. [...] Das, sagte er, ist der Weg, der zur wahren Bildung (*paideía*) führt.» Kebes, *Pinax* 15,2–3 (Hirsch-Luipold u. a., *Die Bildtafel des Kebes*, S. 82/84, Übersetzung modifiziert).
4 DL VI, 36.
5 Hieronymus, *Adversus Jovinianum* II, 14 (PL Bd. 23, Sp. 317–318; Luck, S. 39–40).
6 Apuleius, *Florida* 22 (Luck, S. 197).
7 DL VI, 87.
8 Nock, Conversion, S. 164–186. Vgl. auch die ausführliche Erörterung antiker Quellen bei Malherbe, *Paul and the Thessalonians*, S. 21–28; Méndez-Moratalla, Conversion and Philosophy in the Greco-Roman Milieu.
9 Mt 7,13–14.
10 Mt 19,21.
11 Mt 6,24.
12 Kynikerbrief Diogenes Nr. 30, 3 (Müseler, *Kynikerbriefe*, S. 40; Luck, S. 184).
13 Nach Lukians satirischer Darstellung hat der kynische Philosoph stets «auf beiden Seiten beschriebene Schriftrollen» (gleichsam Taschenbücher) in seinem sparsamen Gepäck; Lukian, *Vitarum auctio* 9 (Luck, S. 85).
14 Verzicht auf Fußbekleidung praktizieren bzw. empfehlen Antisthenes (Kynikerbrief Sokratiker Nr. 13, 2 = Malherbe, *Cynic Epistles*, S. 250), Diogenes (DL VI, 34), Musonius Rufus (*Von der Kleidung* 19 = *Reliquiae*, S. 107) und Jesus (Lk 10,4; Mt 10,10).
15 Die folgenden Beschreibungen orientieren sich an Losfeld, *Essai sur le costume grec*.
16 DL VI, 91.
17 Kynikerbrief Krates Nr. 30: Krates schickt ein neues Hemd (exômis) an seine Frau zurück; er ist offenbar mit dem alten Hemd zufrieden (Müseler, *Kynikerbriefe*, S. 104).
18 Dümmler, Bronze eines Kynikers in Wien, identifiziert die Gestalt als Krates.

19 Musonius Rufus, *Von der Kleidung* 19 (*Reliquiae*, S. 107). Auch Dion von Prusa, *Rede* VI, 14, spricht vom *himátion* der Kyniker.

20 Der hebräische Name des Hemdgewandes, *kuttónet*, ist mit Chiton sprachgeschichtlich verwandt. Zu diesem Kleidungsstück vgl. Bender, *Die Sprache des Textilen*, S. 108–126.

21 Mt 3,4; Mk 1,6.

22 Mt 11,8.

23 Mk 6,8–9.

24 Josephus, *Vita* 11.

25 Joh 19,23.

26 Repond, Le costume du Christ.

27 Joh 20,19–29.

28 Epiktet, *Vorträge* III, 24, 67–68.

29 DL VI, 12.

30 Belege bei Deming, *Paul on Marriage and Celibacy*, S. 47–86.

31 Dion von Prusa, *Rede* VI, 18. Ähnliche Hinweise auf Selbstbefriedigung geben die Kynikerbriefe Diogenes Nr. 42 und 44 (Müseler, *Kynikerbriefe*, S. 70 und 72; Luck, S. 191).

32 Epiktet, *Vorträge* III, 22, 69 (Luck, S. 354).

33 Epiktet, *Vorträge* III, 22, 72 (Luck, S. 354–355).

34 Epiktet, *Vorträge* III, 22, 75 (Luck, S. 355).

35 Lk 8,21. Hier scheint der lukanische Jesus seine Lehre als «Wort Gottes» zu bezeichnen.

36 Lk 14,26.

37 Mk 10,28.

38 Lk 10,4.

39 Mt 19,12. Bemerkenswert ist die Kontextualisierung des Spruchs: Matthäus lässt auf den Eunuchenspruch die Szene von Jesu Liebe zu Kindern folgen. Wer keine Kinder zeugen will, muss nicht auch ein Kinderfeind sein.

40 Dafür ist nach der Septuaginta Potifar, Josefs ägyptischer Dienstherr, ein Beispiel (Gen 39,1). Nach neueren Übersetzungen ist Potifar allerdings «Hofbeamter» oder «Kämmerer», nicht «Eunuch» des Pharao.

41 Betzig, Sex and Politics.

42 Hesiod, *Werke und Tage* 116–118.

43 DL VI, 61.

44 Josephus, *Vita* 11.

45 Mt 21,18–19.

46 Mk 2,23; Mt 12,1.

47 Dtn 23,25–26.

48 Kynikerbrief Diogenes Nr. 38, 3 (Müseler, *Kynikerbriefe*, S. 62; Luck, S. 188).

49 Lk 7,36; 10,38.

50 Mk 15,41.

51 Lk 8,4.

52 Mk 2,15; Lk 5,29.

53 Der Papyrus Herculanensis 339 enthält einen polemischen Bericht über die *Politeia* des Diogenes; aus diesem rekonstruiert Husson den Inhalt der Staatsschrift des Diogenes: Husson, La *Politeia* de Diogène le Cynique. Vgl. auch Goulet-Cazé, *Les* Kynika *du stoïcisme*, S. 33–38, 73–82.
54 Luck, S. 29. Vgl. Demetrius Phalerius, *De elocutione* 259 (Luck, S. 207).
55 Krates, in: DL VI, 85 (Luck, S. 206–207).
56 Goulet-Gazé, Le Cynisme à l'époque impériale, S. 2736–2738., mit Hinweis auf das Verb syn-kynízein in Kynikerbriefe Krates Nr. 28 und 29 (Müseler, *Kynikerbriefe*, S. 104).
57 Apg 2,44–45.
58 Apg 4,32–35.
59 Zu den verschiedenen Meinungen vgl. Lang, Sozialgeschichte, 650.
60 Lukian, *De morte Peregrini* 13 (übersetzt von B. L.).

## 5 Das Weltbild der Kyniker

1 DL VI, 13.
2 DL VI, 61.
3 Belegsammlung bei Dierauer, Die kynische Orientierung am natürlichen Leben der Tiere.
4 Plutarch, *Moralia/De profectibus in virtutem* 77 E (Luck, S. 129–130).
5 Goulet-Cazé, Religion and the Early Cynics, S. 61.
6 Philostratos, *Leben des Apollonius* VII, 11.
7 Plutarch, *Moralia/Bruta animalia ratione uti* 986 C–E. Zum kynischen Charakter dieses Dialogs vgl. Dierauer, Die kynische Orientierung am natürlichen Leben der Tiere, S. 187–193.
8 Plutarch, *Moralia/Bruta animalia ratione uti* 991 A–B.
9 Papyrus Rendel Harris 1, mit Zitat von Homer, Ilias IX, 323–324 (Musonius Rufus, *Entretiens et Fragments*, S. 72, Anm. 119; Downing, *Christ and the Cynics*, S. 70).
10 Dion von Prusa, *Rede* X, 16.
11 Mt 6,25–26.
12 Der Spruch könnte ursprünglich gelautet haben: «Seht auf die Raben (*kórakes*): Sie säen nicht, sie ernten nicht, sie haben keinen Speicher und keine Scheune, denn Gott ernährt sie» (Lk 12,24; diese Fassung des Spruchs gilt als der Logienquelle nahestehend). Der Rabe ist das Begleittier des Elija (1 Kön 17,4–6; in der Septuaginta ist hier von *kórakes* (Raben) die Rede, wie Lk 12,24). Diogenes von Sinope wird eine – verlorene – Schrift «Der Rabe» (*Koloiós*) zugeschrieben (DL VI, 80).
13 Downing, Deeper Reflections on the Jewish Cynic Jesus, S. 103. Downing, On Avoiding Bothersome Busyness, untersucht Lk 12,22–31; Mt 6,25–34 ausführlich und kommt zu dem Schluss, dass Jesus hier durchweg auf griechisch-hellenistische und speziell kynische Topoi zurückgreift.
14 Aristoteles, *Politik* I, 2 (1253 A).
15 Epiktet, *Encheiridion* 29.

16 DL VI, 38; Plutarch, *Leben Alexanders des Großen* 14,2 [671 D–E] (Luck, S. 101–102).

17 DL VI, 60.

18 Kynikerbrief Krates Nr. 28 (Müseler, *Kynikerbriefe*, S. 102).

19 Kynikerbrief Krates Nr. 29 (Müseler, *Kynikerbriefe*, S. 104).

20 Gal 3,28 (Stier).

21 Downing, A Cynic Preparation for Paul's Gospel.

22 Epiktet, *Vorträge* III, 22, 49. Vgl. Epiktet, *Vorträge* III, 21, 19 und dazu: Höistad, *Cynic Hero and Cynic King*; Schofield, Epictetus on Cynicism.

23 Dion von Prusa, *Rede* IX, 9.

24 Mt 2,2.

25 Mt 4,8.

26 Mk 6,34.

27 Joh 10,11.

28 Mt 16,16, das sog. Petrusbekenntnis.

29 Mt 21,5.

30 Joh 18,37; vgl. Mt 27,11.

31 Mt 27,29. Dazu findet sich eine bemerkenswerte Parallele bei Dion von Prusa, *Rede* IV, 67: Ein persischer Brauch habe darin bestanden, bei einem Fest einen zu Tode Verurteilten kurze Zeit als König herrschen zu lassen, um ihn anschließend zu töten.

32 Mt 27,37.

33 Crawford, Christos as Nickname, führt die Beinamen von 38 griechischen Philosophen an.

34 DL VI, 76; eine weitere Quelle bei Luck, S. 225 (Nr. 609). – Zur Bedeutung von *chrêstós* aufschlussreich ist die Bemerkung des Musonius Rufus, ein Philosoph, der als König herrsche, müsse «wohltätig, milde, menschenfreundlich» (*euergetikós, chrêstós, philánthrôpos*) sein (*Reliquiae*, S. 39, Zeile 12). Zum Adjektiv *chrêstos* vgl. Spicq, *Theological Lexicon of the New Testament*, Bd. 3, S. 511–516; Weiß, *chrêstós*.

35 Hachlili, Hebrew Names, Personal Names, Family Names and Nicknames of Jews.

36 Es handelt sich vielleicht um einen Versuch, den griechischen Titel *synagôgeús* in hebräischer Sprache wiederzugeben. Der griechische Titel bedeutet «Vorsteher» oder «Gründer» eines Vereins; vgl. Poland, *Synagôgeús*. Der Titel-Charakter ergibt sich auch aus der im Hebräischen gewählten femininen Wortform (vgl. Esra 2,55) und dem Gebrauch des bestimmten Artikels (Koh 12,8 ha-Kohelet = der Vorsteher).

37 Mt 10,2 und 16,18. Zur Anspielung auf 1 Kön 18,31 vgl. oben, 2. Kapitel.

38 Zu den «Donnersöhnen» (Mk 3,17) vgl. Parker, The Sons of Thunder. Castor und Pollux waren dem hellenistischen Judentum bekannt, vgl. Philon, *Legatio ad Gaium* 84.

39 Apg 28,11.

40 Porter, Did Jesus ever Teach in Greek?

41 Die Schreibweise *Chrêstos* für den Beinamen Jesu ist belegt bei Sueton, *Kaiserbiographien/Claudius* 25; hier an eine andere Person als Jesus zu denken, macht der statistische Befund unwahrscheinlich: Nach Van Vorst ist der Name Chrestos sonst für keinen Juden in der Antike belegt, Ilan weist nur einen einzigen zusätzlichen Träger dieses Namens aus, und zwar aus der Zeit 175/210 n. Chr.; vgl. Van Vorst, *Jesus outside the New Testament*, S. 33; Ilan, *Lexicon of Jewish Names in Late Antiquity*, Bd. 3, S. 396–397. Die Anhänger Jesu, die *Christianoi*, werden in der ältesten vollständigen Handschrift des Neuen Testaments, dem Codex Sinaiticus, konsequent *Chrêstianoi* genannt (Apg 11,26; 26,28; 1 Petr 4,16 Codex Sinaiticus). Belege für Chrêstos als griechischen Eigennamen finden sich in Osborne und Byrne (Hg.), *A Lexicon of Greek Personal Names. Volume II*, S. 471–480.

42 Mt 11,29–30.

43 Lukian, *Leben des Demonax* 9 (Luck, S. 384).

44 Mk 3,16–17.

45 Mk 9,2.

46 Reiser, *Sprache und literarische Formen des Neuen Testaments*, S. 21.

47 Kirk, Methodological Reflexions on the Myths of Heracles.

48 Edert, Herakles bei den Kynikern; Höistad, *Cynic Hero and Cynic King*, S. 22–73; Effe, Heroische Größe. Der Funktionswandel des Herakles-Mythos in der griechisch-römischen Literatur; Garrison, *Why Are You Silent, Lord?*, S. 37–44.

49 Edert, Herakles bei den Kynikern, S. 39.

50 DL VI, 13; Goulet-Cazé, Kynismus, S. 787–788.

51 Xenophon, *Erinnerungen an Sokrates* II, 1, 21–34.

52 Xenophon, *Erinnerungen an Sokrates* II, 1, 28.

53 Quellen: Dittmar, *Aischines von Sphettos*, S. 300–304, und Giannantoni, *Socratis et Socraticorum Reliquiae*, Bd. 2, S. 175–177 (übersetzt: Luck, S. 65–66 [Nr. 63–65]; Paquet, Les Cyniques grecs, S. 52–53). Interpretation: Edert, Herakles bei den Kynikern, S. 37–39; Rankin, *Anthisthenes Sokratikos*, S. 104–107; Höistad, *Cynic Hero and Cynic King*, S. 35–37; Luz, The Transmission of Antisthenes' Hercules; ders., Antisthenes' Prometheus Myth; Luck, S. 473–474.

54 Dion von Prusa, *Rede* IV, 29–33. Vgl. den parallelen Bericht bei Arsenius, *Violetum* 210, 94 (Luck, S. 103–104).

55 Dion von Prusa, *Rede* IV, 31.

56 Isokrates, *Rede* V, 110 (S. 104). In der 346 v. Chr. gehaltenen Rede äußert sich Isokrates zwar nicht als Kyniker, greift aber deren Heraklesbild auf.

57 Seneca, *De beneficiis* I, 13,3.

58 Cicero, *Tusculanae disputationes* I, 14–15 (32).

59 Vgl. etwa Dion von Prusa, *Rede* VIII, 27.

60 Cicero, *Tusculanae disputationes* I, 14–15 (32).

61 Lukian, *Der Kyniker* 13 (Luck, S. 400–401).

62 Kynikerbrief Diogenes Nr. 26, 1 (Müseler, *Kynikerbriefe*, S. 28).

63 Julian, *Gegen die unwissenden Kyniker* 187 C (Luck, S. 449).

64 2 Kön 1,8, Einheitsübersetzung.

65 Sir 48,12 (hebräischer Text).
66 Lk 1,17.
67 Jak 5,17: *homoiopáthês hêmîn,* Vulgata: *similis nobis passibilis.*
68 Assmann, Zitathaftes Leben.
69 «Nehmt euch, Brüder, die Propheten, die im Namen des Herrn geredet haben, als Beispiel (*hypódeigma*) für das Erleiden von Übel und Langmut» (Jak 5,10). Bei den Propheten denkt der Verfasser des Jakobusbriefs zweifellos in erster Linie an Elija (vgl. Jak 5,17) – ohnehin ist Elija der im Neuen Testament am häufigsten genannte Prophet.
70 Lukian, *Vitarum auctio* 8 (Luck, S. 84).
71 Lukian, *Vitarum auctio* 8 (Luck, S. 84).
72 Der Philosoph Pherekydes (kein Kyniker) erhielt von Herakles im Traum den Auftrag, den Spartanern zu empfehlen, Silber und Gold zu verachten; DL I, 116. Jesus, begleitet von drei Jüngern, begegnet Elija; Mk 9,4.

### 6 Religion und Religionskritik

1 DL II, 9.
2 DL II, 12.
3 Scholz, *Der Philosoph und die Politik*, S. 62–68.
4 Platon, *Apologie des Sokrates* 24 B–C. Nahezu denselben Wortlaut überliefert DL II, 40.
5 Xenophon, *Memorabilien* I, 2,1.
6 Julian, *Gegen die unwissenden Kyniker* 199 B (Luck, S. 460).
7 Sophokles, zitiert von Plutarch, *Moralia/Quomodo adulescens poetas audire debeat* 21 F (Luck, S. 499).
8 DL VI, 39.
9 Die betreffende Oinomaos-Stelle zitiert der Kirchenvater Eusebius in der *Praeparatio evangelica* V, 29, 1–7 (Luck, S. 422–423).
10 Oinomaos bei Eusebius, *Praeparatio evangelica* V, 36, 1–4 (Luck, S. 426–427).
11 Philodemos, *De pietate* 7 A (Luck, S. 71).
12 Goulet-Cazé betrachtet die Mehrzahl der Kyniker als Rationalisten, die von Religion nichts halten; lediglich im idealisierten Kynismus der römischen Kaiserzeit, besonders bei Epiktet und Julian, sei Diogenes zu einem frommen Mann geworden. Eine abweichende Sicht vertritt Malherbe; seiner Ansicht nach überlassen die antiken Kyniker das Thema Religion ihren einzelnen Vertretern; sie verzichten auf die Festlegung einer einheitlichen Lehre ihrer Schule. Vgl. Goulet-Cazé, Religion and the Early Cynics; Malherbe, Self-Definition among the Cynics, S. 22–23.
13 DL VI, 37.
14 DL VI, 37.
15 Kynikerbrief Diogenes Nr. 34, 3 (Müseler, *Kynikerbriefe*, S. 51).
16 Goulet-Cazé, Le Cynisme à l'époque impériale, S. 2781–2788.
17 Homer, Odyssee I, 28.

18 Epiktet, *Vorträge* III, 24,16,
19 Onesikritos mag dieser Meinung gewesen sein. Plutarch, *Leben Alexanders des Großen* 65,2 [701 D] (Luck, S. 228).
20 Epiktet, *Vorträge* III, 22, 23 (Luck, S. 347).
21 Dieser Gedankenkreis geht wohl zurück auf Platon, *Apologie des Sokrates* 23 B, 33 C: Sokrates handelt im Auftrag des Apollon von Delphi. Ierodiakonou, The Philosopher as God's Messenger.
22 Epiktet, *Vorträge* III, 24, 16.
23 Epiktet, *Vorträge* II, 16, 44.
24 Koh 4,17 (Zürcher Bibel).
25 Lang, Kohelet (Buch); Gorssen, La Cohérence de la conception de Dieu chez Ecclésiaste.
26 Koh 3,11 (so zu übersetzen!).
27 Philon, *De specialibus legibus* I, 66.
28 Mt 6,6.
29 Mt 11,25.
30 Joh 1,6.
31 Lk 4,18; Gal 1,1.
32 Den Unterschied erörtert überzeugend Gonçalves, Deux systèmes religieux dans l'Ancien Testament.
33 Mt 5,45.
34 Renan, *Vie de Jésus*, S. 132 (Kap. 5).
35 Weber, *Jüdische Theologie*, S. 57–65.
36 Bousset, *Die Religion des Judentums im späthellenistischen Zeitalter*, S. 215–222.
37 Mt 6,8.
38 Der mythische Zusammenhang der Schöpfungstheologie lässt sich wie folgt rekonstruieren: Als Sieger über die Chaosmächte ist Jahwe König der Welt, der seine Geschöpfe mit Nahrung und Wohlergehen segnet. Jesu Hinweis auf die Entmachtung des Teufels (Lk 10,18; Joh 12,31) lässt sich als Bruchstück dieses Mythos verstehen, erneuert Gott doch seinen Triumph ständig.
39 Theißen und Merz, *Der historische Jesus*, S. 234.
40 Berger, *Theologiegeschichte des Urchristentums*, S. 41.
41 In der Überlieferung von Elija lassen sich zwei Schichten erkennen: Nach der einen erhält der Prophet seine Anweisungen unmittelbar von Gott, den er bei der Begegnung nicht sieht, sondern nur hört (1 Kön 19,9–1,9–18; vgl. 21,17); nach der anderen erhält er seine Aufträge von einem Engel (1 Kön 19,5–7; 2 Kön 1,3.15). Von Jesus ist keine Begegnung mit Gott überliefert, jedoch kommt er mit Engeln, Elija und Mose in Berührung; vgl. besonders den Bericht von der Verklärung Jesu (Lk 9,28–36).
42 Mk 2,23–28.
43 Mt 15,10–11; Mk 7,14–15.
44 Mk 7,19.
45 Perrin, *Rediscovering the Teaching of Jesus*, S. 150.
46 DL VI, 42.

47 Mt 7,29.
48 Mt 7,12.
49 Zur Geschichte der Goldenen Regel vgl. Alexander, Jesus and the Golden Rule.
50 Lang, Jesus und der Ursprung der Eucharistie.
51 Die sogenannte Tempelreinigung (Mk 11,15–17).
52 Im Abendmahlsbericht (Mk 14,22–24) sind die beiden Elemente des Tieropfers – *sôma* (Leib) und *haîma* (Blut) – deutlich erkennbar.
53 Plutarch, *Moralia/De tranquilitate animi* XX 477 C. Die Vorstellung vom Kosmos als Tempel ist jener Zeit geläufig, vgl. Philon, *De specialibus legibus* I, 66; Dion von Prusa, *Rede* XII, 34.
54 Testart, *Des Dons et des dieux,* S. 30–34.

### 7 Das gesellschaftliche Wirken

1 Demonax, *Fragment* Nr. 8 (Luck, S. 378).
2 Stobaios, *Anthologion* III,1,55 (Stobaeus, *Anthologium*, Bd. 3, S. 21; Luck, S. 164).
3 Mt 7,3–5.
4 DL VI, 69.
5 Scholz, *Der Philosoph und die Politik*, S. 9–71.
6 DL VI, 31.
7 Die Knaben Spartas sollen in der Öffentlichkeit schamhaft und bescheiden auftreten, indem sie ihre Hände unter dem Gewand halten, schweigend gehen, nicht umherblicken und ihre Augen nur auf das richten, was vor ihren Füßen ist. Xenophon, *Verfassung der Spartaner* III, 4.
8 Bollnow, *Existenzphilosophie und Pädagogik*.
9 Dazu ausführlich Schmeller, *Paulus und die «Diatribe»*, S. 1–224. Fuertes Gonzáles, *Les Diatribes de Télès* S. 44–78. Vgl. weiter Döring, *Die Kyniker*, S. 44–48; Capelle und Marrou, Art. Diatribe, Sp. 998.
10 Epiktet, *Vorträge* III, 22, 26–49 (Luck, S. 347–351).
11 Epiktet, *Vorträge* III, 22, 26–27.
12 Epiktet, *Vorträge* III, 22, 44.
13 Epiktet, *Vorträge* III, 22, 46–48.
14 Als Beispiele kommen besonders die Reden des Teles in Frage (Teles, *Reliquiae*; Luck, S. 257–286; Döring, *Die Kyniker*, S. 46–48) sowie Epiktet, *Vorträge* III, 22, 26–49.
15 Schmeller, *Paulus und die «Diatribe»*, S. 206.
16 Lk 3,11–14.
17 Reiser, *Sprache und literarische Formen des Neuen Testaments*, S. 184–187. Reiser führt Jesu Rede über den Täufer und sein Lehrstück über den Eid (Mt 11,7–19; 23,16–22) als Beispiele für Diatribenstil an.
18 Origenes, *Contra Celsum* VI, 2 (*Acht Bücher gegen Celsus*, Bd. 2, S. 95).
19 Lk 16,19–31.
20 Zur menippeischen Satire oder neutraler: menippeischen Literatur, vgl. Neumann, *Lukas und Menippos*, S. 205–288.

21 Lukian, *Die Reise in die Unterwelt oder der Tyrann,* gewöhnlich zitiert als Cataplus (*Werke in drei Bänden*, Bd. 1, S. 422–440 unter dem Titel «Die Überfahrt oder Der Tyrann»); den Bezug zur jesuanischen Parabel erörtern Hock, Lazarus and Micyllus; Neumann, *Armut und Reichtum*, S. 96–108.
22 Platon, *Apologie des Sokrates* 31 B.
23 DL VI, 86. Griechisch *noutheteîn*, «ermahnen, zurechtweisen»; Apelt übersetzt «zum Guten ermahnen».
24 Apuleius, *Florida* 22 (Luck, S. 197).
25 Julian, *Rede* VI,18 [201 B/C] (Luck, S. 462).
26 Lukian, *Leben des Demonax* 9 (Luck, S. 383).
27 DL VI, 6.
28 DL VI, 4.
29 Dion von Prusa, *Rede* VIII, 4–5.
30 Stobaios, *Anthologion* III, 13, 43 (Luck, S. 269).
31 Epiktet, *Vorträge* III, 22, 72 (Luck, S. 354–355).
32 Epiktet, *Vorträge* III, 22, 81–82 (Luck, S. 365).
33 Lukian, *Leben des Demonax* 7 (Luck, S. 383).
34 Vgl. Malherbe, Medical Imagery in the Pastoral Epistles, in: ders., *Paul and the Popular Philosophers*, S. 121–136.
35 Kynikerbrief Diogenes Nr. 29 (Müseler, *Kynikerbriefe*, S. 36; Luck, S. 181–182).
36 Mt 9,12.
37 Mt 5,21–48.
38 Mt 5,9.
39 Mt 5,22–24.
40 Mt 5,25.
41 Mt 19,11–12.
42 Mt 19,3–9; Lk 16,18.
43 Mk 5,38–43; Lk 7,11–17.
44 Luck, S. 362.
45 Antonius Polemon, *Physiognomia* (Luck, S. 363–364).
46 Gehrke, *Bürgerliches Selbstverständnis*, S. 246. Vgl. auch die Hinweise von Simmel, *Soziologie*, S. 125 und 510.
47 Epiktet, *Encheiridion* 22.
48 Epiktet, *Vorträge* III, 22, 54 (Luck, S. 352).
49 Die Quellen erörtert Meier, 'Love your enemies': Greco-Roman Philosophers.
50 Seneca, *De clementia* III, 7,11.
51 Seneca, *De beneficiis* IV, 26,1.
52 Julian, *Gegen den Kyniker Herakleios* 214 D (Luck, S. 439).
53 So die Rekonstruktion nach Mt 5,44 und Lk 6,27 bei Hoffmann u. a. (Hg.), *Die Spruchquelle Q*, S. 41.
54 Josephus, *Jüdischer Krieg* VI, 300–309.
55 Vielmehr meint Diogenes, man solle sich bei ihm bedanken, wenn er sich zum Essen einladen lässt; DL VI, 34.

1 Assmann, Zitathaftes Leben.
2 Vgl. Lang, Rolle, S. 461.
3 Schaberg, *The Illegitimacy of Jesus;* van Aarde, Jesus as Fatherless Child; ders., *Fatherless in Galilee;* Chilton, Jésus, le mamzer; ders., *Rabbi Jesus,* S. 12–15.
4 Josephus, Vita 11–12 (*Aus meinem Leben*, S. 27).
5 Mk 3,31–35; Joh 2,4.
6 Weish 2,16.
7 Diese levitische Theorie ist Ps 16 erkennbar. Zur Auflösung der Vater-Sohn-Beziehung bei den Leviten vgl. Dtn 33,9.
8 Ps 27,10.
9 Lk 3,24.29. Wer in neutestamentlicher Zeit den Namen «Levi» trägt, darf als Levit gelten; vgl. Stern, Aspects of Jewish Society, S. 599.
10 Mk 4,38; 9,5.
11 Apg 22,3.
12 Zugmann, Griechischsprachige Juden in Palästina, S. 226.
13 Nach Batey hat Herodes Antipas (Regierungsjahre 4–39 n. Chr.) das Theater erbaut. Batey, Did Antipas Build the Sepphoris Theater?
14 Hengel, Zum Problem der «Hellenisierung» Judäas, S. 72. Vgl. schon Schneider, *Geistesgeschichte des antiken Christentums*, S. 74: «Wie jedes Kind eines Grenzlandes mit Mischbevölkerung ist Jesus zweisprachig aufgewachsen, und so hörte er schon früh auf Straßen und Märkten die Lehren der aus der Dekapolis kommenden stoisch-kynischen Wanderprediger, aber auch sonst manches aus der flutenden hellenistischen Welt.»
15 Alle für die Beurteilung der Sprachenfrage einschlägigen Fakten werden aufgezählt von Porter, Did Jesus ever Teach in Greek?; Zugmann, *«Hellenisten» in der Apostelgeschichte,* S. 225–227. Beide Autoren sind der Meinung, dass Jesus über Griechischkenntnisse verfügt haben muss.
16 Sir 48,12 (hebräischer Text).
17 Mk 6,1–5 (nach Stier).
18 Mk 6,14–15,
19 Mk 6,6–9.
20 Lk 9,51–55. Zum Hintergrund vgl. die Elija-Legende 2 Kön 1,10.
21 Zu dieser Unterscheidung und der Fruchtbarkeit ihrer Anwendung auf antike und frühchristliche Religiosität vgl. Johnson, *Among the Gentiles.*
22 Grundlegend: Judge, Die frühen Christen als scholastische Gemeinschaft; Wilken, Kollegien, Philosophenschulen und Theologie; Cancik, Kultur-, Religions-, Institutionsgeschichte in der antiken Geschichtsschreibung; Mason, *Philosophiai:* Graeco-Roman, Judean and Christian.
23 Apg 2,44–45.
24 DL VI, 63.
25 DL VI, 38; Plutarch, *Leben Alexanders des Großen* 671 D–E (Luck, S. 101–102).
26 Mk 2,16–17.
27 Mk 1,19; Mt 4,19.

28 Downing, *Cynics and Christian Origins*, S. 117–122.
29 Crossan, *The Historical Jesus*, S. XIII–XXVI, gibt den Wortlaut dieser Textschicht wieder.
30 Koptisches Thomasevangelium 78 (Schneemelcher, Hg., *Neutestamentliche Apokryphen*, Bd. 1, S. 110).
31 Cameron, What have you come out to see?
32 Mt 11,7–8; Lk 7,24–25.
33 Lukian, *Leben des Demonax* (Luck, S. 381–394). Vgl. dazu Cancik, Bios und Logos.
34 Lukian, *Leben des Demonax* 62 (Luck, S. 393).
35 DL II, 67.
36 Lukian, *Leben des Demonax* 63 (Luck, S. 393).
37 Bowman, Elijah and the Pauline Jesus Christ.
38 Philon, *Legatio ad Gaium* 81 und 90.
39 Apollodor, *Bibliothek* II, 73 (*Götter und Helden der Griechen*, S. 86).
40 Phil 2,6–11.
41 Phil 2,12. – Zur Herakles-Christologie vgl. grundlegend Aune, Heracles and Christ; Attridge, Liberating Death's Captives. Vgl. ferner die in der Bibliographie aufgeführten «Herakles»-Artikel von Aune.
42 Dion von Prusa, *Rede* I, 84.
43 *Taten des Paulus und der Thekla* 3 (Schneemelcher, Hg., *Neutestamentliche Apokryphen*, Bd. 2, S. 216). Die übliche Wiedergabe «mit kahlem Kopf», die sich auch in Schneemelchers Handbuch findet, trifft wohl nicht das Richtige. Angespielt ist auf Apg 18,18: Paulus lässt sich aufgrund eines Gelübdes das Haupthaar scheren.
44 Malherbe, A Physical Description of Paul.

### 9 Kyniker und Kaiser in vier Jahrhunderten

1 MacMullen, *Enemies of the Roman Order*, S. 46–94.
2 Josephus, *Jüdische Altertümer* XVIII, 118–119.
3 Mk 6,17–29.
4 Lk 13,32.
5 Epiktet, *Vorträge* I, 3, 7–8.
6 Seneca, *Epistulae morales* 73, 1.
7 Seneca, *De beneficiis* VII, 1,3.
8 Seneca, *Epistulae morales* I, 5.
9 Tacitus, *Annalen* XVI, 34–35. Vgl. Billerbeck, Greek Cynicism in Imperial Rome, 155–156.
10 Tacitus, *Annalen* XV, 71.
11 Cassius Dio, *Römische Geschichte* LXV, 13 (*Römische Geschichte*, Bd. 5, S. 153).
12 Sueton, *Kaiserbiographien/Vespasian* 13.
13 Sueton, *Kaiserbiographien/Vespasian* 15. Vgl. Malitz, Helvidius Priscus und Vespasian; vgl. auch Harris, Stoic and Cynic under Vespasian.

14 Cassius Dio, *Römische Geschichte* LXV, 15 (*Römische Geschichte*, Bd. 5, S. 155–156). Zur sog. stoisch-kynischen Opposition gegen die römischen Kaiser im 1. Jahrhundert n. Chr. vgl. Dudley, *A History of Cynicism*, S. 125–142; Griffin, Cynicism and the Romans, S. 193–195.

15 Es handelt sich um den Vorwurf eines inzestuösen Verhältnisses zwischen Berenike und ihrem Bruder; vgl. Theißen, *Lokalkolorit und Zeitgeschichte in den Evangelien*, S. 100–101.

16 Cassius Dio, *Römische Geschichte* LXV, 67 (*Römische Geschichte*, Bd. 5, S. 184–185).

17 Josephus, *Jüdische Altertümer* VI, 296.

18 Josephus, Vita 11–12. Zum von Josephus intendierten Leserkreis seiner Schriften vgl. Höffken, Überlegungen zum Leserkreis der «Antiquitates» des Josephus.

19 Mason, The Essenes of Josephus's *Judean War*.

20 1 Petr 2,13; vgl. Röm 13,1–7. Zur Datierung von 1 Petr vgl. Elliott, *I Peter*, 138.

21 Zanker, *Die Maske des Sokrates*, S. 245.

22 Cassius Dio, *Römische Geschichte* LXXII, 31, 3 (*Römische Geschichte*, Bd. 5, S. 271).

23 Mark Aurel, *Selbstbetrachtungen* XI, 6.

24 Dion von Prusa, *Rede* I und III.

25 Philostratos, *Vitae Sophistarum* I, 7.

26 *Historia Augusta: Hadrian* XVI, 10.

27 Lukian, *De morte Peregrini* 11–16.

28 Lukian, *De morte Peregrini* 13.

29 So die Vermutung von Bremmer, Peregrinus' Christian Career, S. 742.

30 Eusebius, *Kirchengeschichte* IV, 16.

31 Tatian, *Oratio ad Graecos* II, 2 und XXV, 1 (Rede an die Bekenner des Griechentums, S. 197, 233–234).

32 Hippolyt, *Philosophoumena X*, 18 (*Widerlegung aller Häresien*, S. 279).

33 Tatian, *Oratio ad Graecos* XI, 2–3 (Rede an die Bekenner des Griechentums, S. 210–211).

34 Downing, *God with Everything*, S. 90.

35 Tertullian, *De pallio*.

36 Eusebius, *Kirchengeschichte* VII, 18. Vgl. Dobschütz, *Christusbilder*, S. 197.

37 Dazu Büchsel, *Die Entstehung des Christusporträts*, S. 17: Niemand zweifle daran, dass der bärtige Christus der polychromen Platten im Museo Nazionale Romano wie ein kynischer Philosoph bekleidet sei. Zum Motiv «Christus, als Philosoph dargestellt» vgl. Zanker, *Die Maske des Sokrates*, S. 272–280; Mathews, *The Clash of Gods*, S. 109–111.

38 Pavlina Kranastassi, in: *LIMC*, Bd. 8/1, S. 355, mit Hinweis auf zahlreiche Zeus-Darstellungen aus der römischen Kaiserzeit.

39 Eusebius, *Praeparatio evangelica* V (Luck, S. 406–429).

40 Oppenheimer, *Das Mönchskleid*, S. 238–246; Krawiec, Garments of Salvation, S. 134–136.

41 Oppenheimer, *Das Mönchskleid*, S. 218–224.

42 Brown, The Rise and Function of the Holy Man in Late Antiquity.
43 Johannes Chrysostomus, *Adversus oppugnatores vitae monasticae* 2,4 (PG Bd. 47, Sp. 337).
44 Spanneut, Epiktet, Sp. 661–670. Texte: Epiktet, *The 'Enchiridion' of Epictetus and Its Three Christian Adaptations.*
45 Harnack, *Das Wesen des Christentums*, S. 137 (13. Vorlesung).
46 Harnack, *Das Wesen des Christentums*, S. 136 (13. Vorlesung).
47 Das ist wohl gemeint mit Julians Vorwurf: «Du bist voll Bewunderung für das abgestorbene Leben bedauernswerter Frauen.» Julian, *Gegen die unwissenden Kyniker* 203 C (Luck, S. 465).
48 Gregor von Nazianz, *Oratio* 25.
49 Gregor von Nazianz, *Oratio* 26, 3 (PG Bd. 35, Sp. 1232).
50 Vgl. Dorival, Cyniques et chrétiens au temps des pères grecs, S. 71–76.
51 Gregor von Nazianz, *De vita sua* 974–975 (S. 100; übersetzt von B. L.).
52 Gregor von Nazianz, *Carmina* I, 2,10, Zeilen 218–227 (PG Bd. 37, Sp. 696). Übersetzt von B. L. Vgl. die Wiedergabe bei Luck, S. 173.
53 Elemente dieser ungeschriebenen Geschichte sind zu finden bei: Downing, *Cynics and Christian Origins*, S. 169–301; Kusch, Diogenes von Sinope; Dorival, Cyniques et Chrétiens au temps des pères grecs; Krueger, Diogenes the Cynic among the Fourth-Century Fathers; ders., The *Life of Symeon the Fool* and the Cynic Tradition; ders., *Symeon the Holy Fool*; Matton, Cynicism and Christianity from the Middle Ages to the Renaissance.
54 Julian, *Gegen die unwissenden Kyniker* 198 A (Luck, S. 459).
55 Ammianus Marcellinus, *Res gestae* 30,5, 8–10 (Ammianus, *Römische Geschichte*, Bd. 4, S. 221).
56 Diese in der Forschung beliebte Annahme unterstützt auch Döring, Kaiser Julians Plädoyer für den Kynismus, S. 393–394.
57 Julian, *Gegen den Kyniker Herakleios* 224 A (Luck, S. 441).
58 Döring, Kaiser Julians Plädoyer für den Kynismus, S. 395–396, 399–400.
59 Julians Abhandlung *Gegen die unwissenden Kyniker* ist wohl gegen Maximus Heron gerichtet, vgl. Luck, S. 559; Goulet-Cazé, Qui était le philosophe cynique anonyme?
60 Döring, *Die Kyniker*, S. 96; ders., Kaiser Julians Plädoyer für den Kynismus, S. 394.
61 Das gesamte Material bei Overwien, *Die Sprüche des Kynikers Diogenes in der griechischen und arabischen Überlieferung*.
62 Überliefert von Hanad ibn al-Sariy, gest. 857 (Khalidi, *The Muslim Jesus*, S. 94).
63 Überliefert von Abu Hamid al-Ghazali, gest. 1111 (Khalidi, *The Muslim Jesus*, S. 176).
64 DL VI, 37. – Eine arabische Variante lautet: «Diogenes sprach: Solange du in der Lage bist, hohle Hände zu formen, nimm kein Trinkgefäß» (Overwien, *Die Sprüche des Kynikers Diogenes*, S. 120). Mit Abwandlungen begegnet das Diogenes-Wort bzw. die Anekdote auch in der *Anthologia Palatina* XVI, 333 (Luck, S. 129), im *Codex Vaticanus 5216* (Hock u. a., *The Chreia in Ancient Rhetoric*, S. 290) und im Kynikerbrief Diogenes Nr. 6 (Müseler, *Kynikerbriefe*,

S. 6–9). Weitere Parallelen bei Hock u. a., *The Chreia in Ancient Rhetoric*, S. 317–318.

### Epilog: Die Aktualität der kynischen Philosophie

1 Dante, *Inferno* IV, 137.
2 Diderot, Cynique, S. 599.
3 Diderot, Essay über die Herrschaft der Kaiser Claudius und Nero, S. 257 (Buch 1, Kap. 12).
4 Richter, *The Portraits of the Greeks*, Bd. 2, S. 182–184 (Nr. 2 und Nr. 3); Zanker, *Die Maske des Sokrates*, S. 171–172.
5 Vgl. Niehues-Pröbsting, Die Kynismus-Rezeption der Moderne, S. 544–551; Shea, *The Cynic Enlightenment*, S. 67–73.
6 Gehlen, *Moral und Hypermoral*, S. 17.
7 Spengler, *Der Untergang des Abendlandes*, Bd. 1, S, 262 (Kapitel 3, 12).
8 Hoernlé, Would Plato Have Approved of the National-Socialist State?, S. 178–181.
9 Popper, *Die offene Gesellschaft und ihre Feinde*, Bd. 2, S. 30, mit Zitat von Mt 11,25.
10 Downing, *Cynics and Christian Origins*, S. 304.
11 Foucault knüpft allerdings nicht an Popper an, dessen Platondeutung ihm abwegig erscheint. Er spricht von den «ziemlich aus der Luft gegriffenen Interpretationen des guten Karl Popper»: Foucault, *Die Regierung des Selbst und der anderen*, S. 323 (Vorlesung 7).
12 Foucault, *Die Regierung des Selbst und der anderen*, S. 360–362 (Vorlesung 8).
13 Sloterdijk, *Kritik der zynischen Vernunft*, Bd. 1, S. 213, 299, 303.
14 Vgl. Bergson, *Les deux sources de la morale et de la religion*.

## Anhang

### Lebensdaten kynischer Pilosophen

1 Vgl. Goulet-Cazé, A Comprehensive Catalogue of Known Cynic Philosophers; ausführlichere Angaben in Goulet (Hg.), *Dictionnaire des Philosophes antiques*.

### Antike Zeugnisse über den Kynismus

1 Aristoteles, *Politik* III, 13 (1284 A).
2 Aristoteles, *Rhetorik* III, 10 (1411 A).

3 Lavrencic, *Spartanische Küche*.
4 Goulet-Cazé, Who Was the First Dog?
5 Wilamowitz-Moellendorff, Der kynische Prediger Teles, S. 313–314, 318.
6 Glaser, *Paulus als Briefroman erzählt*, S. 113–167: «Studien zum griechischen Briefroman»; ders., Erzählung im Fragment.
7 Dieses Zeitalter scheint gegen Ende des 2. Jahrhunderts n. Chr. zu beginnen; frühe Beispiele kompilierender Autoren sind Aulus Gellius (*Attische Nächte*), Claudius Aelianus (*Varia Historia; Tierleben; Bauernbriefe*) und Athenaios (*Deipnosophistai* = Gastmahl der Gelehrten). Später kommt Johannes Stobaios (*Anthologion*, 5. Jh.) hinzu.
8 Schwartz, Diogenes der Hund und Krates der Kyniker, S. 118–121.
9 Fox, *Alexander der Große*, S. 92; Demandt, *Alexander der Große*, S. 93. – Die Anekdote «Diogenes, Alexander und die Sonne», zuerst belegt bei Cicero (*Tusculanae disputationes* V, 32), geht vielleicht zurück auf die nicht erhaltene Alexander-Biographie des Diogenes-Schülers Onesikritos; vgl. Bosman, King Meets Dog.

# Literatur

## *Antike Quellen (Auswahl)*

Ammianus Marcellinus. *Römische Geschichte.* Lateinisch und deutsch von Wolfgang Seyfarth. Bd. 4: Buch 26–31. Berlin 1971.

[Antisthenes] Dittmar, Heinrich. *Aischines von Sphettos. Studien zur Literaturgeschichte der Sokratiker.* Berlin 1912, S. 300–304.

Apollodoros. *Götter und Helden der Griechen. Griechisch und deutsch.* Übersetzt von Kai Brodersen. Darmstadt 2004.

Barrett, Charles K., und Claus-Jürgen Thornton (Hg.). *Texte zur Umwelt des Neuen Testaments.* 2. Aufl. Tübingen 1991.

[Bibel] *Die Bibel.* Einheitsübersetzung. Stuttgart 1980.

[Bibel] *Zürcher Bibel 2007.* Zürich 2007.

[Bibel] *Das Neue Testament. Griechisch und deutsch.* Griechischer Text von Eberhard und Erwin Nestle, neu bearbeitet von Kurt Aland u. a. Stuttgart 1986. – Bekannt als «Nestle-Aland».

[Bibel] *Das Neue Testament.* Übersetzt von Fridolin Stier. München 1989.

[Bion] Kindstrand, Jan Fredrik. *Bion of Borysthenes: A Collection of the Fragments with Introduction and Commentary.* Uppsala 1976.

Cassius Dio. *Römische Geschichte.* Übersetzt von Otto Veh. 5 Bde. Zürich 1985–1987.

Giannantoni, Gabriele (Hg.). *Socratis et Socraticorum Reliquiae.* Bd. 2. Neapel 1990.

Gregor von Nazianz. *De vita sua.* Einleitung, Text, Übersetzung, Kommentar von Christoph Jungck. Heidelberg 1974.

Hammershaimb, Erling. Das Martyrium Jesajas. In: Werner Georg Kümmel (Hg.), *Jüdische Schriften aus hellenistisch-römischer Zeit.* Gütersloh 1973, Bd. 2, S. 15–34.

Hippolytus von Rom. *Widerlegung aller Häresien.* Übersetzt von Konrad Preysing (Bibliothek der Kirchenväter). München 1922.

Hock, Ronald F., und Edward N. O'Neil (Hg.). *The Chreia in Ancient Rhetoric. Volume I: The Progymnasmata.* Atlanta, Ga. 1986.

Hoffmann, Paul, und Christoph Heil (Hg.). *Die Spruchquelle Q.* Studienausgabe, griechisch und deutsch. Darmstadt 2002.

Holtzmann, Oscar. *Berakot (Gebete). Text, Übersetzung und Erklärung* (Die Mischna). Gießen 1912.

Isokrates. *Sämtliche Werke.* Übersetzt von Christine Ley-Hutton. Bd. 1. Stuttgart 1993.

Josephus, Flavius. *Aus meinem Leben (Vita). Kritische Ausgabe, Übersetzung und Kommentar.* Besorgt von Folker Siegert u. a. Tübingen 2001.

[Pseudo-]Kallisthenes. *Historia Alexandri Magni. Bd. 1: Recensio vetusta.* Hg. von Wilhelm Kroll. Berlin 1926.

—. Das Leben Alexanders, des Königs der Makedonen. In: Friedrich Pfister, *Der Alexanderroman.* Meisenheim 1978, S. 1–81.

[Kebes] Rainer Hirsch-Luipold u. a. *Die Bildtafel des Kebes. Allegorie des Lebens.* Eingeleitet, übersetzt und mit interpretierenden Essays. Darmstadt 2005.

Khalidi, Tarif. *The Muslim Jesus: Sayings and Stories in Islamic Literature.* Cambridge, Mass. 2001.

Krupp, Michael (Hg.). *Die Mischna. Schädigungen – Seder Neziqin.* Frankfurt 2008.

—. *Die Mischna. Festzeiten – Seder Mo'ed.* Frankfurt 2007.

Lindemann, Andreas. *Die Clemensbriefe.* Tübingen 1992.

Luck, Georg. *Die Weisheit der Hunde. Texte der antiken Kyniker in deutscher Übersetzung.* Stuttgart 1997.

Malherbe, Abraham J. (Hg.). *The Cynic Epistles: A Study Edition.* Atlanta, Ga. 1977.

Müseler, Eike. *Die Kynikerbriefe. Kritische Ausgabe mit deutscher Übersetzung.* Paderborn 1994. – Enthält nur die Diogenes und Krates zugeschriebenen Briefe.

Musonius Rufus. *C. Musonii Rufi Reliquiae.* Hg. von Otto Hense. Leipzig 1905.

—. *Entretiens et fragments. Introduction, traduction et commentaire* von Amand Jagu. Hildesheim 1979.

Origenes. *Acht Bücher gegen Celsus.* Übersetzt von Paul Koetschau (Bibliothek der Kirchenväter). 2 Bde. München 1926–1927.

Paquet, Léonce. *Les Cyniques grecs. Fragments et témoignages.* Paris 1992.

Philon von Alexandria. *Die Werke in deutscher Übersetzung.* Hg. von Leopold Cohn u. a. 2. Aufl. 6 Bde. Berlin 1962; Bd. 7, Berlin 1964.

Philostratos. *Das Leben des Apollonius von Tyana.* Griechisch – deutsch. Übersetzt von Vroni Mumprecht. München 1983.

Schneemelcher, Wilhelm (Hg.). *Neutestamentliche Apokryphen.* Bd. 1: 5. Aufl., Tübingen 1987; Bd. 2: 6. Aufl., Tübingen 1997.

Schwemer, Anna Maria. *Studien zu den frühjüdischen Prophetenlegenden* Vitae Prophetarum. 2 Bde. Tübingen 1995–1996.

Stobaeus, Johannes. *Anthologium.* Hg. von Kurt Wachsmuth und Otto Hense. 5 Bde. Berlin 1884–1923.

Sulpicius Severus. *Schriften über den heiligen Martinus.* Übersetzt von Pius Bihlmeyer (Bibliothek der Kirchenväter). München 1914.

[Talmud] *Der babylonische Talmud.* Neu übertragen von Lazarus Goldschmidt. 3. Aufl. 12 Bde. Königstein 1980–1981.

Tatian. Rede an die Bekenner des Griechentums. Übersetzt von R. C. Kukula. In: Gerhard Rauschen u. a., *Frühchristliche Apologeten und Märtyrerakten* (Bibliothek der Kirchenväter). München 1913. Bd. 1, S. 157–257.

Teles. *Teletis Reliquiae.* Hg. von Otto Hense. 2. Aufl. Tübingen 1909.

## *Literatur zu Elija und Elischa*

Albertz, Rainer. *Elia. Ein feuriger Kämpfer für Gott*. Leipzig 2006.

Avraham, Nahum. Toward the Social Status of Elisha and the Disciples of the Prophets. In: Michael Heltzer u. a. (Hg.), *Teshûrôt la-Avishur: Studies in the Bible and the Ancient Near East*. Tel Aviv 2004, S. 41–54 (hebräisch).

Baltzer, Klaus. Die Elia/Elisa-Biographien. In: ders., *Die Biographie der Propheten*. Neukirchen-Vluyn 1975, S. 95–105.

Becker, Eve-Marie. Elija redivivus im Markus-Evangelium? Zur Typologisierung von Wiederkehr-Vorstellungen. In: Hermann Lichtenberger und Ulrike Mittmann-Richert (Hg.), *Biblical Figures in Deuterocanonical and Cognate Literature* (Deuterocanonical and Cognate Literature. Yearbook 2008). Berlin 2009, S. 587–625.

Blenkinsopp, Joseph. Miracles: Elisha and Hanina ben Dosa. In: John C. Cavadoini (Hg.), *Miracles in Jewish and Christian Antiquity*. Notre Dame, Ind. 1999, S. 57–81.

Bowman, John. Elijah and the Pauline Jesus Christ. In: *Abr-Nahrain* 26 (1988), S. 1–18.

Brodie, Thomas L. *The Crucial Bridge: The Elijah–Elisha Narrative as an Interpretive Synthesis of Genesis–Kings and a Literary Model for the Gospels*. Collegeville, Minn. 2000.

—. *Proto-Luke: The Oldest Gospel Account*. Limerick 2006.

Buber, Martin. Elija: Ein Mysterienspiel [1955]. In: ders., *Werke. Zweiter Band: Schriften zur Bibel*. München 1964, S. 1187–1229.

—. *Der Glaube der Propheten*. 2. Aufl. Heidelberg 1984.

Coote, Robert B. (Hg.). *Elijah and Elisha in Socioliterary Perspective* (Semeia Studies). Atlanta, Ga. 1992.

Gese, Hartmut. Zur Bedeutung Elias für die biblische Theologie. In: Jostein Ådna u. a. (Hg.), *Evangelium – Schriftauslegung – Kirche*. Göttingen 1997, S. 126–150.

Gunkel, Hermann. *Elias, Jahve und Baal* (Religionsgeschichtliche Volksbücher). Tübingen 1906.

Häfner, Gerd. Der «härene Mantel» als Prophetentracht? In: ders., *Der verheißene Vorläufer. Redaktionskritische Untersuchung zur Darstellung Johannes des Täufers im Matthäusevangelium*. Stuttgart 1994, S. 23–25.

Katz, Paul. Jesus als Vorläufer des Christus. Mögliche Hinweise in den Evangelien auf Elia als «Typos» Jesu. In: *Theologische Zeitschrift* 52 (1996), S. 225–235.

Lichtenberger, Hermann. Elia-Traditionen bei vor- bzw. frührabbinischen Wundertätern. In: ders. und Ulrike Mittmann-Richert (Hg.), *Biblical Figures in Deuterocanonical and Cognate Literature* (Deuterocanonical and Cognate Literature. Yearbook 2008). Berlin 2009, S. 547–563.

Majoros-Danowski, Johannes. *Elija im Markusevangelium*. Stuttgart 2008.

Meier, John P. From Elijah-like Prophet to Royal Davidic Messiah. In: James D. G. Dunn u. a. (Hg.), *Jesus: A Colloquium in the Holy Land*. New York 2001, S. 45–83.

Öhler, Markus. *Elia im Neuen Testament*. Berlin 1997.
Pfeiffer, Robert H. *Introduction to the Old Testament*. New York 1941.
Riesner, Rainer. *Bethanien jenseits des Jordan. Topographie und Theologie im Johannes-Evangelium*. Gießen 2002.
Roth, Wolfgang. *Hebrew Gospel: Cracking the Code of Mark*. Oak Park, Ill. 1988.
Rothschild, Clare. *Baptist Traditions and Q*. Tübingen 2005.
Schwemer, Anna Maria. Elija als Araber. In: Reinhard Feldmeier und Ulrich Heckel (Hg.), *Die Heiden. Juden, Christen und das Problem des Fremden*. Tübingen 1994, S. 108–157.
Tilly, Michael. Die Tracht des Propheten. In: ders., *Johannes der Täufer und die Biographie der Propheten*. Stuttgart 1994, S. 167–175.
Zucconi, Laura M. Aramean Skin Care: A New Perspective on Naaman's Leprosy. In: Shawna Dolanski (Hg.), *Sacred History, Sacred Literature. Essays on Ancient Israel, the Bible, and Religion*. Winona Lake, Ind. 2008, S. 169–177.

## Literatur zum Kynismus

Billerbeck, Margarethe. Greek Cynicism in Imperial Rome. In: dies. (Hg.), *Die Kyniker in der modernen Forschung. Aufsätze mit Einführung und Bibliographie*. Amsterdam 1991, S. 147–166.
Bosman, Philip R. King Meets Dog: The Origin of the Meeting between Alexander and Diogenes. In: *Acta Classica* 50 (2007), S. 51–63.
Cancik, Hubert. Bios und Logos. Formgeschichtliche Untersuchungen zu Lukians «Demonax». In: ders., *Religionsgeschichten. Gesammelte Aufsätze II*. Tübingen 2008, S. 131–146.
Clay, Diskin. Picturing Diogenes. In: R. Bracht Branham u. a. (Hg.), *The Cynics: The Cynic Movement in Antiquity and Its Legacy*. Berkeley 1996, S. 366–387.
Desmond, William. *Cynics* (Ancient Philosophies). Berkeley 2008.
Dierauer, Urs. Die kynische Orientierung am natürlichen Leben der Tiere. In: ders., *Tier und Mensch im Denken der Antike*. Amsterdam 1977, S. 180–193.
Döring, Klaus. *Die Kyniker*. Bamberg 2006.
—. Kaiser Julians Plädoyer für den Kynismus. In: *Rheinisches Museum* 140 (1997), S. 386–400.
—. Antisthenes, Diogenes und die Kyniker der Zeit vor Christi Geburt. In: *Die Philosophie der Antike*. Hg. von Hellmut Flashar (Grundriss der Geschichte der Philosophie). Basel 1998, Bd. 2/1, S. 267–321.
Dudley, Donald B. *A History of Cynicism*. London 1937.
Edert, Otto. Herakles bei den Kynikern. In: ders., *Über Senecas Herakles und den Herakles auf dem Oeta*. Kiel 1909, S. 36–47.
Effe, Bernd. Der Funktionswandel des Herakles-Mythos in der griechisch-römischen Literatur. In: Ralph Kray und Stephan Ottermann (Hg.), *Herakles/Hercules I. Metamorphosen des Heros in ihrer medialen Vielfalt*. Basel 1994, S. 15–23.

Fiore, Benjamin. Example in the Socratic Letters. In: ders., *The Function of Personal Example in the Socratic and Pastoral Epistles* (Analecta Biblica 105). Rom 1986, S. 101–163.

Gerhard, Gustav Adolf. Zur Legende vom Kyniker Diogenes [1912]. In: Margarethe Billerbeck (Hg.), *Die Kyniker in der modernen Forschung. Aufsätze mit Einführung und Bibliographie*. Amsterdam 1991, S. 89–106.

Goulet-Cazé, Marie-Odile. Le Cynisme à l'époque impériale. In: Wolfgang Haase (Hg.), *Aufstieg und Niedergang der Römischen Welt*. Teil II, Bd. 36.4. Berlin 1990, S. 2720–2833.

—. A Comprehensive Catalogue of Known Cynic Philosophers. In: R. Bracht Branham u. a. (Hg.), *The Cynics: The Cynic Movement in Antiquity and Its Legacy*. Berkeley 1996, S. 389–413.

—. Religion and the Early Cynics. In: R. Bracht Branham u. a. (Hg.), *The Cynics: The Cynic Movement in Antiquity and Its Legacy*. Berkeley 1996, S. 47–80.

—. Who Was the First Dog? In: R. Bracht Branham u. a. (Hg.), *The Cynics: The Cynic Movement in Antiquity and Its Legacy*. Berkeley 1996, S. 414–415.

—. Kynismus. In: Jacques Brunschwig und Geoffrey Lloyd (Hg.), *Das Wissen der Griechen. Eine Enzyklopädie*. München 2000, S. 787–799.

—. *Les* Kynika *du stoïcisme* (Hermes 89). Wiesbaden 2003.

—. Oinomaos de Gadara. In: Richard Goulet (Hg.), *Dictionnaire des Philosophes antiques*. Paris 2005, Bd. 4, S. 751–761.

—. Qui était le philosophe cynique anonyme attaqué par Julien dans son discours IX? In: *Hermes* 136 (2008), S. 97–118.

Griffin, Miriam. Cynicism and the Romans: Attraction and Repulsion. In: R. Bracht Branham u. a. (Hg.), *The Cynics: The Cynic Movement in Antiquity and Its Legacy*. Berkeley 1996, S. 190–204.

Hahn, Johannes. Die Kyniker: Sozialgeschichtliche Aspekte. In: ders., *Der Philosoph in der Gesellschaft. Selbstverständnis, öffentliches Auftreten und populäre Erwartungen in der hohen Kaiserzeit*. Wiesbaden 1989, S. 172–181.

Hammerstaedt, Jürgen. Der Kyniker Oenomaus von Gadara. In: Wolfgang Haase (Hg.), *Aufstieg und Niedergang der Römischen Welt*. Teil II, Bd. 36.4. Berlin 1990, S. 2834–2865.

Höistad, Ragnar. *Cynic Hero and Cynic King: Studies in the Cynic Conception of Man*. Lund 1948.

Husson, Suzanne. La *Politeia* de Diogène le Cynique. In: Gilbert Romeyer Dherbey und Jean-Baptiste Gourinat (Hg.), *Socrate et les Socratiques*. Paris 2001, S. 411–430.

Kindstrand, Jan Fredrik. *Bion of Borysthenes: A Collection of the Fragments with Introduction and Commentary*. Uppsala 1976.

Luz, Menahem. The Transmission of Antisthenes' Hercules in Hellenistic Philosophy and Literature. In: Konstantinos I. Boudouris (Hg.), *Hellenistic Philosophy*. Athen 1994, S. 114–121.

—. Antisthenes' Prometheus Myth. In: John Glucker und André Laks (Hg.), *Jacob Bernays. Un philologue juif*. Villeneuf d'Ascq 1996, S. 89–103.

—. The Cynics of the Decapolis and Eretz Israel in the Hellenistic Period. In: Menachem Mor u. a. (Hg.), *Jews and Gentiles in the Holy Land in the Days of the Second Temple*. Jerusalem 2003, S. 97–107.

MacMullen, Ramsay. *Enemies of the Roman Order: Treason, Unrest, and Alienation in the Empire*. Cambridge, Mass. 1966.

Malherbe, Abraham J. Self-Definition among the Cynics. In: ders., *Paul and the Popular Philosophers*. Minneapolis, Min. 1989, S. 11–24.

Moles, John L. Cynic Cosmopolitanism. In: R. Bracht Branham u. a. (Hg.), *The Cynics: The Cynic Movement in Antiquity and Its Legacy*. Berkeley 1996, S. 105–120.

—. The Cynics and Politics. In: André Laks u. a. (Hg.), *Justice and Generosity: Studies in Hellenistic Social and Political Philosophy*. Cambridge 1995, S. 129–158.

Navia, Luis E. *Classical Cynicism: A Critical Study*. Westport, Conn. 1996.

—. *Diogenes the Cynic: The War against the World*. New York 2005.

Niehues-Pröbsting, Heinrich. *Der Kynismus des Diogenes und der Begriff des Zynismus*. München 1979.

Overwien, Oliver. *Die Sprüche des Kynikers Diogenes in der griechischen und arabischen Überlieferung*. Stuttgart 2005.

Rankin, Herbert David. *Anthisthenes Sokratikos*. Amsterdam 1986. [Druckfehler auf dem Titelblatt: es muss «Antisthenes» heißen.]

Schofield, Malcolm. Epictetus on Cynicism. In: Theodore Scaltsas u. a. (Hg.), *The Philosophy of Epictetus*. Oxford 2007, S. 71–86.

Scholz, Peter. Popularisierung philosophischen Wissens im Hellenismus. Das Beispiel der «Diatriben» des Kynikers Teles. In: Carsten Kretschmann (Hg.), *Wissenspopularisierung. Konzepte der Wissensverbreitung im Wandel*. Berlin 2003, S. 23–45.

Schwartz, Eduard. Diogenes der Hund und Krates der Kyniker. In: ders., *Charakterköpfe aus der Antike*. Hg. von Johannes Stroux. 2. Aufl. Leipzig 1943, S. 116–135.

Strohmaier, Gotthard. Besprechung von: Oliver Oberwien, Die Sprüche des Kynikers Diogenes (2005). In: *Gnomon* 79 (2007), S. 401–404.

Wilamowitz-Moellendorff, Ulrich von. Der kynische Prediger Teles. In: ders., *Antiogonos von Karystos*. Berlin 1881, S. 292–319.

## Literatur zur Rezeption des Kynismus in Judentum und Christentum

Amir, Yehoshua. Doch ein griechischer Einfluss auf das Buch Kohelet? In: ders., *Studien zum antiken Judentum*. Frankfurt 1985, S. 35–50.

Bloomquist, L. Gregory. Methodological Considerations in the Determination of the Social Context of Cynic Rhetorical Practice: Implications for Our Present Studies of the Jesus Traditions. In: Stanley E. Porter u. a. (Hg.), *The Rhetorical Analysis of Scripture*. Sheffield 1997, S. 200–231.

Boyarin, Daniel. *Socrates and the Fat Rabbis*. Chicago 2009.

—. Hellenism in Jewish Babylonia. In: Charlotte Elisheva Fonrobert u. a. (Hg.), *The Cambridge Companion to the Talmud and Rabbinic Literature*. Cambridge 2007, S. 336–363.

Bultmann, Rudolf. *Der Stil der paulinischen Predigt und die kynisch-stoische Diatribe*. Göttingen 1910.

Cameron, Ron. «What have you come out to see?» Characterization of John and Jesus in the Gospels. In: ders. (Hg.), *The Apocryphal Jesus and Christian Origins* (Semeia 49). Atlanta, Ga. 1990, S. 35–69.

Crossan, John D. *The Historical Jesus: The Life of a Mediterranean Peasant*. Edinburg 1991.

—. *Jesus. Ein revolutionäres Leben*. Übersetzt von Peter Hahlbrock. München 1996.

Deming, Will. *Paul on Marriage and Celibacy: The Hellenistic Background of 1 Corinthians* 7. 2. Aufl. Grand Rapids, Mich. 2004.

Dorival, Gilles. Cyniques et chrétiens au temps des pères grecs. In: Michel Soëtard (Hg.), *Valeurs dans le stoïcisme. Du portique à nos jours*. Lille 1993, S. 57–88.

—. L'image des cyniques chez les pères grecs. In: Marie-Odile Goulet-Cazé und Richard Goulet (Hg.), *Le Cynisme ancien et ses prolongements*. Paris 1993, S. 419–443.

Downing, Francis Gerald. *Jesus and the Threat of Freedom*. London 1987.

—. *Christ and the Cynics: Jesus and Other Radical Preachers in First-Century Tradition*. Sheffield 1988.

—. Quite like Q. A Genre for 'Q': The 'Lives' of Cynic Philosophers. In: *Biblica* 69 (1988), S. 226–238.

—. *Cynics and Christian Origins*. Edinburg 1992.

—. A Cynic Preparation for Paul's Gospel. In: *New Testament Studies* 42 (1996), S. 454–462.

—. *Cynics, Paul and the Pauline Churches*. London 1998.

—. Deeper Reflections on the Jewish Cynic Jesus. In: *Journal of Biblical Literature* 117 (1998), S. 97–104.

—. Paul's Drive for Deviants. In: *New Testament Studies* 49 (2003), S. 360–371.

—. The Jewish Cynic Jesus. In: Michael Labahn und Andreas Schmidt (Hg.), *Jesus, Mark and Q: The Teaching of Jesus and Its Earliest Records*. London 2004, S. 184–214.

—. *God with Everything: The Divine in the Discourse of the First Christian Century*. Sheffield 2008.

—. On Avoiding Bothersome Busyness: Q/Luke 12.22–31 in Its Graeco-Roman Context. In: ders., *God with Everything*. Sheffield 2008, S. 91–114.

Fischel, Henry A. Studies in Cynicism and the Ancient Near East: The Transformation of a Chria. In: Jacob Neusner (Hg.), *Religions in Antiquity*. Leiden 1970, S. 372–411.

—. Cynics and Cynicism. In: Fred Skolnik (Hg.), *Encyclopedia Judaica*. 2. Aufl. Farmington Hills, Mich. 2007, Bd. 5, S. 346.

Funke, Hermann. Antisthenes bei Paulus. In: *Hermes* 98 (1970), S. 459–471.

Goulet-Cazé, Marie-Odile. Kynismus. In: *Reallexikon für Antike und Christentum*. Hg. von Georg Schöllgen u. a. Stuttgart 2008, Bd. 22, Sp. 631–687.
Heinemann, Isaak. *Philons griechische und jüdische Bildung*. Darmstadt 1962. – Erstdruck 1932.
Hengel, Martin. Zum Problem der «Hellenisierung» Judäas. In: ders., *Judaica et Hellenistica. Kleine Schriften I*. Tübingen 1996, S. 1–90.
Hock, Ronald F. Lazarus and Micyllus: Greco-Roman Backgrounds to Luke 16:19–31. In: *Journal of Biblical Literature* 106 (1987), S. 447–463.
Kloppenborg Verbin, John S. The Q People as Cynics. In: ders., *Excavating Q: The History and Setting of the Sayings Gospel*. Edinburg 2000, S. 184–188.
—. A Dog among the Pigeons: A Cynic Q? In: ders., *Excavating Q: The History and Setting of the Sayings Gospel*. Edinburg 2000, S. 420–432.
Krueger, Derek. Diogenes the Cynic among the Fourth-Century Fathers. In: *Vigiliae Christianae* 47 (1993), S. 29–49.
—. The *Life of Symeon the Fool* and the Cynic Tradition. In: *Journal of Early Christian Studies* 1 (1993), 423–442.
—. *Symeon the Holy Fool: Leontius's Life and the Late Antique City*. Berkeley 1996.
Kusch, Horst. Diogenes von Sinope. In: *Reallexikon für Antike und Christentum*. Hg. von Theodor Klauser. Stuttgart 1957, Bd. 3, Sp. 1063–1075.
Levy, Ludwig. *Das Buch Qoheleth*. Leipzig 1912.
Lohfink, Norbert. Das «Poikilometron». Kohelet und Menippos von Gadara. In: *Bibel und Kirche* 45 (1990), S. 19.
Luz, Menahem. Abnimos, Nimos, and Oenomaus: A Note. In: *Jewish Quarterly Review* 77 (1986/87), S. 191–195.
Mack, Burton L. *A Myth of Innocence: Mark and Christian Origins*. Philadelphia 1988.
—. Q and a Cynic-like Jesus. In: William E. Arnal und Michel Desjardins (Hg.), *Whose Historical Jesus*. Waterloo, Ont. 1997, S. 25–36.
—. The Case for a Cynic-like Jesus. In: ders., *The Christian Myth: Origins, Logic, and Legacy*. New York 2001, S. 41–58.
Malherbe, Abraham J. *Paul and the Thessalonians*. Philadelphia 1987.
—. *Paul and the Popular Philosophers*. Minneapolis, Min. 1989.
—. «Gentle as a Nurse»: The Cynic Background to 1 Thessalonians 2. In: ders., *Paul and the Popular Philosophers*, S. 35–48.
—. A Physical Description of Paul. In: ders., *Paul and the Popular Philosophers*, S. 165–170.
Marshall, John W. The Gospel of Thomas and the Cynic Jesus. In: William E. Arnal und Michel Desjardins (Hg.), *Whose Historical Jesus*. Waterloo, Ont. 1997, S. 37–60.
Matton, Sylvain. Cynicism and Christianity from the Middle Ages to the Renaissance. In: R. Bracht Branham u. a. (Hg.), *The Cynics: The Cynic Movement in Antiquity and Its Legacy*. Berkeley 1996, S. 240–264.
Meyer, Marvin W. Did Jesus Drink from a Cup? The Equipment of Jesus and His

Followers in Q and al-Ghazzali. In: Jón Ma Asgeirsson u. a. (Hg.), *From Quest to Q: Festschrift James M. Robinson*. Leuven 2000, S. 143–156.

Moles, John. Cynic Influence upon First-Century Judaism and Early Christianity? In: Brian McGing und Judith Mossmann (Hg.), *The Limits of Ancient Biography*. Swansea 2006, S. 89–116.

Neumann, Nils. *Lukas und Menippos. Hoheit und Niedrigkeit in Lk 1,1–2,40 und in der menippeischen Literatur*. Göttingen 2008.

—. Kein Gewinn = Gewinn. Die kynisch geprägte Struktur der Argumentation in 1 Tim 6:3–12. In: *Novum Testamentum* 51 (2009), S. 127–147.

—. *Armut und Reichtum im Lukasevangelium und in der kynischen Philosophie*. Stuttgart 2010.

Schneider, Carl. *Geistesgeschichte des antiken Christentums*. Bd. 1. München 1954.

Theißen, Gerd. Jesus as an Itinerant Teacher: Reflections from Social History on Jesus' Roles. In: James H. Charlesworth u. a. (Hg.), *Jesus Research: An International Perspective*. Grand Rapids, Mich. 2009, S. 98–122.

Vaage, Leif E. Q and Cynicism: On Comparison and Social Identity. In: Ronald A. Piper (Hg.), *The Gospel behind the Gospels: Current Studies on Q*. Leiden 1995, S. 199–229.

Wechssler, Eduard. *Hellas im Evangelium* [1936]. 2. Aufl. Hamburg 1947.

Wendland, Paul. Philo und die kynisch-stoische Diatribe. In: ders. und Otto Kern, *Beiträge zur Geschichte der griechischen Philosophie und Religion*. Berlin 1895, S. 1–75.

## Weitere Literatur

Aarde, Andries van. Jesus as Fatherless Child. In: Wolfgang Stegemann u. a. (Hg.), *The Social Setting of Jesus and the Gospels*. Minneapolis, Min. 2002, S. 65–84.

—. *Fatherless in Galilee: Jesus as a Child of God*. Harrisburg, Penn. 2001.

Alexander, P. S. Jesus and the Golden Rule. In: James H. Charlesworth and Loren L. Johns (Hg.), *Hillel and Jesus*. Minneapolis, Min. 2005, S. 363–388.

Assmann, Jan. Zitathaftes Leben. Thomas Mann und die Phänomenologie der kulturellen Erinnerung. In: ders., *Religion und kulturelles Gedächtnis*. München 2000, S. 185–209.

Attridge, Harold W. Liberating Death's Captives: Reconsideration of an Early Christian Myth. In: James E. Goehring u. a. (Hg.), *Gnosticism and the Early Christian World*. Sonoma, Cal. 1990, S. 103–115.

Aune, David E. Herakles and Christ: Herakles Imagery in the Christology of the First Century. In: David L. Balch u. a. (Hg.), *Greeks, Romans, and Christians*. Minneapolis, Minn. 1990, S. 3–19.

—. Herakles. In: David N. Freedman (Hg.), *The Anchor Bible Dictionary*. New York 1992, Bd. 3, S. 141–143.

—. Heracles. In: Karel van der Toorn u. a. (Hg.), *Dictionary of Deities and Demons in the Bible*. 2. Aufl. Leiden 1999, S. 402–405.

Batey, Richard A. Did Antipas Build the Sepphoris Theater? In: James H. Charlesworth (Hg.), *Jesus and Archaeology*. Grand Rapids, Mich. 2006, S. 111–119.
Bender, Claudia. *Die Sprache des Textilen. Untersuchungen zu Kleidung und Textilien im Alten Testament*. Stuttgart 2008.
Berger, Klaus. *Theologiegeschichte des Urchristentums.* 2. Aufl. Tübingen 1995.
Bergson, Henri. *Les deux sources de la morale et de la religion*. Paris 1932.
Betzig, Laura. Sex and Politics. In: *Scandinavian Journal of the Old Testament* 23 (2009), S. 208–232.
Bieler, Ludwig. *Theîos anêr. Das Bild des «göttlichen Menschen» in Spätantike und Frühchristentum* [1935/36]. Darmstadt 1967.
Billerbeck, Paul u. a., *Kommentar zum Neuen Testament aus Talmud und Midrasch*. Bd. 1. München 1926.
Bollnow, Otto Friedrich. *Existenzphilosophie und Pädagogik. Versuch über unstetige Formen der Erziehung*. Stuttgart 1959.
Bonhöffer, Adolf. *Die Ethik des Stoikers Epiktet*. Stuttgart 1894.
Bousset, Wilhelm. *Jüdisch-christlicher Schulbetrieb in Alexandria und Rom*. Göttingen 1915.
—. *Die Religion des Judentums im späthellenistischen Zeitalter*. 3. Aufl., Tübingen 1926.
Bremmer, Jan N. Peregrinus' Christian Career. In: Anthony Hilhorst u. a. (Hg.), *Flores Florentino: Dead Sea Scrolls and Other Early Jewish Studies*. Leiden 2007, S. 729–747.
Brown, Peter. The Rise and Function of the Holy Man in Late Antiquity. In: ders., *Society and the Holy in Late Antiquity*. London 1982, S. 103–152.
Büchsel, Martin. *Die Entstehung des Christusporträts*. Mainz 2003.
Cancik, Hubert. Kultur-, Religions-, Institutionsgeschichte in der antiken Geschichtsschreibung. Philologische Bemerkungen zum lukanischen Geschichtswerk. In: ders., *Religionsgeschichten. Gesammelte Aufsätze II*. Tübingen 2008, S. 3–27.
Capelle, Wilhelm, und Henri-Irénée Marrou. Art. Diatribe. In: *Reallexikon für Antike und Christentum.* Hg. von Theodor Klauser. Stuttgart 1957, Bd. 1, Sp. 990–1009.
Chilton, Bruce. *Rabbi Jesus: An Intimate Biography*. New York 2000.
—. Jésus, le mamzer (Mt 1,18). In: *New Testament Studies* 47 (2001), S. 222–227.
Collins, Adela Yarbro. Ancient Notions of Transferal and Apotheosis in Relation to the Empty Tomb Story in Mark. In: Turid Karlsen Seim und Jorunn Økland (Hg.), *Metamorphoses: Resurrection, Body and Transformative Practices in Early Christianity*. Berlin 2009, S. 41–57.
Crawford, Barry S. *Christos* as Nickname. In: Ron Cameron und Merill P. Miller (Hg.), *Redescribing Christian Origins*. Atlanta 2004, S. 337–348.
Crossley, James G. *Jesus in an Age of Terror: Scholarly Projects for a New American Century*. London 2008.
Cutler, Ian. *Cynicism from Diogenes to Dilbert*. Jefferson, N. C.: McFarland, 2005.
Demandt, Alexander. *Alexander der Große. Leben und Legende*. München 2009.

Diderot, Denis. Cynique, secte de philosophes anciens. In: *Encyclopédie ou Dictionnaire raisonné des sciences, des arts et des métiers*. Hg. von Denis Diderot u. a. Paris 1754, Bd. 4, S. 594–599.

—. Essay über die Herrschaft der Kaiser Claudius und Nero [1778–1782]. In: ders., *Philosophische Schriften*. Hg. von Theodor Lücke. Frankfurt 1967, Bd. 2, S. 239–583.

Dobschütz, Ernst von. *Christusbilder. Untersuchungen zur christlichen Legende*. Leipzig 1899.

Droysen, Johann Gustaf. *Geschichte des Hellenismus*. Hg. von Erich Bayer. 3 Bde. Tübingen 1953.

Dümmler, Ferdinand. Bronze eines Kynikers in Wien. In: ders., *Akademika. Beiträge zur Litteraturgeschichte der sokratischen Schulen*. Gießen 1889, S. 268–270.

Elliott, John H. *I Peter: A New Translation with Introduction and Commentary*. New York 2000.

Flinterman, Jaap-Jan. Apollonius' Ascension. In: Kristoffel Demoen und Danny Praet (Hg.), *Theios Sophistes: Essays on Flavius Philostratus' Vita Apollonii*. Leiden 2009, S. 225–248.

Flower, Michael Attyah. *The Seer in Ancient Greece*. Berkeley 2008.

Fontenrose, Joseph. *The Delphic Oracle: Its Responses and Operations*. Berkeley 1978.

Foucault, Michel. *Die Regierung des Selbst und der anderen*. Übersetzt von Jürgen Schröder. Frankfurt 2009.

Fox, Robin Lane. *Alexander der Große. Eroberer der Welt*. 3. Aufl. München 1981.

Garrison, Roman. *Why Are You Silent, Lord?* Sheffield 2000.

Gehlen, Arnold. *Moral und Hypermoral. Eine pluralistische Ethik*. Frankfurt 1969.

Gehrke, Hans-Joachim. Bürgerliches Selbstverständnis und Polisidentität im Hellenismus. In: Karl-Joachim Hölleskamp u. a. (Hg.), *Sinn (in) der Antike. Orientierungssysteme, Leitbilder und Wertkonzepte im Altertum*. Mainz 2003, S. 225–254.

Giebel, Marion. *Das Orakel von Delphi. Geschichte und Texte*. Stuttgart 2001.

Glaser, Timo. *Paulus als Briefroman erzählt. Studien zum antiken Briefroman und seiner christlichen Rezeption in den Pastoralbriefen*. Göttingen 2009.

—. Erzählung im Fragment. Ein narratologischer Ansatz zur Auslegung pseudepigraphischer Briefbücher. In: Jörg Frey u. a. (Hg.), *Pseudepigraphie und Verfasserfiktion in frühchristlichen Briefen*. Tübingen 2009, S. 267–294.

Gonçalves, Francolino J. Deux systèmes religieux dans l'Ancien Testament: de la concurrence à la convergence. In: *Annuaire de l'École Pratique des Hautes Études. Sciences Religieuses* 115 (2006–2007), S. 117–122.

Gorssen, Leo. La Cohérence de la conception de Dieu dans l'Ecclésiaste. In: *Ephemerides theologiae Lovanienses* 46 (1970), S. 282–324.

Goulet, Richard (Hg.). *Dictionnaire des Philosophes antiques*. Bd. 1. Paris 1994.

Hachlili, Ruth. Hebrew Names, Personal Names, Family Names and Nicknames of Jews in the Second Temple Period. In: Jan Willem van Henten u. a. (Hg.), *Families and Family Relations as Represented in Early Judaisms and Early Christianities*. Leiden 2000, S. 83–115.

Hahn, Johannes. Das Auftreten und Wirken von Philosophen im gesellschaftlichen und politischen Leben des Prinzipats. In: Dion von Prusa, *Der Philosoph und sein Bild*. Hg. von Heinz-Günther Nesselrath. Tübingen 2009, S. 241–258.

Harnack, Adolf von. *Das Wesen des Christentums*. Hg. von Claus-Dieter Osthövener. Tübingen 2005.

Harris, B. F. Stoic and Cynic under Vespasian. In: *Prudentia* 11 (1977), S. 105–114.

Hata, Gohei. Imagining Some Dark Periods in Josephus' Life. In: Fausto Parente und Joseph Sievers (Hg.), *Josephus and the History of the Greco-Roman Period*. Leiden 1994, S. 309–328.

Hengel, Martin, und Anna Maria Schwemer. *Jesus und das Judentum*. Tübingen 2007.

Höffken, Peter. Überlegungen zum Leserkreis der «Antiquitates» des Josephus. In: *Journal for the Study of Judaism* 38 (2007), S. 328–341.

Hoernlé, R. F. Alfred. Would Plato Have Approved of the National-Socialist State? In: *Philosophy* 13 (1938), S. 166–182.

Hofmann, Ernst. *Platon*. Reinbek 1961.

Ierodiakonou, Katerina. The Philosopher as God's Messenger. In: Theodore Scaltsas u. a. (Hg.), *The Philosophy of Epictetus*. Oxford 2007, S. 56–70.

Ilan, Tal. *Lexicon of Jewish Names in Late Antiquity. Band 3: The Western Diaspora 330 BCE–650 CE*. Tübingen 2008.

Jaspers, Karl. *Vom Ursprung und Ziel der Geschichte*. München 1949.

Johnson, Luke Timothy. *Among the Gentiles: Greco-Roman Religion and Christianity*. New Haven 2009.

Judge, E. A. Die frühen Christen als scholastische Gemeinschaft. In: Wayne A. Meeks (Hg.), *Zur Soziologie des Urchristentums. Ausgewählte Beiträge*. München 1979, S. 131–164.

Keel, Othmar. *Die Welt der altorientalischen Bildsymbolik und das Alte Testament*. 2. Aufl. Zürich 1977.

Kirk, Geoffrey S. Methodological Reflexions on the Myths of Heracles. In: Bruno Gentili u. a. (Hg.), *Il Mito Greco. Atti del Convegno Internazionale*. Rom 1977, S. 285–297.

Krämer, Helmut. Prophêtês. Die Wortgruppe in der Profangräzität. In: Gerhard Friedrich (Hg.), *Theologisches Wörterbuch zum Neuen Testament*. Stuttgart 1959, Bd. 6, S. 783–795.

Krawiec, Rebecca. Garments of Salvation: Representations of Monastic Clothing in Late Antiquity. In: *Journal of Early Christian Studies* 17 (2009), S. 125–150.

Kretschmer, Ernst. *Körperbau und Charakter*. 21. und 22. Aufl. Berlin 1955.

Kügler, Joachim. *Pharao und Christus? Religionsgeschichtliche Untersuchung zur Frage einer Verbindung zwischen altägyptischer Königstheologie und neutestamentlicher Christologie im Lukasevangelium*. Bodenheim 1997.

Lang, Bernhard. Grußverbot oder Besuchsverbot? Eine sozialgeschichtliche Deutung von Lukas 10,4 b. In: *Biblische Zeitschrift* 26 (1982), S. 75–79.
—. Jesus und der Ursprung der Eucharistie. In: ders., *Heiliges Spiel. Eine Geschichte des christlichen Gottesdienstes*. München 1998, S. 241–261.
—. Rolle. In: Hubert Cancik u. a. (Hg.), *Handbuch religionswissenschaftlicher Grundbegriffe*. Stuttgart 1998, Bd. 4, S. 460–476.
—. Kohelet (Buch). In: Manfred Görg u. a. (Hg.), *Neues Bibel-Lexikon*. Zürich 1995, Bd. 2, Sp. 523–526.
—. Sozialgeschichte. In: Manfred Görg u. a. (Hg.), *Neues Bibel-Lexikon*. Zürich 2001, Bd. 3, Sp. 639–651.
Lavrencic, Monika. *Spartanische Küche. Das Gemeinschaftsmahl der Männer in Sparta*. Wien 1993.
Losfeld, Georges. *Essai sur le costume grec*. Paris 1991.
Malitz, Jürgen. Helvidius Priscus und Vespasian. Zur Geschichte der «stoischen» Senatsopposition. In: *Hermes* 113 (1985), S. 231–246.
Mason, Steve. *Philosophiai*: Graeco-Roman, Judean and Christian. In: John S. Kloppenborg und Stephen G. Wilson (Hg.), *Voluntary Associations in the Graeco-Roman Worlds*. London 1996, S. 31–58.
—. The Essenes of Josephus's *Judean War*. In: ders., *Josephus, Judea, and Christian Origins*. Peabody, Mass. 2009, S. 239–279.
Mathews, Victor. *The Clash of Gods: A Reinterpretation of Early Christian Art*. Revised edition. Princeton 1995.
Mathys, Hans-Peter. *Das Astarte-Quadrat*. Zürich 2008.
Meier, John P. *A Marginal Jew: Rethinking the Historical Jesus*. Bd. 3, New York 2001; Bd. 4, New Haven 2009.
—. «Love your enemies»: Greco-Roman Philosophers. In: ders., *A Marginal Jew: Rethinking the Historical Jesus*. Bd. 4. New Haven 2009, S. 544–548.
Méndez-Moratalla, Fernando. Conversion and Philosophy in the Greco-Roman Milieu. In: ders., *The Paradigm of Conversion in Luke*. London 2004, S. 56–70.
Najman, Hindy. A Written Copy of the Law of Nature: An Unthinkable Paradox? In: *The Studia Philonica Annual* 15 (2003), S. 54–63.
Niehues-Pröbsting, Heinrich. Die Kynismus-Rezeption der Moderne: Diogenes in der Aufklärung. In: Marie-Odile Goulet-Cazé und Richard Goulet (Hg.), *Le Cynisme ancien et ses prolongements*. Paris 1993, S. 519–555.
Nock, A. D. *Conversion: The Old and New in Religion from Alexander the Great to Augustine of Hippo*. Oxford 1933.
Oppenheim, Philippus. *Das Mönchskleid im christlichen Altertum*. Freiburg 1931.
Osborne, M. J., und S. G. Byrne (Hg.). *A Lexicon of Greek Personal Names. Volume II: Attica*. Oxford 1994.
Parker, David. The Sons of Thunder. In: Stanley E. Porter, Paul Joyce und David E. Orton (Hg.), *Crossing the Boundaries*. Leiden 1994, S. 141–149.
Pellegrini, Silvia. *Elija: Wegbereiter des Gottessohnes. Eine textsemiotische Untersuchung im Markusevangelium*. Freiburg 2000.
Perrin, Norman. *Rediscovering the Teaching of Jesus*. London 1967.

Poland, Franz. *Synagogeús*. In: *Paulys Realencyclopädie der classischen Altertumswissenschaft. Neue Bearbeitung*. Stuttgart 1932, Bd. II.8, Sp. 1316–1322.

Popper, Karl. *Die offene Gesellschaft und ihre Feinde*. 8. Aufl. hg. von Hubert Kiesewetter, 2 Bde. Tübingen 2003.

Porter, Stanley E. Did Jesus ever Teach in Greek? In: *Tyndale Bulletin* 44 (1993), S. 199–235.

Reiser, Marius. *Sprache und literarische Formen des Neuen Testaments*. Paderborn 2001.

Renan, Ernest. *Vie de Jésus*. Paris 1964.

Richter, Gisela M. A. *The Portraits of the Greeks*. 3 Bde. London 1965.

Russell, Bertrand. *Wisdom of the West: A Historical Survey of Western Philosophy in Its Social and Political Setting*. London 1959.

Schaberg, Jane. *The Illegitimacy of Jesus: A Feminist Theological Interpretation of the Infancy Narratives*. Sheffield 1995.

Schefold, Karl. *Die Bildnisse der antiken Dichter, Redner und Denker*. Basel 1997.

Schlange-Schöningen, Heinrich. Reiche Sophisten – arme Philosophen? In: Andreas Goltz u. a. (Hg.), *Gelehrte in der Antike*. Köln 2002, S. 17–39.

Schmeller, Thomas. *Paulus und die «Diatribe». Eine vergleichende Stilinterpretation*. Münster 1987.

Schmidt, Thomas E. *Hostility to Wealth in the Synoptic Gospels*. Sheffield 1987.

Scholz, Peter. *Der Philosoph und die Politik. Die Ausbildung der philosophischen Lebensform und die Entwicklung des Verhältnisses von Philosophie und Politik im 4. und 3. Jahrhundert v. Chr.* Stuttgart 1998.

Shea, Louisa. *The Cynic Enlightenment: Diogenes in the Salon.* Baltimore, Md. 2010.

Simmel, Georg. *Soziologie. Untersuchungen über die Formen der Vergesellschaftung*. 5. Aufl. Berlin 1968.

Sloterdijk, Peter. *Kritik der zynischen Vernunft*. 2 Bde. Frankfurt 1983.

Smith, Daniel A. *The Post-Mortem Vindication of Jesus in the Sayings Gospel Q*. London 2006.

Smith, Morton. Palestinian Judaism in the First Century. In: ders., *Studies in the Cult of Yahweh*. Leiden 1996, Bd. 1, S. 104–115.

Spanneut, Michel. Epiktet. In: *Reallexikon für Antike und Christentum*. Hg. von Theodor Klauser. Stuttgart 1962, Bd. 5, Sp. 599–681.

Spengler, Oswald. *Der Untergang des Abendlandes*. Hg. von Thomas Zwenger. 2 Bde. Wiesbaden 2007.

Spicq, Ceslas. *Theological Lexicon of the New Testament*. Übersetzt von James D. Ernest. 3 Bde. Peabody, Mass. 1994.

Stern, Menahem. Aspects of Jewish Society: The Priesthood and Other Classes. In: Shmuel Safrai u. a. (Hg.), *The Jewish People in the First Century* (Compendia Rerum Iudaicarum ad Novum Testamentum). Assen 1976, Bd. 2, S. 561–630.

Stern, Pnina. Life of Josephus: The Autobiography of Flavius Josephus. In: *Journal for the Study of Judaism* 41 (2010), S. 63–93.

Suárez de la Torre, Emilio. Delphes. In: Jean Ch. Baltry u. a. (Hg.), *Thesaurus Cultus et Rituum Antiquorum*. Los Angeles 2005, Bd. 3, S. 16–31.

Sweeney, Marvin A. *I & II Kings: A Commentary*. Louisville, Ky. 2007.

Testart, Alain. *Des Dons et des dieux*. Neuausgabe. Paris 2006.

Theißen, Gerd. *Lokalkolorit und Zeitgeschichte in den Evangelien*. Fribourg 1989.

— und Annette Merz. *Der historische Jesus*. Göttingen 1996.

Van Vorst, Robert E. *Jesus outside the New Testament*. Grand Rapids, Mich. 2000.

Vermes, Geza. *Jesus the Jew: A Historian's Reading of the Gospels*. London 2001.

Weber, Ferdinand. *Jüdische Theologie*. 2. Aufl. Leipzig 1897.

Weiß, Konrad. Art. *chrêstós*. In: Gerhard Friedrich (Hg.), *Theologisches Wörterbuch zum Neuen Testament*. Stuttgart 1973, Bd. 9, S. 472–478.

Wilken, Robert L. Kollegien, Philosophenschulen und Theologie. In: Wayne A. Meeks (Hg.), Zur Soziologie des Urchristentums. Ausgewählte Beiträge. München 1979, S. 165–193.

Williams, Guy. *The Spirit World in the Letters of Paul the Apostle*. Göttingen 2009.

Zanker, Paul. *Die Maske des Sokrates. Das Bild des Intellektuellen in der antiken Kunst*. München 1995.

Zugmann, Michael. Griechischsprachige Juden in Palästina. In: ders., *«Hellenisten» in der Apostelgeschichte*. Tübingen 2009, S. 205–294.

## Bildnachweis

1: Entwurf des Verfassers.

2: Befragung des delphischen Orakels. – Eduard Gerhard, *Auserlesene griechische Vasenbilder*, Berlin 1858, Bd. 4, Nr. 328. – Altes Museum, Antikensammlung, Berlin (Nr. F 2538).

3: Elija auf dem Flügelrad. – Bo Reike u. a. (Hg.), *Biblisch-historisches Handwörterbuch*, Göttingen 1964, Bd. 2, Sp. 1254. – Münze BMC Palestine XIX 29, British Museum, London.

4: Kynischer Philosoph. – Restaurierte Statue (Höhe 1,71 m). Musei Capitolini, Rom (Inventar-Nr. 737).

5: Kynischer Philosoph, voll ausgerüstet. – Fresko aus dem Garten der Villa Farnesina, Rom (Höhe 36 cm). Museo Nazionale delle Terme, Rom (Inventar-Nr. 1209).

6: Zwei Philosophen. – Scala Picture Library, Florenz. – Detail aus «Giudizio di Salomone», Fresko aus der *casa del medico*, Pompeji; Museo Archeologico Nazionale, Neapel (Nr. 113.197).

7: Greiser Philosoph mit Brottasche. – Ferdinand Dümmer, *Akademika*, Gießen 1889, S. V. – Bronzestatuette (Höhe 7,4 cm), Kunsthistorisches Museum, Antikensammlung, Wien (Nr. VI 237).

8: Zwei Disputanten. – Scala Picture Library, Florenz. – Detail aus einer Bilderfolge aus der casa del medico, Pompeji; Museo Archeologico Nazionale, Neapel (Nr. 113.196).

9: Christus als Philosoph. – Detail einer polychromen Marmorplatte, Fragment eines Sarkophags. Museo Nazionale delle Terme, Rom (Nr. 67 607).

10: Diogenes und Alexander. – Johann Joachim Winckelmann, *Monumenti antichi inediti*, Rom 1767, Bd. 2, Abb. 174. – Stark restauriertes Relief, Villa Albani, Rom.

11: Nackter Philosoph. – Johann Joachim Winckelmann, *Monumenti antichi inediti*, Rom 1767, Bd. 2, Abb. 172. – Stark restaurierte Statuette (Höhe 54,6 cm). Museo Archeologico Nazionale, Neapel.

# Dank

Peter Eicher verdanke ich die Anregung zu diesem Buch. Für ihn, den fröhlichen Kyniker, habe ich es geschrieben im Rückblick auf unsere fast vierzigjährige Freundschaft und Zusammenarbeit.

Alexandra Eppinger (Heidelberg), Anna Maria Schwemer (Tübingen) und David Winston (Berkeley) standen mit fachlichen Auskünften zur Verfügung. Bei der Korrektur des Manuskripts halfen, wie oft zuvor, Angela Landwehr, Peter Thaddäus Lang, Adelheid Schlott und Gia Toussaint. Die Bildredaktion lag in den kundigen Händen von Adelheid Rutenburges und Tanja Bilanzola. Ihnen allen gilt mein herzlicher Dank.

*Bernhard Lang*

# Register